印度，中国南邻也。她有世界文明古国之誉，拥有人间建筑奇迹——泰姬陵。人们称中国为龙，称印度为象。龙象长期友好相处，但也经历过龙象之争的武装冲突。现在两国均为上海合作组织和金砖国家成员，但双方仍存在敏感问题。1956年，世界知识出版社曾出版《印度的发现》一书，以帮助大家了解印度和中印关系，现将该书再版，以飨读者。

——外交部前大使 

印度的发现

[上册]

[印] 贾瓦哈拉尔 · 尼赫鲁◎著

齐文◎译　徐波◎审译

世界知识出版社

图书在版编目（CIP）数据

印度的发现：全2册 /（印）贾瓦哈拉尔·尼赫鲁著；
齐文译.—北京：世界知识出版社，2017.12
ISBN 978-7-5012-5406-4

Ⅰ.①印… Ⅱ.①贾… ②齐… Ⅲ.①印度－现代史
Ⅳ.①K351.5

中国版本图书馆CIP数据核字（2017）第011035号

责任编辑 张 萱
责任出版 赵 玥
责任校对 马莉娜

书　　名 印度的发现（上册）
Yindu De Faxian (Shangce)

作　　者 贾瓦哈拉尔·尼赫鲁
译　　者 齐 文

出版发行 世界知识出版社
地址邮编 北京市东城区干面胡同51号（100010）
网　　址 www.ishizhi.cn
电　　话 010-65265923（发行） 010-85119023（邮购）
经　　销 新华书店
印　　刷 廊坊市海涛印刷有限公司
开本印张 710×1000毫米 1/16 24印张
字　　数 308千字
版次印次 2018年1月第1版 2018年1月第1次印刷
标准书号 ISBN 978-7-5012-5406-4
定　　价 119.00元（全2册）

“当耽于甜蜜沉思的时刻，过去事物的回忆都涌上了我的心头。”

献给自1942年8月9日至1945年3月28日
在亚马那加堡垒监狱中的我的同事和同监的人们

目录

中译本序言 01

序 03

1

第一章 亚马那加堡垒 001

一 二十个月 002
二 饥荒 004
三 争取民主的战争 006
四 在狱中对时间的感觉 对行动的要求 009
五 “过去”对于“现在”的关系 013
六 人生哲学 016
七 过去的负担 026

2

第二章 巴登威勒，洛桑 033

一 卡麦拉 034
二 结婚和婚后 036
三 人类的关系问题 040
四 1935年圣诞节 042

五　死亡　043
六　墨索里尼——回国　045

3

第三章　探索　049

一　印度历史的全景　050
二　民族主义与国际主义　055
三　印度的力量和弱点　057
四　寻找印度　061
五　印度母亲　064
六　印度的多样性和一致性　066
七　旅行全印度　069
八　大选　071
九　群众的文化　074
十　两种人生　076

4

第四章　印度的发现　077

一　印度河流域的文明　078
二　雅利安人的到来　082
三　什么是印度教?　084
四　最古的记载——经典与神话　088

五 《吠陀》 091
六 人生的肯定与否定 093
七 合并与调整 种姓制度的开始 098
八 印度文化的持续性 102
九 《奥义书》 104
十 个人主义哲学的好处与坏处 109
十一 唯物主义 113
十二 史诗 历史、传说与神话 117
十三 《摩诃婆罗多》 125
十四 《薄伽梵歌》 128
十五 古代印度的生活和工作 131
十六 大雄和佛 种姓 141
十七 旃陀罗笈多王和阇那迦
孔雀王朝帝国的建立 144
十八 国家的组织 147
十九 佛的教义 151
二十 佛的故事 154
二一 阿育王 157

5

第五章 世世代代的回忆 161

一 在笈多王朝下的民族主义和帝国主义 162
二 南印度 167

三　和平发展与作战方法　168
四　印度对自由的要求　170
五　进步与安定　172
六　印度与伊朗　176
七　印度与希腊　181
八　古代印度戏剧　190
九　梵文的生命力与持久性　200
十　佛教哲学　207
十一　佛教对印度教的影响　213
十二　印度教怎样同化佛教　218
十三　印度的哲学看法　221
十四　哲学的六大派别　225
十五　印度与中国　236
十六　在东南亚的印度殖民地和印度文化　244
十七　印度艺术在国外的影响　253
十八　古代印度艺术　257
十九　印度的国外贸易　264
二十　古代印度的数学　266
二一　发展与衰微　273

6

第六章　新的问题　281

一　阿拉伯人和蒙古人　282

二　阿拉伯文化的繁盛及其与印度的接触　288

三　伽色尼的麦哈慕德和阿富汗人　292

四　印度一阿富汗人　印度南部
　　维查耶纳伽尔　巴卑尔　海权　296

五　混合文化的合成及成长　闺阃制度
　　迦比尔　师尊那纳克　艾密尔·胡斯鲁　301

六　印度的社会组织　集团的重要性　307

七　农村自治　苏克拉的《政术精华》　310

八　种姓制度的理论与实际　大家庭　313

九　巴卑尔与阿克巴　印度化的过程　322

十　亚洲及欧洲在机械进步及创造能力上的对比　326

十一　共同文化的发展　332

十二　奥朗则布开倒车
　　印度民族主义的滋长　西瓦吉　339

十三　马拉塔人和英国人的争夺霸权
　　英国人的胜利　343

十四　印度的落后以及英国人
　　在组织上和技术上的优势　347

十五　兰杰·辛格和杰·辛格　354
十六　印度的经济背景　两个英国　358

7

第七章　最后阶段（一）英国统治的巩固和民族主义运动的兴起365

一　帝国的思想意识　新的种姓　366
二　孟加拉的掠夺物帮助了英国工业革命　375
三　印度工业的摧毁和农业的衰败　378
四　印度初次成为另一国家的政治与经济的附属体　383
五　印度土邦制度的成长　389
六　英国在印度统治的矛盾　罗姆·摩罕·罗易　报纸　威廉·琼斯爵士　孟加拉的英国式教育　397
七　1857年的大起义　种族主义　409
八　英国统治的伎俩　均势与对称　415
九　工业的成长　各省不同之点　420
十　印度教徒和伊斯兰教徒中的改革以及其他的运动　426
十一　凯末尔巴夏　亚洲的民族主义　伊克巴　445
十二　重工业的开始　提拉克和郭克雷　分别选举单位制　449

8

第八章　最后阶段（二）
民族主义与帝国主义　　453

一　中产阶级的束手无策　　甘地出现　　454
二　甘地领导下的国民大会党成为
　　一个生气蓬勃的组织　　460
三　各省的国大党政府　　467
四　印度的动力与英国在印度的保守主义　　474
五　少数派问题
　　伊斯兰联盟　穆·阿·真纳先生　　485
六　国家计划委员会　　503
七　国民大会党与工业　　大工业与农村工业　　513
八　政府阻碍了工业发展
　　战时生产是正常生产的转变　　522

9

第九章　最后阶段（三）
第二次世界大战　　529

一　国民大会党拟定一种外交政策　　530
二　国民大会党对战争的态度　　538

三　对战争的反应　543
四　另一次国民大会党的提议和英政府的拒绝
温斯顿·丘吉尔先生　550
五　个别人们的和平抵抗　559
六　珍珠港事变以后　甘地与非暴力主义　563
七　紧张　572
八　克里浦斯爵士来到印度　578
九　挫败　591
十　挑战：退出印度的决议　597

—10

第十章　还是亚马那加堡垒　609

一　一连串发生的事件　610
二　两种背景：印度和英国　612
三　群众的骚动和被镇压　617
四　国外的反应　625
五　印度的反应　628
六　印度的疾病　饥荒　631
七　印度的动力　636
八　印度发展受到阻挠　643
九　宗教、哲学和科学　648
十　民族观念的重要性　印度变革的必要性　656
十一　印度：分割的还是成为强有力的民族国家，

或是超民族国家的中心? 667
十二　现实主义与地理政治学
世界的征服或世界的联合　美国与苏联 682
十三　自由与帝国 696
十四　人口问题
出生率的降低和民族的衰微 701
十五　理解旧问题的新途径 709
十六　结束语 715

后　记 721

中译本序言

在历史的黎明期，古代文明在一些国家中成长起来。它们经历了多次的中断，虽然留下了若干使我们追怀往昔的丰碑，但差不多已经从地球上消失了。

但是，在中国和印度这两个国家里，不仅在历史开始之际就有了这些早期文明，而且尽管有一切的盛衰隆替，变化更迭，它们连绵不绝，从未中断。因此，中国和印度具有这种长远的不中断的传统和文化遗产。在过去，它们曾经彼此相互影响；在将来，它们也会这样的。它们彼此的关系，不仅对这两个国家本身是极其重要的，而且对世界也是有重大意义的。

这两个国家有着彼此间几千年来和平相处的值得自豪的记录。它们已经有过许多交往，但这些交往是和平的，是文化上的。这是举世无双的记录。

现在，我们以自由国家的身份再度相会，各自努力安排它的命运。各自可能有若干适合于对方的教训。

我们已经共同奠定了我们称之为“潘查希拉”的国际关系的某些原则。这五项原则已经传布到许多其他国家，并且日益获得世界各族人民的同情。如果这些原则能为世界上一切国家所接受，并以诚实正直和一种合作的精神来奉行，那么确实就不会有战争或冲突的危险了。

现今世界充满了恐惧和不安，憎恨和暴力。几天以前，我们纪念了释迦牟尼涅槃两千五百周年。他的和平教义过去曾经那么深刻地影响了印度和中国。在这个多难的烦恼的世界上，我们今天正在为和平而努力。为了创造和平的气氛，我们必须廓清恐惧与仇恨的气氛，并且鼓励各国之间的真正了解。

这对于亚洲国家尤其是必要的，它们在不久的过去冲破了殖民地的外壳，并且在努力改进自己。在一年前的万隆会议上，我们已经看到了这种了解。

我这本书是十二年前在监狱里写成的。因为那时我不能有所行动，我不得不回忆过去，并试图窥探将来。我想了解我为其自由而奋斗的我的祖国。

这本书不是一部印度的历史，甚至也不是一部关于这个国家所发生过的事件的连续性记载。这本书仅仅企图了解它的悠久历史中的生活的某些方面，了解激动着它的思想和感情的某些方面。我想，要真正了解一个古国的现在，对它过去的这样一种了解，是非常必要的。

我希望：读这本书可以使可伟大的中国人民对我国有所了解；对于伟大的中国人民，我们珍爱他们的友谊，我们希望和他们的关系日益紧密。

贾瓦哈拉尔·尼赫鲁

1956年6月9日于新德里。

序

这本书是1944年4月到9月这五个月当中我在亚马那加堡垒监狱中写成的。原稿承监狱中几位同伴看过并且提供了一系列有价值的意见。我在监狱中校订这本书的时候，我利用了这些意见，而作了一些补充。不消说得，没有一位同伴对我所写的负有责任或者一定要同意我所写的。但是我必须向在亚马那加堡垒里的狱中同伴表示我的深厚谢忱，因为他们和我的无数次交谈和讨论大大地帮助我澄清了对印度历史和文化各方面的看法。即使为时不多，监狱总非生活愉快的处所，何况是经年累月哩!不过，它对我却是一个荣幸，因为我借此能够在生活中亲密地接触这些具有卓越才能和修养的人们，他们还具备着广达人情的高瞻远瞩，纵然在情感激动的瞬间也不会懵懂不清。

在亚马那加堡垒中我的十一位朋友就是印度有趣的横剖面。他们在各自的方式上不仅代表着政治，而且代表着印度新旧的学术以及现代印度的各个方面。差不多主要通用的印度现代语文与曾经有力地影响着印度过去和印度现在的古典语文都有代表人物在场，而且往往是具有高深学术水平的人物。在古典语文中有梵语与巴利语，阿拉伯语与波斯语；近代语文有印地语、乌尔都语、孟加拉语、古吉拉特语、马拉塔语、泰卢固语、信德语与奥里雅语。我拥有这一切的富藏可供取用，而唯一能限制我从中获得教益的是我个人的能力。虽然我对所有我的侣伴们都表示感谢，而我应该特别提出大毛拉艾卜勒·凯拉姆·阿萨德，他的渊博学识常常使我愉快，而有时简直使我折服；还有哥文·巴拉·潘特、纳命德拉·德夫与阿沙夫·阿里先生。

自从我完成这本书的写作已经过了一年又三个月了，书中的某些部分已经多少有些陈旧过时，并且自我写成后又发生了很多事情。我一度很想加以增补与修订，但是我放弃了那种企图。实在说来，我是不得不如此的，因为出狱后的生活是个不同的境界，没有闲暇供思索或写作了。对我说来，要把我所写的重读一次是很困难的事。原稿是用手写成的；打成字却在我被释放之后。我不能够抽出时间来阅看这打就的原稿，而这本书的出版正在延搁之际，我的女儿英迪拉援救了我，解下了我肩头的负担。这本书保存着在狱中所写的原样，并无增添或修改，只是在书末加上一篇后记而已。

我不了解别的作者们对他们的作品持有怎样想法，可是当我读到我以前所写的作品的时候我总有一种奇异的感觉。如果那部作品是完成于沉闷而反常的监狱气氛当中而后来阅读却在监狱以外，那种感觉就更增强了。那部作品我自然是认识的，可是又并不完全认识；好像是我正在读着另外一个人所写的为我所熟悉的作品，那位作者和我很接近而与我又有所不同。也许那就是一种衡量在我身上发生过的变化的尺度吧。

我对这本书也有这样的感觉。它是我的而又不完全是像今天那种性格的我所有的；它所代表的毋宁是某个过去的我——已经与许多其他前后相继的我连成一气，存在一刹那，寻又消逝了，留下来的仅仅是回忆而已。

贾瓦哈拉尔·尼赫鲁

于阿南德欢乐寓庐，阿拉哈巴；

1945年12月29日。

第一章　亚马那加堡垒

一 二十个月

亚马那加堡垒，1944年4月13日。

自从我们被关押到这里已经有二十多个月了，我第九次入狱也过了二十多个月了。当我们到达这里时，在变得越来越阴暗的天空中闪烁着微光的一弯新月正欢迎着我们。月亮逐渐变圆的光明的上半月正在开始。从此以后，每次新月光临，都提醒着我入狱的另一个月已过去了。我上次入狱也同样与新月俱始，刚巧在灯节之后。这经常在狱中陪伴着我的月亮随着亲密熟悉程度的加深而愈来愈滋长着友谊，它使我想起这个世界的可爱、生命的茁长和凋谢、黑暗后的光明、死亡与复活相互替承而永无止境。它老是在变化着，可又老是一个样儿。我曾经观察过它的种种形象、种种情态；有时在黄昏时刻当影子变长的时候，有时在更深人静的时候，有时当破晓的时候，黎明所发出的清香和草木飒飒的声音又带来了明日的希望。计算天数和月数，月亮是多么有用啊，因为在人们可以看得见它的时候，它的大小与形状相当精确地指示出这是一个月中间的某一天。它是简便的日历（虽然一定要时时调整），对田地里的农民来说，在指出时日的推移与季节的逐渐变易上，它是一个最方便的日历。

三个星期我们在这里度过了，所有外界的消息全被隔绝。与任何东西没有接触，没有会客，没有信件，没有报纸，没有无线电。甚至我们的在此处的事实，都被假定着是国家机密，除管理我们的官员外，不让任何人知道；可怜的机密啊，其实全印度都知道我们在那儿。后来，报纸准看了；若干星期后，近亲写来的关于家庭情况的信件也准许看了。但在这二十个月当中，没有会客，也没有其他的接触。

这些报纸登载着经过严密检查的新闻。可是它们给了我们关于那正在毁灭大半个世界的战争以及在印度我们的人民受到怎样的遭遇的一些概念。除掉成千成万的人未经审判而关在监狱中或拘禁营中，成千的人遭到枪毙，成万的人从学校和学院里赶出来，以及与戒严法并无区别的一种法令已颁布施行于全国，恐怖和震惊使得大地变得黑暗之外，我们对我们这些人民的情况知道得太少了。他们的处境更加糟糕，远比我们要糟得多，那些成千成万在监狱中的人们像我们一样未经审判，他们不仅不能会客，而且没有信件和报纸给他们看，甚至连书籍都难以准许。很多人因缺乏营养的食品而患病；有些我们的亲爱的人们因缺乏适当的照料与待遇而致死亡。

有成千上万的战俘关在印度，他们多半是由意大利来的。我们会将他们的命运与我们自己人民的命运作一比较。别人告诉我们：他们是按照《日内瓦战俘公约》的规定而加以管理的。但是，我们印度监犯和被拘留的政治犯们的生存条件，除了我们的英国统治者们凭他们的高兴随时发布的法令之外，并没有任何公约、法律或规则来加以约束，加以管理。

二 饥荒

饥荒来临了，它如幽灵一般，蹒跚不定，恐怖可怕非言语所能形容。在马拉巴，在俾查浦尔，在奥里萨，尤其是在孟加拉的富庶而肥沃的省份里面，男女老少因为缺乏食物每天成千成万地死亡。他们就在加尔各答的豪华的建筑前倒地死去，他们的尸体躺在孟加拉的无数乡村中的污浊茅舍里，有的就死在农村的道路和田地上。人们在世界各处垂垂待毙，战场上互相残杀；往往是猝然死亡，常常是壮烈牺牲，为主义而死，为目的而死，在我们这个疯狂的世界里，死亡仿佛是坚定冷酷而不可避免的事，是我们所不能塑造或不能控制的生命的骤然终结，到处有死亡，死亡是太平凡了。

但是在我们印度这里，死亡没有目的、不合情理、没有必要；它是人类无能和麻木不仁的结果，它是人为的，恐怖慢慢地蔓延开来而无法挽救，生命被吞没而枯萎以至于死亡；死神从萎缩的眼睛与干瘪的骨架中向外瞻望，虽然生命还在想苟延残喘。说出这种情况是被认为不妥当或不适合的；要谈论或描写令人不快的话题是被认为粗鲁的举动。这样做法是把不幸的情况“戏剧化”了。虚伪的报道由那些在印度或英国的负责当局发布出来了。但是尸体却不能够视而不见，它们是明摆着的事实。

正当地狱的火焰在毁灭孟加拉与其他地方的人民的时候，高级当局先对我们说由于战时的繁荣，印度许多地方的农民的粮食简直多得吃不了。后来又据说这毛病是归咎于省自治的关系，而在印度的英国政府或在伦敦的印度事务部，因为都是些拘守宪法的人们，不能干涉省里的事务。实际上那宪法被停止、亵渎、不理睬或每天因总督——他的权力是唯一而无限的——发布的成百道的法令与条例而变更。那宪法毕竟只是意味着单独一个人的不受控制的独裁统治，他在印度不对任何人负责，而且拥有较世界任何地方、任何独裁者更大的权力。那宪法通过一些常设的行政部门来执行，主要是印度的文官和警察，他们主要对省长负责，而省长就是总督的代理人，即使还有厅长存在，省长也很可以不理睬这些厅长的。这些厅长们，无论是好是坏总是忍辱负重地生活着而不敢违抗从上面来的命令，甚至于连名义上隶属于他们的服务部门的所作所为都不敢加以干涉。

最后，某些措施终于实行了。发出了一些赈济。可是一百万人，或者是两百万人，或者是三百万人已经死掉了；没有一个人知道在这恐怖的岁月里有多少人是死于饥饿或死于疾病。没有一个人知道有几百万的憔悴了的少男少女和儿童仅仅从死亡中逃出来而肉体和精神已受到损伤和毁坏，而蔓延开来的饥荒和疾病的恐怖仍然笼罩着大地。

罗斯福总统的四大自由，包括不虞匮乏的自由。可是富足的英国与更富足的美国却很少注意到使印度死去几百万人的那种肉体的饥饿，正如他们也很少注意到精神上的燃烧着的饥渴，那种饥渴正使印度人民憔悴衰萎。据说挽救印度是用不着金钱的，而由于战时的需要，载运食粮的船只也不够用。可是尽管政府的阻挠和意欲将孟加拉那幕惊心动魄的悲剧缩小到最低的限度，但在英国和美国还有其他各处敏感而热肠的男女们都来援助我们了。尤其是中国政府和爱尔兰自由邦，虽然自己的富源不足，又有很多本身的困难，还是给予了慷慨的援助，由于他们曾有过饥饿与穷困的痛苦经验，因此体会得到印度的肉体与精神困苦之所在。印度有一种久远的记忆力，但是任何其他的事情不管它记得也罢忘记也罢，她永不会忘怀这些仁慈而友好的行动。

三　争取民主的战争

在亚洲、欧洲和非洲，还有在横过太平洋、大西洋和印度洋的广大地区上，战争带着它一切可怕的形象爆发起来了。在中国有将近七年的战争，在欧洲和非洲有四年半以上，还有那两年零四个月的世界大战。这是反法西斯主义、反纳粹主义和反对那妄想获得世界霸权的战争。在这战争年代里，我却一直在此地及印度其他各地的监狱里度过了将近三年的时间。

我记得在法西斯主义与纳粹主义的初期，我对它们是怎样的反应，而且不仅是我，还有印度的许许多多的人们。日本对中国的侵略是怎样深深地激动了印度而使得对中国的悠久友谊又复苏了；意大利的强占阿比西尼亚[①]是怎样地使我们深恶痛绝；捷克斯洛伐克被出卖是怎样地使我们痛心而苦恼；西班牙共和国在极度英勇坚忍的斗争之后终归失败的悲剧是怎样地使我和其他人感到切身悲痛。

使我们痛心的不仅仅是法西斯主义与纳粹主义任性所做出来的那些有形的侵略行为，也不仅仅是那些附带发生的令人可怕的粗野与残忍的行为，

① 埃塞俄比亚的旧称。

还有他们所坚持并且那样高声叫嚣地宣布的原则，他们企图用来支配他们自己的生活的理论，这些原则与理论跟我们现在所信仰的以及自古以来所坚持的一切是背道而驰的。即使我们忘记了民族的过去而漂泊无依，我们自己的经验——即使披着各种外衣而来，并且为了面子关系还不免有几分乔装——也足够教导我们：这些纳粹原则和关于生活及国家的理论终将把我们引到什么地方去。因为我们的人民曾经做了这种原则和统治方式的长期牺牲者。因此我们对于法西斯主义与纳粹主义立刻坚决地予以反对。

我记得在1936年3月的初期，我怎样拒绝了墨索里尼约我去访问他的恳切邀请。许多英国的首要政治家们在近年来当意大利已变为交战国的时候提起这位法西斯领袖总是严辞谴责；然而在那些日子里，却是用着亲切而欣羡的口吻来谈论他，并且赞扬他的政权与方式。

两年后，在慕尼黑会议前的夏天，我被纳粹政府邀请访问德国，这邀请还附具一个意见，就是他们知道我是反对纳粹主义的，可是他们希望我去亲眼看看德国。我可以作为他们的贵宾或私人游历；可以用我自己的姓名或假名而去，全凭我自己的意思；而且我有随意到任何地方去的完全自由。我再次委婉地谢绝了。我却去到了那“辽远的国家”捷克斯洛伐克，关于这个国家，就连那时的英国首相也知道得很少。

在慕尼黑会议以前，我遇见了一些英国内阁的阁员们和英国的其他杰出的政客们，在他们面前我大胆地阐述了我的反法西斯与反纳粹的见解。我发现我的见解不受欢迎，他们对我说要记住还有许多其他的问题应该考虑到的。

在捷克斯洛伐克危机当中，我所看到在布拉格与在苏台德区，在伦敦与巴黎以及在国际联盟大会正在举行的日内瓦等处英法的政治家的态度使我惊愕并且使我厌恶。用绥靖两字来形容这个政治家的态度似乎是太软弱无力了。在这种气氛后面，对希特勒不仅有一种恐惧，而且是一种偷偷摸摸的歌颂。

可是现在，命运的车轮却离奇地回转了；当反法西斯主义与反纳粹主义的战争正在激烈进行的时候，我和与我意见相同的人们却必须在监狱中消磨我们的岁月；而许多那些一向对希特勒和墨索里尼卑躬屈膝并且赞同日本侵略中国的人们竟然高举着自由、民主与反法西斯主义的旗帜。

在印度这种变化是同样可惊的。正如在其他的地方一样，有一班吃政治饭的人们徘徊于政府的周围而仰其鼻息，并传播他们认为必将获得重要人物赞同的一些见解，在这些人物面前他们不断地乞求恩典。还不是太久以前有过这样一段时期，他们赞美过希特勒和墨索里尼并且将他们颂扬推崇作为典范，一面他们又用铃铛、书本和蜡烛①来诅咒过苏联。现在可不是这样，因为时运转变了。他们是些政府和土邦的高官显宦，同时他们大声嚷着他们是反法西斯主义与反纳粹主义的，甚而高谈民主——虽然是屏息而谈——认为它是值得想望的东西，只是相隔遥远而已。我时常暗自揣测，假如事势发生了不同的转变，他们将会取怎样的行动啊，然而这是用不着去揣测的，因为不管谁碰巧掌握政权，他们都会用花环与颂辞去表示欢迎的。

在大战发生的许多年前，我心中就充分估计到正将来临的战争。我考虑到它，谈论到它，写到它并且为它做好了心理上的准备。我希望印度在这次巨大的斗争中充当一个热心而积极的角色，因为我感觉到崇高的原则将处于生死关头了；而从这次斗争中，在印度与世界将要出现伟大而带革命性的变化。在当时，我并不以为印度会受到直接威胁，或有受任何实际侵略的可能性。然而我希望印度对战争做出自己的充分的贡献。可是我深信只有作为一个自由的及平等的国家方能发挥它的作用。

那就是国民大会党的态度。它是印度的一个大党。多年来是一贯的反

① 铃铛、书本和蜡烛（Bell, Book and Candle）系罗马教革去教徒的仪式，式终时闭书灭烛鸣铃，故云。此处用作比喻。——译者

法西斯主义者与反纳粹主义者，就像它曾是反帝国主义者一样。它支持过西班牙共和国、捷克，而且始终支持着中国。

而现在，国民大会党被宣布为非法，不许有任何的活动已经近两年了。国大党是在牢监里。它所选举出来的省议会议员们，这些议会的议长们，大会所属的卸任厅长们，市长们和市自治机关的主席们，都在牢监里。

就在那同时，正在进行的却是那为民主、为大西洋宪章、为四大自由的战争。

四　在狱中对时间的感觉　　对行动的要求

在狱中，时间似乎改变了它的性质。“现在”几乎不存在了，因为可以分别“现在”和死一般的“过去”的那种情感和意识在这里都没有了。甚至连外面世界的积极活动、生死的信息，都有点虚幻若梦，固定不动而毫无改变，好像是属于“过去”似的。外在的客观的时间不复存在了，只有内在的与主观的意识仍然继续存在，不过也很微弱，除非思想将它从“现在”抽出来，去体会一种在“过去”或“将来”时间中的真实性。如同奥古斯特·孔德所说过的一样，我们过的是死人的生活，封闭在我们的“过去”里面，而在监狱中，当我们设法从追忆“过去”或憧憬“未来”的这种饥渴而幽闭着的情感中寻找一些滋养料的时候，尤其是这样。

“过去”有一种静寂性与永恒性；它是不变的而且有一种永远无穷无尽

的特性，宛似一幅油画，或是一座青铜像，或一块大理石像。它不受现在的暴风雨和动乱所影响，维持着它的庄严与平静，并且引诱着受折磨的精神和苦闷的心灵到它的圆拱形的陵窟下找一个庇荫。那里和平而安全，而一个人甚至可以意会到一种精神上的特质。

但它不是生命，除非我们能在它和充满着矛盾与问题的“现在”之间找出一个生动活泼的联系来。如果没有热情与行动的要求——这正是生命的要素——它就是一种为艺术而艺术的毫无意义的东西了。没有那种热情与要求，希望与生命力就要逐渐消失，陷于生存的低级水平之上，缓慢地消沉下去直到不再生存。我们变成了“过去”的俘虏，同时它的某些固定性和我们粘连在一起了。在行动被阻止的监狱里面，我们变成死板的狱中生活的奴隶的时候，这种心理状态就更易出现了。

然而这“过去”老是和我们在一起，我们之所以为我们以及我们所有的一切都是从“过去”而来的。我们是“过去”的产物，而且我们是沉浸于“过去”中来生活的。不了解“过去”，不感觉到“过去”是我们心灵中一种活的东西，就是不了解现在。将它和“现在”结合起来并将它演展到“未来”去，在不能这样结合的时候，就和它截然脱离。使这一切成为思想和行为震颤悸动着的资料——那就是生命。

一切强有力的行动皆发源于生命的深处。所有个人的甚至种族的悠久过去，都为那行动的一瞬间准备了心理背景。种族的记忆，由于遗传、环境和教养的影响，潜在意识的要求，从幼年和童年时期开始的思想、梦想和行动，这一切奇妙而强有力地交织起来，就必然推向一种新的行动；而这个新行动又变成影响“未来”的另一个因素。影响着“未来”，局部地决定着“未来”，而且可能是甚至在很大程度上决定着“未来”，可是这当然不完全是宿命论。

奥罗宾多·高斯[①]在某处写道："'现在'好比'纯洁而清白的一瞬'，它好比时间和存在中的刀口，把过去和将来分割开，'现在'是存在的，可是转眼又不存在了。"这句话是动人的，但是，它究竟是什么意思呢？这清白的一瞬从"未来"的纱幕中浮露出它整个赤裸裸的纯洁来和我们接触，而立时就变成污秽而陈腐的"过去"了。是不是我们玷污了它并且亵渎了它呢？或者这一瞬因为和"过去"一切的淫贱密切结合着而根本并不是那样清白呢？

在哲学意义上是不是有人类自由那样一种东西，还是只有一种机械的宿命论，我可不知道。有极大部分的事情看起来一定为过去复杂事件所决定，而这些事件是逼迫个人和往往压倒个人的。甚至他所体验的内心冲动、自由意志的表面上的表现，可能它本身也是受着限制的，如叔本华说过："人能够做他所想做的，但不能想他所要想的。"在我看来，信仰绝对的宿命论似乎不可避免地要导致无为，导致生命的死亡。我的对生命的一切看法都是反对这种信仰的；不过，那种反对的本身当然可能仍是为以前的事所限制的。

我并不经常为那些不能解答的哲学问题或形而上学的问题烦心。在监狱里的长期寂静中，甚或正在紧张地行动当中，我们有时都会几乎是不知不觉地想到了这些问题；尽管面临着某些苦痛的经历，它们却带来了超然或安慰的感觉。但是充满于我心中的往往是行动和关于行动的思想；当行动被阻的时候，我就想象我正准备着要行动了。

行动的呼唤长时期以来就常在我心，并不是行动从思想分离，而宁可说是从思想中溢漾出来并且互为循环。这样时候是少有的，就是当这两者之间充满谐和，思想导致行动而在行动里得到完成；行动又返回到思想上

① 奥罗宾多·高斯（1872–1950），生于加尔各答，印度哲学家、诗人和民族主义者。

去造成更充分的理解——于是我就体会到生命的充沛以及在那生存的刹那中的鲜明活跃的强度了。可是这样的刹那是少有的，非常少有的，往往是这一个超越于另一个而缺乏谐和，使这两者一致是徒劳无益的。很多年前，有过这样一段时期，当我生活在一种情感蓬勃的情况的时候，我曾被吸引着我的行动所包围了。现在，我的青年日子好像很远了，不仅仅是因为岁月逝去，而尤其是因为海洋般的经验与苦痛的思潮将它们从今天分隔开了。现在，以往的精力横溢是减少多了，那几乎不可控制的冲动也变得柔和起来了，而热情与感情都被抑制。思想的负担经常是个障碍，而在心灵中曾经一度把握得住的，而今却疑惧潜入了。也许这正是年龄关系，或者是我们时代的一般气质使然吧。

可是甚至现在，通过暂时的思想斗争后，这行动的呼唤仍荡着我内心不可思议的深处，我想要再体验一次“那可爱的欢乐的冲动”，这冲动转向着风险和忧患，面临死亡而且对死亡加以嘲弄。我对死亡并无迷恋，虽然我并不认为它使我害怕。我不相信人生是虚无的或出世的，我曾爱恋着人生而且它仍然吸引着我，因此我想用我自己的方式来体验它，虽然在我的周围许多看不见的障碍滋长起来。可是，正是那欲望引导着我去调弄生命，窥探着它的边缘而并不是做它的奴隶，这样我们就可以更好地来相互尊重了。也许我应当成为一个飞行员，这样，当生命的疲沓和无聊压服着我的时候，我能够突过纷纭不定的云层并且对我自己说：

“我权衡过一切，经过我的理智，
和这生命、这死亡相比较，
未来的岁月好像是生命的虚度，
逝去的岁月也像是生命的虚度。”

五 “过去”对于“现在”的关系

这种行动的要求，这种通过行动来体验生活的愿望，影响了我的全部思想和活动。持久的思想不但它本身就是一种行动，甚至又变成了“未来”行动的一部分。它并非完全是抽象虚幻而与行动和生命无关的东西。“现在”是由“过去”逐渐导致的，而目前行动的瞬息又是“未来”所从出来的；这三者是纠结难解并且相互关联着的。

虽然在狱中，我的看起来好像是没有行动的生活，总想办法通过一些思想和感情的过程把它与未来的或想象的行动联结起来；这样，它使我获得了一定的满足，要不然就将变成一个真空而生存将成为难于忍受的了。当实际的行动被阻挠的时候，我曾去搜寻过一些这样接近“过去”与历史的门径。因为我自己的个人经历往往接触到历史事件，而有时候甚至于在我自己的范围内对那样的事件有所影响。对我说来，将历史当作一种活生生的过程来观察并非困难，因为在某种程度上我能够把我自己和它打成一片。

尽管我研究历史不久，而且没有通过一般的直接方法来下功夫学习一大堆事实和年月日而从它们当中引出结论与论断，可是它们对我的生命进程无关。只要我这样做，历史就对我有一点意义了。我对超自然的或来生的问题兴趣更少。科学与现代的问题以及我们今生的问题更多地吸引了我。

某些我仅仅朦胧地意识到的思想、情感与要求的混合起来的东西使我行动起来，而行动又叫我返回到思想和理解“现在”的愿望上去。“现在”根源于“过去”，因此我曾对“过去”作过探索的旅程，总想着在它当中寻出一个端倪以认识“现在”，如果是有端倪的话。就是当我沉思于很远而很久的“过去”事情和人物以致忘却我在何处或我为何人的时候，“现在”一直还在支配着我。假若我偶然地感觉到我属于“过去”，那么在“现在”我同样也感觉到那整个“过去”是属于我的。“过去”的历史已消融于同时代的历史里，它变成了活生生的现实，跟苦痛和欢乐的感情连接起来。

如果“过去”有变成“现在”的趋势，那么“现在”也有时候倒退到遥远的“过去”并且摆出了它的固定的、如雕像般的外貌。在行动本身的紧张当中，可能骤然会生出一种感觉，仿佛它有些像“过去”的事情，而有人正在注视着它，好像在回忆似的。

我曾企图发现“过去”与“现在”的关系，这使得我在十二年前用书信的形式写了一本《世界历史之一瞥》[①]给我的女儿。我尽可能写得浅近而平易，因为我是写给一个十多岁的小姑娘看的。但那写作的动机是对于发现的渴望和探索。我满怀着冒险的念头并且生活在不同的连续的时代当中，和古代男女结为朋友。在狱中我有的是闲工夫，用不着慌忙或者在一个指定的时间内完成一桩工作。因此我让我的心灵漫游着，或是暂时沉静下来使它与我的心境保持协调，让印象深入下去，并且用血肉来充实这过去的枯骨。

这同样的探索使我后来写成了我的自传，不过限于比较熟悉的时代和亲近的人们而已。

---

① 《世界历史之一瞥》(Glimpses of World History)，伦敦Lindsay Drummond Ltd出版。(原注)此书原为尼赫鲁系狱期间写给女儿英迪拉(后担任国大党领袖、两次出任印度总理)的世界史读物。(新版编者注)

我想在这十二年当中我有了很多的改变，我更耽于沉思了。也许有了较大的稳重和平衡，某种超然的意识，和一种更为宁静的精神。现在我不会像已往那样被悲剧或我所认为悲剧的东西所战胜了。虽然这悲剧的范围远为广大，可是骚动与纷乱是减少而更为暂时的了。我不知道这是否是听天由命的精神滋长了呢，抑或是心情逐渐麻木了呢？这是否仅仅是年龄关系和生命力与生命热情的减退呢，抑或是由于长期的监狱生活，生命就慢慢地衰老下去，而充满内心的思想与日俱逝，在暂时停留以后，留在后面的仅是微波呢？苦痛的心灵力求解脱的方法，由于反复的冲击致使意识麻痹不灵了，这使人不禁有了一种感觉：这样众多的邪恶与不幸使世界蒙罩着阴影，因此稍微多些或再少些都没有分别了。只余下一件事是不能从我们这里夺去的：那就是拿出勇气与尊严来行动，并且坚持那赋予人生以意义的理想。然而那不是政治家的道路。

有人过去这样说过：死亡是每一个人与生俱来的权利。这是用一句奇妙的话来表达出一桩明明白白的事情。这是没有一个人否认过或能够否认的与生俱来的权利，而我们一切人皆在尽我们所能去设法遗忘和避免它。关于这句成语，还有些地方是新奇而动人的。那些这样辛酸地控诉着生命的人们是总有方法从当中脱身出来的，假如他们愿意这样选择的话。那总是我们力量所能达到的。如果我们不能主宰生命，我们至少能够主宰死亡。这种使人欢愉的思想减少了一筹莫展的心情了。

六 人生哲学

六七年前一位美国出版家请求我为他所筹备的论文集写一篇关于我的人生哲学的文章。当时我为这个意见所打动，可是又迟疑起来了，而我越多加思索，不情愿的心情就越滋长了。结果，我没有写那篇文章。

什么是我的人生哲学？我不知道。早几年我不会这样迟疑的。那时候我的思想与目的是明确的，后来却渐渐消失了。过去几年在印度、中国、欧洲和全世界其他地方所发生的大事使人惶惑、烦恼和痛苦，而未来变成模糊阴暗，并且失去了曾经一度在我心中具有的那种明朗的轮廓。

对基本问题的疑虑和困难并没有妨碍我立时采取行动，不过使得那活动的尖锐性略微迟钝些而已。我不能再像青年时代那样勇往直前地去起作用了，那时，我好比一支弦上的箭，朝着我所选定的目标直射去而不顾一切。然而我还是在起作用，因为既有行动的要求，又有那种行动和我的理想之间的真实的或想象的协调。可是我对我所看到的政治现象越来越反感。我对人生的整个看法似乎逐渐在起变化了。

昨日的理想和目的仍是今日的理想，只是已经失去一些光彩；尽管人们似乎还在向它们奔赴而去，可是曾经给予心胸以温暖和赋予肉体以活力的那种灿烂美妙却再也找不到了。邪恶的获胜本就够多了，而更糟糕的是，那似乎是这样正当的事情竟被粗鄙化和歪曲。是不是人性在本质上就那样地恶劣，必须经过世世代代的磨炼，历尽灾难和不幸，才能够合理地立身处己并把人类从现在的贪淫、强暴、奸诈的畜道中解放出来呢？并且在另一方面，是不是在现在或最近的将来所有把它根本改变的一切努力都注定要失败呢？

目的与手段，它们是不是不可分离地连接在一起，彼此在起作用，而错误的手段会歪曲并且有时甚至会摧毁了所抱负的目的呢？但是，正当的手段很可能不是软弱自私的人类天性所能有的。那么，怎么办呢？不行动就是完全承认失败和屈服于邪恶；行动就往往是对某种邪恶形式的妥协，更附带着由这样妥协所造成的一切不幸的结局。

我起初对人生问题的理解多少是科学性的，带着些十九世纪和二十世纪初期科学的轻易的乐观主义。我所拥有的安定舒适的生活以及精力和自信，更增加了那乐观的情绪。一种模模糊糊的人道主义很合我的心意。

我所眼见为人们所信奉甚至也为有思想的人们所首肯的宗教，无论它是印度教、伊斯兰教、佛教或是基督教，都并没有能够打动我。它似乎是与迷信的仪式和教条的信仰密切地联系着的，而其中隐藏着的理解人生问题的方法不用说是不科学的。它含有巫术的成分，是一种盲从的轻信，对超自然力的信赖。

可是这点是明显的，宗教曾填补过一些人类天性深切感到的内心需要，并且全世界大部分人们没有一些宗教信仰就不行了。它产生过许多善良类型的男男女女，又产生过执迷的、心地偏狭而残酷的暴君。它提供了一套对人生的评价，虽然那些评价中有些已不适用于今日甚或有害了，另外的一些仍然为道德与伦理的基础。

自广义言之，宗教所处理的是人类经验中未经翔实证明的领域；这就是说没有经过现代实证科学知识所研究过的领域。虽然科学与宗教的方法彼此绝不相似，而且在很大程度上它们不得不与不同种类的导体发生关联，而在某种意义上，可将它认作是已知和已被开始翔实证明的领域之伸展。这点是显而易见的，就是在我们周围还存在着广大未知的领域，那有辉煌成就的科学虽正朝着那方向试行接近，而对这领域却知道得太少了。可能也是由于科学的正常方法只涉及可见的世界和生命的过程，并不能完全适用于心灵的[①]、艺术的、精神的以及其他不可见的世界的其他成分上。生命并不完全限于我们所见所闻和所触，这可见的世界是随时间与空间而变化的；它是不断地和其他不可见的世界——可能更为稳定些或者同样具有变化无常的成分——相接触，没有一个有思想的人能够对这不可见的世界置之不问。

关于人生目的这些问题，科学告诉我们不多，或者它简直没有告诉我们任何东西，它现在正在扩大它的疆界，而且不久可能就侵入这所谓不可见的世界来帮助我们在它最广的意义上理解这人生目的，或者至少给我们一些闪光以阐明人类生存的问题。科学与宗教之间旧有的争执采取了新的方式——将科学方法应用于感情与宗教的体验上。

宗教消融于神秘主义，形而上学和哲学。曾经有过伟大的神秘主义者，他们是些有吸引力的人物，不能够把他们当作自欺的愚人而轻易撇开。可是神秘主义——在狭义上却将我激怒；它似乎是含糊、柔弱和萎靡不振，不是智力上的严格锻炼，而是放弃了心智机能，去生活于感情的海洋中。这体验可能偶然会使得我们洞察出内心的与比较不明显的过程来，但它也可能会引导到自欺。

形而上学和哲学，或是形而上的哲学更能感动人的心意。它们需要苦思、逻辑与推理的应用，虽然这一切皆必须根据于某些假定是显而易见的前提之上，不过它还可能不是真实的。一切有思想的人们多少总要对形而

① 此采照1946年纽约版“Psychical”字样翻译。1951年伦敦版作“Physical”。——译者

上学和哲学涉猎一下，因为不这样做就是漠视我们这宇宙的很多方面的情景了。一些人对形而上学和哲学可能较其他的人感受更多，而他们所强调的地方可能因时代不同而有所异趣。在古代世界的亚洲和欧洲，所有的主张均强调认为内在生命对于外物是至高无上的，这就必然地引到形而上学和哲学。现代的人更多专心致志于客观外界的事情，可是在危机的瞬间和精神烦恼之际，他也往往回转到哲学与形而上学的思考上去。

虽然我们之中的大多数人未加思索就接受了我们这世代和周围环境所特有的一般观点，我们却都有一些不明确的或比较精确的人生哲学。我们之间很多人也把某种形而上学的概念当作我们生长于其中的信仰的一部分而加以接受了。我并不曾被形而上学吸引过；事实上，我对含混的思索怀着某些厌恶。可是有时在试着了解古代或现代形而上学和哲学思想的严谨体系的时候，我感到某种理智上的沉醉。但是我从来未曾感到心安理得，并以一种慰藉的心情从它们的魔力中逃脱出来。

我所关心的根本是现世和今生，并非什么别的世界或来生。是否有像灵魂这样的东西，或是否死后还有生存的东西，我不知道；这些问题虽关重要，丝毫未使我有一点烦心。我生长于其中的环境，把灵魂——或称之为“阿特玛”（自我）更好些——与来生、因果报应的“羯磨”（业）理论和轮回都视为当然。我曾为这所影响，因之，在某种意义上，我对于这些假想是有好感的。可能有灵魂，它在肉体死亡之后还能够存在；而主宰着生命行动的因果论也似乎有理由，虽然当一个人想到“终极之因”时就会引来明显的困难了。假定灵魂存在的话，轮回之说就似乎也有些合乎逻辑了。

但是，作为一个宗教信仰，我不相信任何这些或其他的理论和假想。它们不过是对于我们几乎全不了解的未知领域的理智的探索。它们并未影响我的生活，不管后来证明出它们正确或错误，对我都没有多大关系。

唯灵论同它的降神术和它所谓的精神之显示以及类似的东西，在我看来这种用以调查心灵的现象与来世神秘的方法宁可说是非常荒诞而不适当的。它往往更为恶劣，因为它利用了想获救或解脱精神痛苦的那些过于轻信的人们的情绪。我不否认某些心灵现象可能有其真实的根据，但是照我看来所用的手段似乎近于完全错误，同时这个从零零碎碎证据中得出来的结论是不能认为正当的。

当我看这世界的时候，我意识到深不可测的神秘。在就我所能理解的范围内，我有一种了解世界的要求：那就是去和它融合在一起，从而去充分体验它。但是照我看来，理解的方法主要是科学的方法——采用客观的方法，虽然我领悟到，像丝毫不差的客观性这样的东西可能不存在。如果主观的成分是难以避免和必然的，它就应当尽可能地受到科学方法的限制。

神秘的东西是什么，我不知道。我不称之为上帝，因为关于上帝的说法有许多是我不相信的。我发现我自己不能够根据“神人同形说”来设想一个神或任何未知的至高权威。而很多人偏偏这样想法的这种事实是经常使我惊愕的根源。任何具人性的神的概念，在我看来是很诡异的。在理智上，我能够多少体会些一元论的概念，同时我为吠檀多哲学的不二论（非二元论）所吸引，但是我并不自命懂得它的一切深奥和错综之处，我认识到对这些问题的一点点理智上的体会是不够的。与此同时，吠檀多哲学以及其他类似的见解，它们模糊而无形地神游于“无限”之中，颇使我吃惊。大自然的多样性和充沛激励着我而产生出精神上的和谐，并且我能设想自己在古代印度的或希腊的异教徒与泛神论的气氛中觉得很自然，只是要除掉依附于它的神或众神的概念而已。

一种依伦理学观点的对人生的理解，对我有很强烈的吸引力，但是，要用逻辑的方法来证明其合理，我看还有些困难。甘地先生强调用正当手段以达到目的这种主张很打动了我，而我认为这种强调就是他对我们公共生活的最伟大贡献之一。这概念并无新奇之处，但是将一个伦理的教义应用于大规模的群众活动上的确是新奇的。这样做是困难重重的，而且也许目的与手段不是真正分得开，而是共同形成的一个有机的整体。在一个几乎专考虑目的而不择手段的世界，强调手段就仿佛是奇特而惊人的了。它在印度究竟成功到什么地步，我还不能说出。但是他曾在多数人民心中产生了深刻而持久的印象则是无疑的。

对马克思和列宁的研究在我心中产生了一个强有力的影响，并且帮助了我用新的见解来观察历史与时事。一长串的历史和社会发展似乎有某些意义，有某些顺序，而未来不是那样看不清楚的了。苏维埃联盟的实际成就也给人一个极深刻的印象。我常常不喜欢或者不了解那里的某些现象，并且以我看来它是太注意于适应一时的要求或大国的政策了。尽管有这一切的发展，并且与原来改进人类社会的热情可能有些距离，我不怀疑苏维埃的革命把人类社会大大地向前推进了一步，燃起了不可扑灭的熊熊火焰，它为整个世界所奔赴的新文明奠定了基础。我是一个过分的个人主义者和个人自由的信仰者，以致不喜欢过分的组织化。然而我看得很清楚，在一个复杂的社会机构里，个人自由必须有所限制；而且也许达到真正个人自由的唯一道路，就是在社会范围内要有一些这样的限制。为了较大的自由的利益起见，较小的自由往往是需要受到限制的。

我能够毫无困难地接受马克思主义者的很多哲学观点：它的一元论与精神和物质的一致性，物质的运动与通过作用和相互作用、因果关系、正反合而完成的发展和飞跃的不断变化的辩证法。可是它还没有使我完全满意，也没有解答我心中所有的问题，而且差不多不知不觉地有一种朦胧的唯心论的想法潜入了我的心中，一种宁可说是类似吠檀多哲学的想法。它并非是精神和物质的差别，而是在精神以外的东西。其中也有着伦理学的背景。我承认道德标准是常变的，而且要随成长中的精神与进展中的文明为转移；它并受着一个时代心理的一般趋势所限制。不过此外还有些别的东西——某种更有永久性的基本要求。我不喜欢共产主义者的地方就是他和其他的人一样，在实践上，经常地将行动与这些基本的要求或原则分裂开了。这里，在我心中就有一种奇特混杂的想法，我不能够合理地加以解释或解决。因此，我的整个倾向就是不要将那些似乎力所不逮的基本疑问考虑过多，而宁可集中精力于人生问题，在较严密而更直接的意义上来了解什么是该做的以及如何去做。不管最后的现实性如何，也不管我们是否能掌握它的全部或一部分，甚至虽然这可能一部分或大部分是主观的，它一定会呈现出增进人类知识的广大可能性与应用它来促进改善人类生活和社会组织。

在过去有过而且到今天在较小的程度上也还有一些人专心致志于寻求宇宙之谜的解答。这使得他们避开了当前的个人和社会的问题，可是当他们不能解决那谜的时候，他们就感到失望而陷入消沉无为和浅薄庸俗，再不然就到武断的教条里去寻求安慰。社会罪恶其中有许多本来是可以消除的，而被归咎于原罪，或者人类的本性难移，或者社会组织，在印度则归咎于无可避免的前生宿孽。这样一来，人们就不知不觉地连合理的和科学的思考都不去尝试，却托庇于悖理的行为、迷信以及社会上无理的和偏颇的成见与习俗了。的确，即使是合理的和科学的思考未必能一直把我们带到我们所要去的地方。有无穷无尽的因素和关系都在不同的程度上影响着和决定着事态的演变。要掌握所有这些因素和关系是不可能的。但是，我们能够寻出正在发生作用中的支配力量，并且通过外界物质现实的观察、实验和实践，尝试和错误，为我们摸索出去到那日益扩展的知识和真理的道路。

为了这个目的并在受到上述那些限制的情况下，和目前科学知识的情况或多或少相配合的那种一般的马克思主义的认识，在我看来，是能有相当大的帮助的。然而即使接受那种认识，从中所产生的结论和对于过去以及现在所发生的事件的解释却并非总是清清楚楚的。马克思对社会发展的一般分析似乎已经非常正确，然而后来有许多发展和他对最近将来的预见并不符合。

列宁把马克思的理论灵活应用于后来一些发展上而获得成功；从那时起，更多的惊人变化发生了，这就是新兴的法西斯主义和纳粹主义以及隐藏在它们后面的一切。工艺学方面的突飞猛进和科学知识上巨大发展的实际应用，正在以惊人的速度改变着世界的面貌，因而引起了新的问题。

所以我虽则接受了社会主义的基本理论，我并不为它那许多内部争论而烦心。印度的左翼集团把许多精力耗费于为了主义上的细枝末节而相互攻击与谴责，使我不能忍受。我对这些丝毫不感兴趣。人生是太错综复杂了，而就我们现有的知识所能了解的说，人生也太不合逻辑。因此它就不能被局限于某种一成不变的主义范围之内。

在我看来，真正的问题依然是个人生活与社会生活的问题，如何过和谐生活，如何保持个人精神生活与物质生活的均衡，如何调整个人间的和团体间的关系，如何继续不断地改善和提高个人和社会生活，如何使社会发展，如何使人类毫不停留地勇往直前。要解决这些问题，按照科学的方法是必须沿着观察与精确的知识和审慎的推理这条途径来走的。这个方法在我们探索真理中也许不是经常适用，因为，艺术和诗和某些精神的体验似乎属于另一个范畴，而规避着科学的客观方法。因此让我们不必抛弃直观和其他体会真理与现实的方法。就是为了科学的目的，它们也是需要的。然而我们常常必须坚持着精确的客观知识，通过理性的试验，尤其是要通过实验和实践；同时我们常常必须警惕，不要陷在空洞理论的汪洋大海中，那些理论是和日常生活问题及男男女女的需求无关的。一个现代的哲学必须解答今天的问题。

生存于现代的我们，虽然对我们这时代的成就是这样的自豪，或许就是我们这时代的囚徒，正好像上古和中古的男女们是他们各自所处的时代的俘虏一样。我们可能像前人一样地把自己引入歧途，误认为我们观察事物的方法就是导致真理的唯一正确的方法。我们不能够逃出樊笼，或者完全解除幻觉，如果那是幻觉的话。

可是，我确信科学的方法和手段已使人类生活发生的革命性的变化比历史长期过程中任何其他时代都多，并且为更进一步的和更彻底的变化以及更根本的改变打开了门径，而逐渐引向长期被认为不可知的那个大门。科学的技术成就是极为显著的；它能将匮乏的经济转变为充裕的经济，这能力是明显的；它对长久以来为哲学所独占了的领域的侵入也日益显著了。“空—时”理论与量子论完全改变了物质世界的面貌。最近对于物质的特性、原子的构造、元素的变换以及电和光的相互转化的研究，已将人类的知识更大大地推进一大步了。人们不再把大自然看作是与自己分离而毫不相关的了。人类的命运看起来已成了大自然有节奏的“能”中的部分了。

由于科学的进步而发生的这整个思想上的巨大变化，将科学家们引入了逼近形而上学的新领域。他们得出了不同而往往矛盾的结论。有的从中看出一个新的一致性，这一致性是与偶然性正相抵触的。此外，像贝特兰·罗素说过：“自从巴曼尼底斯时代以来学院派的哲学家们始终相信世界的一致性。我的最基本信仰就是‘这是胡说’。”他又说：“人类是种种原因的产物，那些原因对于它们所追求中的目的并无先见；人类的出生、成长、希望与恐惧、爱情与信仰都不过是各种原子偶然间排列出来的结果。”然而最近物理学上的进展已经大有助于证明大自然在基本上的一致性。“认为所有东西都是由单一的实体所造成的这样信仰陈旧得和思想本身一样了；可是我们是这一代，在历史上最早能够认识出大自然的统一性，而不是把它当作一个无根据的教条或者不能实现的愿望，而是一种人所共知以再清楚明晰不过的证据为基础的科学原理。”①

虽然这种信仰在亚洲和欧洲都是一样陈旧，但是将某些最近科学的结论与基于吠檀多不二论的基本概念两相比较却很有趣。这些概念认为宇宙是由

---

① 引自达罗（Karl K Darrow）著：《物理学的复兴》（The Renaissance of Physics），1936年纽约版，第301页。（原注）

一个本体所做成的，它的外形永远在变化着，而它的“能”的总量是始终不变的。还有，“对事物的解释应在它们自己的本质中去寻求，并不需要外界的事物或存在来解释宇宙间发生的现象”，从而得到宇宙自我发展的结论。

这些模模糊糊的思考所得出来的结果对于科学是无关紧要的，因为同时科学正以它自己精确实验的观察方法向多方面迈进，扩大着已经翔实证明了的知识领域，并且在过程中改变着人类的生活。科学或许接近将发现重要神秘的边缘，可是后者可能躲避开了。它将仍然沿着它的指定的途径前进，因为这旅程是没有终结的。暂时不问哲学中的“为什么”这个问题，科学将继续追问着“怎么样”。当它找到了这答案，就会予人生以较大的满足和意义，并且也许在回答我们的“为什么”的问题上前进一步。

也许我们不能够越过那重障碍，而神秘者仍然继续神秘，那具有一切变化的人生，将依然是一大堆的善和恶，一连串的冲突，一种奇怪地混合在一起的互不相容的和敌对的要求。

此外，也许科学的进展本身如不与道德的修养和伦理的考虑结合起来而陷于孤立的话，它就将导致权力的集中，以及用科学所制造的可怕的毁灭性的工具，被掌握在一批企图统治别人的邪恶自私者的手中，这样就毁灭了科学进展本身的伟大成就。类似的情形正在我们眼前发生，而在这战争里面隐伏着的却是人类精神的内在冲突。

这人类的精神是多么可惊啊!人，尽管有无数的缺点，从古迄今，人为了理想、为了真理、为了信仰、为了国家和荣誉，牺牲过他的生命及其视为宝贵的一切。那理想可能改变，但是自我牺牲的精神长存；而由于这个缘故，对于人类是可以多予宽恕的，并且不可能对他失望。在危难之中，他未曾丧失他的尊严或他心中所认为珍贵的信仰，人本是大自然巨大力量的玩物，在这广漠的宇宙中比一粒微尘还要渺小，他却对大自然的威力进行挑战，利用他那作为革命摇篮的理智来试图控制这些威力。不管有什么样的神存在，人本身是带着些神性的，就和他本身也带着些魔性一样。

“未来”是黑暗的，不确定的，然而通向“未来”的一段道路却是看得见的，而且我们能够迈着坚定的步伐前进；要记住，任何可能发生的事情都不见得会降服人类百折不挠的精神。也要记住，生命虽然有着一切的辛酸，它却也含着欢乐和美妙，我们总能够在那令人迷恋的大自然的森林中漫游，如果我们知道怎样去游的话。

“此外还有什么是睿智？人的努力，
抑或神的鸿恩，如此可爱而伟大，是何意义？
由恐怖中解放出来，生活着，等待着，
不计仇恨，将手举起；
人类怎可不永久珍爱这美妙的品质？”①

七　过去的负担

我的二十一个月的牢狱生活快要过去了；明月盈而复亏，亏而复盈，很快就要满两年了。另一次的生日又将来临，令我想起我又老了一些了；我前四次的生日是在这里和在台拉·顿监狱中度过的，还有其他多次的生日是在以前的监禁中过的，次数可记不清了。

---

① 引自吉尔柏特·墨累（Gilbert Murray）所译的诗：欧里庇得斯的《醉神女伴歌》（The Bacchae of Euripides）。（原注）

在这几个月当中，我常常想到写作，对它感到一种冲动，可是同时又有些勉强。我的朋友们认为我当然会有所写作而再出一本书，正像我在已往的刑期中所做的一样。这差不多已经成了习惯。

然而我并没有写。我确实不喜欢随随便便就出一本没有特殊意义的书。写作本是够容易的，然而要写得有价值却是另一回事，我困居监狱之中写稿而世界又正在变化不已，在这条件之下要写得不致脱离时代，那就很难了。我将要写的不是为了今日或明日，而是为了未知的和可能遥远的将来。我将为谁而写？为何时而写？也许我所写的将永不会出版，因为我以后在监狱的岁月中可能目睹那甚至比已经过去的战争年月中更为巨大的震动和冲突。印度它本身可能变为战场，或可能发生国内骚乱。

可是，即使我们避开了所有这些可能的发展，而当今天的问题已成过去而被遗忘，新的问题代之而兴的时候，现在就为将来而写作是冒着风险的。我不能把这次世界大战看作另一次普通的战争，仅只是规模较大而已。自从它开始的那天起，甚至于更早些时，我对这些天翻地覆的激变，和正在兴起中的可好可坏的新世界，就充满着预感。那么，我的有关事过境迁的时代的拙作，还有什么价值呢？

这种种的思想使我烦心并且束缚了我；而在这些思想的后面，在我的心灵深处藏着较深的问题，使我不容易寻出解答。

我上次入狱的时间，从1940年10月到1941年12月，大半是在台拉·顿监狱以前所住的牢房中度过的，也有过同样的思想和困惑，这监狱就是那六年前我开始写自传的地方。在那里有十个月，我没能够培养出写作的心情，我把光阴消磨在读书或掘地种花上。最后我终于写了，本来准备继续着那本自传写下去的。一连几星期我很快地而且继续不断地写，但正在我要写完之前，我忽然被释放了，远在我的四年刑期届满之前。

幸而我未曾完成我的工作，如果已完成，很可能我会受到怂恿把它送去出版。今天看来，它实在毫无价值；它显得多么陈腐和枯燥无味。其中所涉及的事件完全失去了重要性，并且变成了半被遗忘的过去所留下的碎片，又被火山的熔岩盖住了。我对这些已经没有兴趣。在我心中突出的是对我有深刻影响的亲身经验；与某些个人和某些事件的接触；与群众的接触，这群众就是那带着无穷无尽的多样性可是又有令人惊异的一致性的印度人民；理智上一些探索；此起彼伏的痛苦和克服了痛苦之后所得的慰藉和欢乐；行动之顷的兴奋。关于这些事情有许多是可以不必写的。关于人们内心生活、感情和思想的一种秘密，是不可以而且不能够传达给别人的。上面那些接触不论是否与个人切身有关，都是很有意义的。它们影响个人并且陶冶他而改变他对人生、对他自己的祖国、对其他国家的反应。

我在这里，在亚马那加堡垒，也和在其他的监狱中一样，每天把许多时间消磨于园艺工作，虽在炎炎烈日之下，我仍然挖掘土壤，布置花坛。土壤极为恶劣，内多石块和从前建筑工程所遗留下来的碎石残砖，甚至还有古代纪念物的残迹。这里是个有历史意义的地方，过去有过多次战役和宫廷阴谋。就印度历史而言，那段历史并不古老，而且在大体上也不算很重要。但是一个特殊事件是突出的，现在仍然在人们记忆之中：一位勇敢的美妇钱德·比比保卫了这个堡垒，并且率领她的队伍手持利剑抵御阿克巴大帝的军队。她被自己的一名部下所暗杀了。

在这块不幸的土壤中挖掘着的时候，我们曾无意中发现了深深埋在地面之下的古代城垣的残迹和大厦的圆顶。我们没有能够更进一步，因为深入的挖掘和考古学的探索是不为当局所允许的，而我们也没有必需的工具来进行。有一次我们曾在墙面发现石头上雕刻着可爱的莲花，可能是在门口上面的。

我回忆起在台拉·顿监狱中另一次不大愉快的发现。三年前，我在挖掘着我们的小庭园时，我无意中发现了过去的稀奇古迹。在地面之下很深的地方，发现了遗留下的两根旧木桩，我们以激动的心情望着它们。这就是旧时绞架的一部分，在三四十年前曾经使用过。这监狱早就不再是行刑场，而这绞刑架一切看得见的痕迹早已消灭了。我们既已发现了它就把它连根拔去，所有协助进行这工作的狱中同伴都很高兴，因为我们终于消除了这不祥之物了。

现在我已经放下锄锹，拿起笔杆了。也许我现在所写的将要遭到在台拉·顿监狱我那未完成的原稿同样的命运。在我不能自由地通过行动来体验“现在”的时候，我不能够写关于“现在”的问题。正是由于现在采取行动的需要才使我生动地意识到这“现在”，这样我才能得心应手地来写。在监狱里面，这“现在”是有些模糊、阴暗，有些不可捉摸，或者也不能当作现在的感觉来体验。若按照这字的真正意义讲起来，它对于我已经不复是“现在”了，然而它也不是那带着过去的固定性和雕像般的宁静的“过去”。

我又不能以预言家自居而来写那关于将来的事情。我的心中常常想到“将来”，并且试图揭开它的面目，而给它穿上我所选定的衣服。但这些皆是虚幻的推想，而“将来”依然是不定的，不可知的，同时也不能保证它不再辜负我们的期望和背弃人类的梦想。

这“过去”仍旧是“过去”，可是我不能像历史家或学者们将过去的事情以学者的姿态来写。我既没有那种的知识、修养和训练，并且也没有做那种工作的心境。“过去”压迫着我，或是当它接触到“现在”的时候而好像变为富有生命力的“现在”的那种模样，它有时又使我充满着温暖。如果它不是这样，它就要冷酷、无聊、无生气、无趣了。我只能写关于“过去”的事情，如我以前所做过的那样，把它和我当前的思想和活动联系起来；因此这本有关历史的写作，正如歌德所曾说过的，从“过去”的压迫与负担之中减轻了一些。我认为这方法与心理分析是相似的，不过不是应用于个人，而是应用于民族或人类。

这过去的负担，兼有好坏的负担，是不可抗拒的，而且有时使人透不过气来，尤其是对于我们属于非常古老文明的印度和中国的人们更是如此。正如尼采所说："不仅若干世纪的智慧，而且还有它们的疯狂也在我们身上爆发出来了。当历史的继承人是危险的。"

什么是我的遗产呢？我是什么遗产的继承人呢？我所继承的是几万年来人类的一切成就；所继承的是一切人类所想过的、感觉过的、经历过的痛苦和欢乐，所继承的是人类胜利的欢呼和它失败后的辛酸苦闷；所继承的是人类可惊的冒险，这冒险老早就已经开始而还继续在进行，并且在向我们招手示意。所有这一切以及其他是我和全人类所共有的。但是我们印度人拥有一种特殊的然而并非独占性的遗产，因为没有一样是可以独占的，一切都为人类所共有；它对于我们尤为适用，因为它在我们整个躯体之中发挥着作用，使我们成为现在的我们和将来可能的我们。

长久盘旋在我心头上的就是这种特殊遗产的思想和它如何适用于现在的问题，我所愿意写的也正是关于这一点的，虽然这主题的困难和复杂性将我骇住了，而我仅仅能涉及它的皮毛。我不能够把它写得恰到好处，但在试写之中，若把我自己的理智澄清，使它为了下一阶段的思想和行动做好准备，我也许可以对得起我自己。

不可避免地，我的看法往往是属于个人的；就是说，这种概念怎样在我心中滋长，它采取怎样的形式，它怎样影响过我和我的行动。还有一些完全个人的体会与这问题的较广泛的方面是无关的，但是它使我的理智蒙上色彩，并且影响了我对整个问题的看法。我们对国家和民族的判断是根据很多因素的；其中我们亲身的接触——如果真曾有过的话——是有显著影响的。我们必须亲身地去了解一个国家的人民，不然的话就会更易于对他们发生误解，并且把他们视作完全不同的异族。

就我们自己的国家而论，我们有着无数亲身的接触；而通过这样的接触，我们同胞的许多画像或某种综合的画像就在我们心中形成了。我让我心中的画廊充满了陈列着的画像。有些肖像鲜明而栩栩如生地俯视着我，使我想起了生命的高峰——可是它都仿佛是那样久远，又像我曾读过的某些故事。还有很多别的画像，周围笼罩着旧日同伴和友情的回忆，使生命甜蜜可爱。还有数不清的群众画像——印度的男女老幼全都拥在一起仰望着我，而我在想探测出他们那些几千只眼睛的后面究竟是什么。

我将以完全关于我个人的一章来做这故事的开端，因为这样可以紧接着我写到我的自传结尾的那一个月而为我的心情提供一个线索。虽然在这里面往往可能有我私人的成分，但不至成为另一篇自传。

世界大战正在进行。我关在这亚马那加堡垒，当强烈的战争正在消耗这世界的时候，一个监犯却被迫不能活动，我有时有点躁急，同时想到大的问题和多年来充满于我内心的勇敢的事业。我试想用超乎个人的看法来观察这战争，就像人们看着一些大自然的现象，某些天然灾害、大地震或水灾一样。当然我这样做是办不到的。但是如果我要从过多的损伤、憎恨和愤激当中来自卫的话，似乎也没有别的办法。而在这野蛮和破坏性的巨大表现中，我的烦恼和我自身就变得微不足道了。

我回忆起甘地先生于1942年8月8日在那生死关头的黄昏所讲的话了：“尽管今天世界的眼睛都是血红的，我们却一定要用宁静而明澈的眼睛来正视这个世界。”

第二章　巴登威勒，洛桑

一 卡麦拉

1935年9月4日，我忽然由阿尔摩拉的山中监狱被释放出来，因为得到了我妻子病危的消息。她远在德国黑森林中的巴登威勒的疗养院里。我匆忙乘汽车和火车去阿拉哈巴，第二天到达那里，同天下午我乘飞机动身去欧洲。班机将我带到卡拉奇、巴格达、开罗，水上飞机把我由亚历山大城带到布林的西。由布林的西我坐火车去瑞士的巴塞尔。我于9月9日傍晚到达巴登威勒，这是在我离开阿拉哈巴的第四天，从阿尔摩拉狱中释放后的第五天。

当我瞧见她的时候，卡麦拉的脸上露着和旧日一样的勇敢的微笑，但她太虚弱了，又为极度的痛苦所困，不能够多讲话。也许因为我来而引起了一些变化，第二天和以后的几天，她的病就稍微好了些。但是还没有脱离危险，而且在慢慢地把她的生命力消耗了。由于我简直不能想到她会死，我就幻想她的病是在好转，并且如果她能够度过那次危险，她可能痊愈。医生们一贯的都要安慰病家，使我怀着希望，眼面前的危机似乎过去了，她的病势稳定了。她从没有好到能够长淡的地步。我们的谈话是简短的，一发觉她感到疲倦我就停下来。有时我念书给她听。我记得我这样念给她听的书是赛珍珠的一本《大地》。她喜欢我这样做，但我们的进行是缓慢的。

每天早晨和下午，我由这个小城的旅馆拖着沉重的脚步走到疗养院去同她度过几小时。我心中充满了我要告诉她的许多事情，然而我不能不抑制住自己。有时我们谈到一些往事，旧日的回忆，我们在印度的共同的朋友；有时带着渴望的心情谈到将来和那时候我们所要做的事情。尽管她的病势严重，她却老向往着将来。她的双瞳是光辉而富有生命力的，她的面容通常是愉快的。偶尔来探望她的朋友们察觉她的外表比他们所想象的好些，都感到快慰惊奇。他们是被那双明亮的眼睛和那副微笑的面容弄得迷惑了。

漫长的秋夜里我独自坐在客店的房中，或者有时我穿过田间或森林去散步。卡麦拉的许许多多的影像一个跟着一个浮现在我心中，这是她的丰美而深湛的人格的成百形象。我们已经结婚近二十年，然而她有多少次以她的心理或精神性格中的某些新鲜的东西使我感到惊奇。我已经在这样多的方面认识了她，而近几年来，我曾尽全力去了解她。我不是完全不了解，但我常常自问我是否真正认识了或了解了她。她有些难于捉摸，有些像仙女，真实而又虚幻，难于把握。有时候我向她的眼睛望进去，会觉得她是一个陌生人在窥视着我。

除了短期地上过学以外，她未曾受过正式的教育；她的心智没有经历过教育的熏陶。她来到我们这里还是一个天真纯洁的少女，显然目前人们认为常见的那些复杂心理她是几乎一点也没有的。她从来不曾完全失掉那种少女的神气，在她成长为妇人的时候，她的眼神深邃而含有热情的火焰，给人的印象是一汪平静的池水，其中蕴藏着的却是怒吼的狂风暴雨。她不是那种现代妇女的类型，没有现代妇女的习气和稍欠稳重的姿态，然而她很容易接受现代的生活方式。但她根本上是一个印度姑娘，特别是克什米尔的姑娘，敏感而骄傲，幼稚而成熟，糊涂而聪明。对于那些她不知道或不喜欢的人她是沉默寡言的，但当着她所知道或所喜欢的人的面前她却洋溢着欢欣和爽朗。她的判断是迅速的但不总是公平而正确的，但她坚持自己生来的好恶。她没有虚伪。如果她不喜欢那一个人，那是看得出的，她也不企图掩盖这事实。即使她企图这样做，她大概也做不像。我所遇到的人很少能对我产生像她所给予我的那种真挚的印象。

二　结婚和婚后

我想起我们结婚的初期了，我虽对卡麦拉非常的喜爱，我几乎遗忘了她，在许多方面不曾给予她以她应得的伴侣生活。因为那时我像着了魔的人，完全献身于所拥护的事业，生活在我自己的梦境世界里面，反而把在我周围的真人当作了虚幻的影像。我尽我能力的最大限度去工作，我心中充满了吸引我注意的事情。我将我的全部精力献给了那事业，所余下的就有限了。

然而我根本没有忘记她，我一次又一次地回到她的身边，如同回到一个安全的托身之所。假若我离开一些日子，一想起她我的心就沉静下来，我亟于要回到我自己的家庭。假如她不在那里安慰我，给予我力量，因而重新恢复我的疲惫的精神和体力，那我真不知道该要怎样办了。

我已从她那里拿到了她所给予我的东西。在那些早年里我曾给予她什么东西来交换呢？很显然我辜负了她，她身上可能烙印着那些日子的深刻的痕迹。由于过度的骄傲和敏感，她不愿向我求助，虽然我比任何别人都更能给予她那种援助。她要在民族的斗争中恪尽她自己的一份力量，而不仅仅做她的丈夫的一个追随者和影子。她要在自己和世界面前显出自己的价值。世界上没有任何事情比这件事更令我高兴了，然而我简直忙得没有功夫看得很深很透，对于她所寻求和热烈想望的事我却茫然无睹。还有监狱关了我这么多次数，我与她分别了；或者她在生病。正如泰戈尔戏剧里面的吉多罗，她似乎在向我说："我是吉多罗。我不是要受崇拜的女神，然而也不是一般怜悯的对象，可以像飞蛾一样漫不经心地被人拂来拂去。假如在危险和冒险的道路上你愿意留我在你的身边，假如你允许我分担你生命中的重大任务，那你就会认识我的真实本相了。"但她并没有用语言对我说出这些话，我只是逐渐地从她的眼睛里面体会到这种意思。

1930年的头几个月里我意识到她的愿望，于是我们一同工作了，我从这次经验中得到了新的喜悦。在一段时期内，我们生活在仿佛是生命的边缘上，因为阴云从四面合拢来，一个民族的大变动快来临了。那几个月对我们是快乐的日子，但它们结束得太快了，4月初全国陷于人民反抗运动和政府镇压的搏斗中，我再次入狱了。

我们男人多半下了监狱。于是一件惊人的事情发生了。我们的妇女来到前线，开始负起斗争的责任。自然，妇女们总是在斗争中的，但现在她们以排山倒海之势而来，这不但使得英国政府并且使她们自己的男人们也惊讶起来。就是这些妇女，上层或中层阶级的妇女，在她们的家庭中过着被庇荫的生活——农民妇女、工人阶级妇女、有钱的妇女、没有钱的妇女——像千军万马的洪流似的不顾政府的命令和警察的棍子汹涌而来。并非仅仅由于她们所表现的勇敢和决死的精神，更令人惊奇的是她们所表现的组织能力。

我永远不能忘记，在内尼监狱当这个消息传给我们的时候，我们所感觉到的兴奋和我们心中所充满的对印度妇女的巨大的骄傲。我们彼此间对于这一切几乎欲谈不能，因为我们满怀感慨，我们的眼睛已经被泪水所模糊了。

我的父亲后来也关进了内尼监狱，他告诉了我们许多我们所不知道的事。他原来是在外面担任人民反抗运动的领导者。而他并不曾以任何方式鼓励全国内妇女们的这些攻势的活动。照他的家长式的和有些老派的看法，他不喜欢年轻的和年老的妇女们在夏天灼热的太阳下面在大街上到处横冲直撞，和警察起冲突。但他看出人民的愤怒而并不阻止任何人，即使是他的妻子、女儿们和儿媳。他告诉我们他怎样欢欣惊讶地看见全国妇女所表现的精力、勇敢和才能，他以慈爱的自豪的心情谈到他自己家属里的姑娘们。

由于父亲的提议，一个“回忆的决议”于1931年1月26日，即印度独立纪念日，在全印度的几千个公共集会上被通过了。这些集会是被警察禁止的，其中许多被武力解散。父亲从病床上组织了这些集会，那是组织的胜利，因为我们不能使用报纸、邮政、电报、电话或任何现成的印刷机器。然而在同一天的指定的时间内，在这个辽阔国家里，甚至于在遥远的乡村里，这个决议被该省用各地的语言宣读出来加以通过。决议这样通过十天以后，父亲就去世了。

这是个长篇决议。但其中一部分涉及印度的妇女：“我们记录下我们对印度女性的尊敬和深切的赞许，她们在祖国危险的时刻放弃了她们家庭的庇荫，以不懈的勇敢和坚忍，和她们的男人们并肩站在印度民族军队的前线，同他们一道分担斗争的牺牲和胜利……”

在这次动乱里，卡麦拉扮演了一个勇敢的和非凡的角色，当每个我们所知道的工作人员都进了监狱的时候，我们在阿拉哈巴城的组织工作的责任就落在她没有经验的肩上了。她以她的热情和精力补偿了经验的不足。在几个月之内她就使阿拉哈巴城感到骄傲。

在我父亲的最后一次生病和他的死亡的阴影之下我们重新碰头了。我们是在作为同志和互相了解的新基础上碰头的。几个月以后，当我们带着女儿去锡兰度过我们的第一次也是最后一次的短促的假期的时候，我们似乎彼此重新认识了。所有过去我们共同生活过的年月，都只是为这个新的和更亲密的关系作一种准备而已。

我们回来得太快了，工作占据了我，后来又入狱。除了两次接连着的两年长期监禁之间有过一段短暂时间而外，我们竟不再有共同假期生活，不再有共同工作，甚至于不能再在一起了。在第二次监禁未满以前，卡麦拉已病倒而濒近死亡了。

1934年2月，当我接到加尔各答政府的拘票而被捕的时候，卡麦拉就去我们的房间内为我收拾衣服。我跟着她向她告别。陡然间她紧搂住我，昏过去，倒下了。这在她是不寻常的，因为我们已经锻炼得使自己轻松地高高兴兴地对待这种去监狱的事，而且尽可能地避免小题大做。是否由于她有一种预感，认为这差不多就是我们最后一次的正常相会呢?

正当我们对彼此需要最殷、正当我们彼此这样亲密地接近的时候，两次各长两年的长期监禁将我和她分别开来了。在漫长的监狱日子里我想到了这些，然而我相信着我们重新聚首的日子一定会来的。这些年头她的生活是怎样过的? 即使我不知道，我也能猜想得到，因为在监狱中的相会或者在外面的短暂时间内，情形是不大正常的。我们总是装出最好的态度，生怕由于表示了自己的苦难会引起对方的痛苦。但是很显然，她为许多事情感到重大的忧心和痛苦，而她心中是不平静的。我原是可能给她一些帮助的，但不能从监狱中给她一些帮助。

三 人类的关系问题

所有这些以及许多别的思想，在巴登威勒漫长的孤独的时刻里来到我的心头。我不容易摆脱监狱的气氛；长久以来我习惯于它，这新环境对我没有任何大的分别。我是住在一个纳粹的统治区域里，有着各种我极端厌恶的事情，但纳粹主义并没有干涉我。在黑森林的一个角落的那个安静的乡村里，看不出多少纳粹的迹象。

或者我的心中充满了别的事情。我的过去生活展现在我眼前，而卡麦拉总是矗立于左右。她成为印度妇女或妇女本身的象征。有时她很奇怪地和我对印度的想象混淆在一起，印度，就是那尽管有着各种错误和弱点，如此难于把握，如此充满着神秘，然而对于我们却是如此亲爱的国家。卡麦拉是什么样的人？我曾经认识她么？了解她的真正本相么？她曾否认识或了解我？因为我也是一个不正常的人，在我心里有着神秘和奥妙，我自己都不能测度。有的时候我想到，由于这些她对我有些害怕。我曾经是而的确也是最不适宜于做丈夫的人。卡麦拉和我在有些方面彼此是不相像的，然而在一些别的方面是很相像的；我们不能彼此有所补益。正是我们的这种长处成了我们彼此关系中的弱点。夫妻间或者有完全的了解，有心灵的完全结合，或者就是合不来。我们彼此都不能过那种单调的家庭生活，安于事物的现状。

在印度商场中所陈列的许多照片里，有两张卡麦拉和我单身拍的照片并列在一起，上面的题词是“adarsha jori”，意即模范或理想的夫妻，正如许多人想象我们是如此。但这个理想是非常难于抓住或掌握的。然而我记得当我们在锡兰度假期的时候，我告诉卡麦拉，尽管我俩中间有着种种争论和分歧，尽管生命对我们玩弄着种种把戏，我们还是多么幸运；婚姻是一种奇怪的事情，即使有了几千年的经验以后它还是那么奇怪。我们看见我们周围许多婚姻的破裂，或者同这差不多的东西，把原来是光明的和黄金似的东西变成了渣滓。我告诉她我们是如何的幸运，她是同意的，因为虽然我们有时争吵并彼此发怒，我们一直保持着生命的火星燃烧不熄，而对我俩每人说来，生活总是在展开新的进取精神和使彼此之间有新的深切领会。

人对人的关系，是多么基本性的问题，而在我们关于政治和经济的热烈争论中，这个问题曾多次被忽略了。在印度和中国古老的和明智的文化中，它不是如此被忽略的，在那里它产生出来的社会行为的典型，虽有种种的短处，确实能够赋予个人以均衡。这种均衡在今天的印度是看不见的。然而在别的方面如此进步的西方国家中，又有何处可以找得到它呢？是不是均衡基本上是静止的，是与进步的变动相反的呢？我们必须为这一个而牺牲那一个么？肯定地说，应该有可能将均衡和内在的及外面的进步结合起来，将旧时代的智慧和新时代的科学与活力结合起来。的确，我们似乎已经到达了世界历史的一个阶段，不是产生这种结合就是二者的破坏和消灭。

四　1935年圣诞节

卡麦拉的病势好转了。这个转变是不很显著的，但在过去几个星期的紧张以后，我们感觉到很大的轻松。她度过了那次的险境，她的情况稳定了，这本身就是一种收获。这情况继续了有一个月，我利用这一机会带着女儿英迪拉去英国作了短时间的访问。我已八年不到那里，许多朋友催促我去访问他们。

我回到了巴登威勒，重新过我的旧的例行生活。冬天来到了，雪中风景一片白色。接近圣诞节的时候，卡麦拉的病状起了显著的恶化。另一次危险来到了，她的生命简直仿佛是不绝如缕。在1935年最后的那些日子里，我在雪里和稀泥里跋涉着，不知她还可以活几天或几小时。白雪笼罩着的宁静的冬景，对我似乎就像冰冷的死亡的安静，我丧失了过去我充满希望的乐观。

但卡麦拉仍然抵抗住了这次危险，并以惊人的活力熬过来了。她的病好了些，她也更高兴些，她要我们带她离开巴登威勒。她对这个地方厌倦了，另一个产生变化的因素是在疗养院中另一病人的死亡，这个人有时曾给她送花并来探望过她一两次。那个病人——一个爱尔兰的男孩子——曾经是比卡麦拉好得多，甚至曾被允许出去散步。我们企图将他的猝然死讯瞒着她，但是没有瞒住。那些病了的人，特别是那些不幸需要住在疗养院的人，似乎发展了第六感使他们知道许多别人企图瞒过他们的事情。

1月里我去巴黎几天，并曾短时期的访问伦敦。生活又在捉弄我，我在伦敦得着消息，我已经又一次被选举为印度国民大会党的主席，这次党的大会即将在4月里开会。我曾经料到这个，因为朋友们事先就告诉过我，我甚至于还和卡麦拉谈论过这件事。我进退两难起来了，在她现在的情况下离开她呢，或是辞去主席的职务。她不愿意我辞职。她仅仅好了一点儿，我们以为我后来还可以回到她这里。

1936年1月的末尾，卡麦拉离开了巴登威勒，被送到瑞士洛桑附近的一家疗养院中。

五　死亡

卡麦拉和我对于迁居到瑞士都很喜欢。她更高兴些了，在对我相当熟悉的瑞士的那块地方，我觉得稍微更安适自在一些。她的情况没有显著的变化，前途不像有危险的样子。她似乎会像她当时那样的情况继续一个长久的时期，或者慢慢地好转。

同时印度的召唤是紧迫的，那里的朋友们在催我回国。我的心境不安起来了，我更为祖国的问题操心。多少年来，由于监狱或别的缘故，我被隔离开来不能参加国家事务，我在努力挣脱那种羁绊。我去伦敦和巴黎的访问和由印度来的消息已经将我拉出了我的蜗壳，我不能回头再进去了。

我和卡麦拉商议过这件事，也请教了医生。他们同意我可以回印度，我在荷兰皇家航空公司订了去印度的座位。我预定在2月28日离开洛桑。在这一切都摒挡妥帖以后，我发觉卡麦拉并不愿意我离开她。然而她不肯要我改变计划。我告诉她我不会在印度久留，我希望在两三个月之内回来。假如她需要我回来，我甚至还可提早。一个电报就能使我经由航空在一星期之内回到她这里来。

离我预定超程的日子只有四五天了。在附近的贝克斯地方住读的英迪拉正回来同我们一起度过这最后的几天。医生来找我，并劝我展缓行期一周或十天，别的话他也不论。我立刻同意了，在下一班期的荷兰航空公司的客机上再次预订了座位。

在这些最后的几天过去的时候，卡麦拉似乎发生了微妙的变化。我们所能看到的，身体的情况还很是一样，但她的精神似乎更少注意到她四周的物质环境。她会告诉我有人在呼唤她，或者看见一个人或形象走进屋里来，而我却并没有看见。

2月28日清晨很早的时候，她呼吸了最后一口气。英迪拉随侍在旁，我们的忠实朋友和这些月来的经常伴侣爱德华医生也在那里。

由瑞士境内的邻近城市来了几个别的朋友。我们将她的遗体送到洛桑的火葬场。在几分钟之内，那个美丽的身体和过去笑得如此频繁、如此美丽的可爱的面貌，就化为灰烬了。一个小罐子盛着过去曾是一个富有生命力的、那样聪明和那样活泼的人的骨灰。

六　墨索里尼　　回国

将我留在洛桑和欧洲的联系折断了，我没有必要再留在那里。实在说来，我心中另外的什么东西也折断了，我只渐渐地感觉到这件事，因为那些日子对于我是黑暗的，我的心不能正常地活动。英迪拉和我去蒙特勒共同度过几天安静的日子。

当我们停留在蒙特勒的时候，意大利驻洛桑的领事来看我，他特地过来转达墨索里尼先生对我的丧偶的深切同情。我有一些奇怪，因为我不曾会见过墨索里尼先生或与他有过任何别的接触。我请领事转达我对他的谢意。

几个星期以前，罗马的一位朋友曾经写信告诉我，墨索里尼先生想见我。那个时候我根本不可能到罗马去，我明说了。后来，当我打算经由航空回到印度的时候，那个请求重被提起，还带点急迫和强邀的意思。我想要避开这次会见，但我不愿意无礼貌。在通常情况下，我或者可以克服我对会见他的厌恶，因为我也很想知道这“领袖”[①]是什么样的人。但那时阿比西尼亚的战争正在进行，我会见他必然不可避免地要引起各种各样的揣测，也必将被利用作为法西斯的宣传资料。我的任何否认都不会产生什么效果。我知道

① Duce原意为意大利公爵，在墨索里尼统治意大利时期，意大利人在其淫威下称Duce即“领袖”的意思。——译者

几件最近的例子，当时有几个印度学生和别的访问意大利的人曾被利用作法西斯的宣传，不但违反他们的本意，而且有的连他们自己都不知道。另外还有就是1931年《意大利日报》所公布的和甘地先生的捏造的会见。

因此，我向这位朋友表达了歉意，后来为避免任何可能的误会，我还写了信并打了电话给他。所有这些都是卡麦拉死以前的事。她去世以后，我另外送了一封信，指出即使不考虑别的原因，我当时也没有与任何人会见的心情。

我这方面的一再坚持成了必要，因为我乘荷兰航空公司飞机经过罗马，必须在那里度过一个傍晚和一夜。我无法避免这个过路的访问和简短的停留。

在蒙特勒住了几天以后，我前往日内瓦和马赛，在那里我上了荷兰航空公司东行的班机。当我在下午很晚的时候抵达了罗马，一位高级官员来迎接我，并交给我墨索里尼先生的内阁秘书长的一封信。信上说“领袖”很希望会见我，并且他已决定在当晚六点钟会见。我很惊异，并且提醒他我过去的信。但他坚持现在一切都准备好了，这个安排是不能推翻的。的确，这次会见如果不能成为事实，他有可能被免职。他向我保证，报纸上不会登载任何消息，我只需与领袖见面几分钟。他所要做的全部事情就是与我握手，并亲自向我表示对我妻子逝世的吊唁。我们就这样辩论了整整一小时，两方面都十分客气但也逐渐紧张起来；这是对我十分耗费精力、而对于对方也许是更耗费精力的一个小时。决定会见的时间来到了，我坚持了我的主张。一个电话打到“领袖”的宫里，说我不能来。

那天晚上我写了一封信给墨索里尼先生，表示我不能接受他的邀请去看他的歉意，并对他的吊唁表示感谢。

我继续了我的行程。在开罗有几个老朋友来看我，再往东行就横过亚洲西部的沙漠地带。各种临时发生的事情和旅行上的准备，一直在我心中萦绕着。但离了开罗以后，当我连续几小时飞行在这个荒无人烟的沙漠地区的时候，异常可怕的孤寂紧抓住了我，我感到空虚和惶惶无所从了。我是独自一人回到我的家，这个对我已不再是家的地方了，而那里在我身边的却是一个筐儿，那个筐儿里面装着一个罐子。那就是卡麦拉所遗留的一切，我们的一切光辉灿烂的梦也已死去并变成灰烬了。我心中反复地念着：她没有了，卡麦拉没有了。

我想起了我的自传，我的生命的那部记录。这自传当她病卧在波瓦利疗养院中的时候，我曾和她谈论过。在进行写作自传的时候，我有时挑选一两章读给她听。她只看到或听到自传的一部分；她永远看不到其余的部分了；在生命之书的里面我们再也不能共同写作了。

我到达巴格达的时候，就打电报给印行那本自传的伦敦出版商，告诉他们我为该书写的献词："献给已与世长辞的卡麦拉。"

卡拉奇到了，又是群众，又是许多熟悉的面貌。再就是阿拉哈巴，在这里我们把这宝贵的罐子带到急流的恒河边，将骨灰倾倒进这个圣河的胸腹里面去。我们的祖先们不知有多少人就这样地被它带到大海里去了，跟着我们而来的还将有多少人在它的波涛怀抱之中走完他们最后的旅程。

第三章　探索

一 印度历史的全景

在这些年来的思想及活动中，我的脑海中充满了印度问题，竭力想了解印度并分析我自己对它的态度。我回想起儿童时代，并且追忆当时的感想，在我那正在成长的心胸中，这个概念是怎样的一个模糊形象，后来又怎样地以新的阅历而使它形成了。有时候这个概念退藏到后面去了，不过它总是存在的，只是在慢慢地改变着，成为一个从古老的故事传说和近代事实混糅在一起的古怪东西。它引起了我的自豪的感觉，而同时也使我感到惭愧，因为我在周围所见到的许多事物，如迷信恶习、陈腐观念，尤其是，我们所处的被奴役和穷困的地位，每每都使我感到无地自容。

当我长大成年，献身于可望引导印度获得自由的活动中的时候，我被关于印度的思想所困惑。这支配住我的，不断向我招着手的，促使着我采取行动的，要使我们可以实现心坎上的一些渺茫而又深切感到的愿望的印度是怎样的呢？我想最初的推动力是个人和民族的自豪感，和那人类共有的愿望，要抗拒他人的统治和自由享受我们所安排的生活。我觉得像印度这样伟大的国家，有一个昌盛而年代久远的历史，竟让一个远方小岛把它的手足捆绑起来，任意支配，是一桩荒谬绝伦的事。而这个强迫结合的结果产生了无可测度的穷困堕落，这就更为荒谬了。那就是我和其他人们所以要采取行动的充分理由。

然而这还不够解答我心中所引起的问题。除开它的物质和地理方面的外貌以外，从其他方面看来这是怎样的一个印度呢？它过去所代表的是什么？在过去赋予它以力量的是什么？它是怎样地失去了以及是否完全失去了那种旧有的力量呢？它除了是一大群人类的栖息之地而外，现在是否还代表任何重要的事物？它又怎样与现代世界相适应呢？

当我愈来愈认识到孤立是怎样地既不妥当又不可能的时候，这更远大的国际局势方面的问题，就向我提出来了。在我心目中形成的“将来”是印度在政治、经济、文化上与世界上其他的国家亲密合作。但在“将来”降临以前，现在还是“现在”，藏在“现在”后面的是悠长而混乱的“过去”，“现在”则是从悠长而混乱的“过去”中成长出来的，因此我就到“过去”中去寻求了解。

印度和我是血肉相连的。印度的许多事物本能地使我激动。不过我差不多是以一个外国批评家的身份来认识它的，对于它的“现在”和我所见过的许多“过去”遗迹充满了厌恶的心情。在某种程度上我是通过西方来认识印度的，我像一个友好的西方人那样地观察着它。我急切于要改变它的前途和外貌并且使它披上现代的服装。可是我的心中发生了疑虑。我这个胆敢抛弃它的许多“过去”遗产的人真懂得印度么？有许多东西确是不得不抛弃，而且必须抛弃的；但是如果印度不曾拥有一些富有生命力的、耐久的、有价值的事物，它肯定的就不能够像“过去”那样伟大，也不能够继续维持几千年的文化生活。那些事物究竟是什么？

我站立在印度西北部印度河流域的摩亨殊·达鲁土冈上，在我的周围据说是一个五千年以上的古城的房屋街道；即使在当时，它已经有一个古老的、很发达的文明了。柴尔德教授写道：“印度河流域的文明表现出一种使人类生活适合于特殊环境的非常完备的安排，只有多年的、充满耐心的努力，才能有这种结果。而这种文明已经长久保持下来了。它既为印度的特色，并且构成了近代印度文化的基础。”想到这里真是令人惊奇：一种文明或文化竟绵延不绝达五六千年以上，而且在意义上并不是静止的，毫无变化的，因为印度一直都是在不断变化进步之中。它与波斯人、埃及人、希腊人、中国人、阿拉伯人、中亚细亚人及地中海各民族皆有亲密的接触。虽然它影响过他们，可也受过他们的影响，然而它的文化基础还是相当坚强，足以垂于永久。这种力量的秘密是什么呢？它是从何而来的呢？

我读过印度历史，而且也读过一部分印度丰富的古代文学，其思想之坚强，文字之通晓，智力之丰富，均给我以强烈的印象。中国、西部亚洲、中亚细亚的大旅行家们在远古时代就来到过印度，留下了他们的游记。我读了他们的著作就好像和他们结伴在古代的印度中旅行了。我想到印度在东亚、在吴哥、婆罗浮屠①以及许多其他的地方所成就的事业，我漫游过喜马拉雅山，这山和古老的神话传说有着密切的关联，而且大大地影响了我们的思想和文学。我对于高山的爱好和对于克什米尔的血族关系尤其会把我吸引到那边去，我在那里所看见的不仅是“现在”的生活，雄伟和美妙，而且还看到“过去”各个时代记忆中的可爱。从这条大山边境发源的几条大河引动我的兴趣，使我想起印度历史上不可胜数的事件来。我们的“印度”或“印度斯坦”这个国名就是从印度河也就是辛头河或信度河的名称得来的②。几千年中有许多种族、部落、商队及军旅渡过这条河流。布拉马普特拉河（即雅鲁藏布江）与历史的主流虽有些隔绝，但在古老的故事中却是活跃的，它在东北群山峡谷之中冲出一条道路，进入印度，然后又在大山和森林蔚茂的平原之间弯弯曲曲地流过。朱木拿河和那些流传着的许许多多的舞蹈、游艺和戏剧的传说有关。殑伽河也就是恒河，更是印度

---

① 婆罗浮屠（Borobudur）在爪洼岛内，有宏伟的伽蓝寺遗迹。——译者

② 辛头河或信度河见《孔雀经》及《大唐西域记》。——译者

一条的首要河流，它抓住人民的心坎，从有史以来就吸引了数不尽的人们来到它的岸边。恒河的故事，从它的发源到海口，从古代到今天，就是印度文明及文化的故事，是多少王朝兴亡的故事，是华美壮观的城市的故事，是印度思想家们这样关心的人类的冒险和心灵的探索的故事，是人生的丰裕和满足以及人生的否定和厌弃，成功和失败、成长与衰朽、生存与死亡的故事。

我参观过阿旃陀、爱罗拉、艾勒潘达诸洞窟以及别的地方的古老的文物及遗迹，古代的雕刻及壁画；我也曾经在亚格拉及德里看见过历史后期美好的建筑，这些地方的每一块石头都在述说着印度过去的故事。

在我自己居住的阿拉哈巴城或哈德瓦城，我常参加伟大的贡布麦拉节①，眼见着几十万人们，像他们祖先在几千年前从全印度各处来到一样，都到恒河去沐浴。我常会想起一千三百年前中国的香客们及其他的人们所描述的这些节日情形，就是在当时已经是一种古老的制度，只是代远年湮，起源都不可稽考了。我不禁惊奇，这是怎样了不起的信仰啊，居然能够吸引过我们无数世代的人民都来到印度这条有名的河流！

我的这些旅行参观，再加上我读过的书籍作为背景，使我把过去看得清楚了。在质朴的理智的了解之外再加上一种感情的体会，我心中的印度的图景不知不觉地逐渐有了一种现实的意义，我的先人们的土地上对我说来渐渐成为曾经住着有生命的人的土地了，他们欢笑过，哭泣过，恋爱过，痛苦过，他们中间看来是懂得人生和了解人生的人们，并且用他们的智慧建立起一种组织，使印度文化稳定，维系了数千年之久。这些过去的千百种生动的景象充满我的内心，当我参观一个与它们有关系的特殊地方的时候，就显现出来了。在靠近贝拿勒斯附近的沙尔那特（“鹿野苑”），我仿佛

① 贡布麦拉（Kumbh-Mela），印度十二年一次的大庙会的节日。——译者

看见佛第一次在说法，他的一些记载下来的话语好像远方的回声似的透过两千五百年的岁月传到我的耳鼓里来了。阿育王石柱上的铭刻好像用它的庄严词句向我诉说着，它告诉我有一个人虽然是个皇帝，但比任何国王或皇帝更要伟大。阿克巴忘却了他的帝国，坐在法提普尔—西克里地方与各种信仰的学者们交谈辩论，好奇地追求新知，并且在寻求着人类的那个永恒问题的答案。

就这样，印度历史漫长的全景，它的兴衰成败，在我的面前缓慢地展开了。印度的文化传统经过五千年的侵占及激变的历史，绵延不绝，广布在民众中间，并给予他们强大的影响，我觉得是一种稀有的现象。只有中国有这样的传统及文化生活的一脉相传。而这幅过去的全景逐渐消失在不幸的现在中了，过去的印度虽然是伟大而安定的，现在却是一个奴隶国家，是英国的附庸国了。而在整个世界上，还有一个可怕的、毁灭性的战争正猖獗地奴役着摧残着人类。但是五千年的回顾给我一种新的远景，现在的负担好像减轻了。英国在印度一百八十年的统治，在印度悠久的历史中不过是不愉快的插曲之一而已；印度会返本归源的，而这章历史的最后的一页已经在书写中了。世界在今日的恐怖中也将要巍然不坠，并在新的基础上重新建立起来。

二　民族主义与国际主义

我对于印度的态度，虽然在多方面受到拘束和限制，往往是出于感情的。它以民族主义的形式出现。但是在许多人民中就缺乏这种拘束和限制的因素。民族主义，无论在过去，就是在今天的印度都是非有不可的，它是一种自然而且健康的生长。在任何被奴役的国家中，民族自由是最首要、最基本的要求；而在对于自己的个性及过去的遗产有强烈意识的印度更是加倍如此。

最近在世界上发生的各种事件表现出，那种认为民族主义在国际主义和无产阶级运动的冲荡之下会逐渐消灭的想法，是不正确的。它还是一个推动人民最强有力的激动力。在它的周围簇集着情感和传统习惯，共同生活和共同目的的意识。当资产阶级的知识分子，逐渐地离开或想离开民族主义的时候，而工人及无产阶级的运动，本来是有意地以国际主义原则为根据的，反而倾向民族主义了。战争的来临，把各个地方的一切人民，都赶到民族主义的网中去了。这个民族主义的奇异的复活，或者更正确一点说，它的再发现，以及对于它重要意义的新认识，提出了新问题，而把旧的问题改了样式。根深蒂固的传统是不容易被摈弃的；在危急的关头，它会抬起头来支配人们的心情，我们常常见到特别利用这种传统来鼓动人民去尽最大的努力和牺牲。大部分传统，是要在相当程度上接受过来，并且改造它，使能适合于新环境和新思想方式，同时也要把新的传统建立起来。民族主义的理想是深入而坚定的；它不是过了时的事物而没有将来的重要性的。但是其他的理想，更以今天的不可逃避的现实为其基础，也兴起了，这就是国际主义的理想，无产阶级的理想。我们若要得到世界的均衡和减少冲突，这些各种各类的理想，一定要有一种融合。民族主义在人们的精神上所引起的持久要求，是应该承认而予以满足的，但是要把它的偏向，限制在较小的范围之内。

若是民族主义的势力，就是在严重地受了新思想及国际势力影响的国家里，仍旧还是这样普遍，那么它在印度心理上的控制力量，更应如何呢！有时我们听说，我们的民族主义是我们落后的标志，甚至我们独立的要求，也是我们器量狭小的表现。这些告诉我们的人好像在幻想国际主义的真正胜利，只要我们同意存留在大英帝国或英联邦中做一个小伙伴的话。他们好像没有认识到，这种所谓国际主义的一种特别类型不过就是狭义的英国民族主义的扩展而已，即使从英印历史得出的逻辑的结论还没有在我们心中把这个可能性连根拔掉，这也不会引起我们的兴趣。然而印度，虽具有强烈的民族主义热情，它还比其他国家更进一步能接受真正的国际主义，而且以独立自主国家的姿态接受世界组织中平等合作，以及在相当范围内服从组织的义务。

三　印度的力量和弱点

要研究印度的力量和弱点以及它退化和衰败的根源，是长时期的而且是错综复杂的事。但它衰败的近因是显而易见的。印度在技术的进展上落后，而欧洲，虽然有许多方面是长期落后，但在技术方面则确是带头。在技术进步的背后，有一种科学的精神与活泼的生命和气魄，表现在许多活动和关于发现的冒险旅程中。新的技术使西欧许多国家得到军事力量，所以它们易于向东方发展并支配东方。这不仅对于印度是如此，而且差不多对于整个亚洲也是如此。

何以会造成这种局面，对印度来说是更难解释的，因为印度在古代并不缺乏灵敏的智力和专门的技巧。我们感觉到这些都是在近千百年内逐渐地衰退的。生活的要求和努力渐渐减少，创造精神随之消失，只在模仿上用工夫。在胜利的而且有反抗性的思想曾经企图洞穿大自然和宇宙的秘密的经典中，咬文嚼字的注释家只在注释词句和冗长的解说上着力。壮丽的艺术和雕刻为精细琐碎的小品所代替，高尚的想象和设计都消失了。精神饱满的语言，原本既有力量而又简明，反而演变成为极其华丽和繁复的文体。冒险的推动力和丰满有余的生活所促成的大规模向远处移民以及传布印度文化，都已消失了，而狭隘的正统甚至于禁止了人民渡海。在古代曾显著表现出来的探索精神，本可能领导科学前进，而现在也被那无理性的和盲目地崇拜偶像所代替。印度的生活成了呆滞的河流，一直存在于旧时代中，疲缓地经过了许多毫无生气的世纪。他们为旧时代重大的负担所压迫而陷于类似昏迷沉醉之中。在这种智力迷失而体貌衰弱的状态之下，无怪乎印度正当其他世界各国都在迈步前进之中，自己反退化而停滞不前了。

然而这不是完整或全面正确的观察。假使真的是一个长时期的僵滞不进，那就可能导致一个大变迁，与旧时代完全中断，旧时代死去而新时代在它的废墟上生长起来。但我们并没有过这样的变迁而且明明还是照样继续下去。有时也有复兴的活跃时期出现，而且有些是光辉的，相当长久的。在这个时候他们都有一种企图去认识和运用新的事物要使其与旧的融合，或是至少与那旧的之中他们认为值得保留的部分融合。有时旧的东西只保留外部形式，成为一种标志，而换了新的内容。但是生气勃勃的精神仍然存在，有一种要求促使人们趋于一个莫名其妙的方向，但是总存着那综合新旧的愿望。就是这种要求和愿望才能使得人们前进，并且使他们在保留旧思想之中接受新知识。这么多年来是不是有一种像人们所说的“印度梦”，它或者是精神饱满的，或是睡梦中迷迷糊糊的，我可不知道。每个民族每个国家对于它的国家命运都有这样的信心或幻想，这种说法总有一部分是正确的。因为既是印度人，所以我自己也受了这个信心和幻想的影响，并且我觉得任何民族如果它能度过几百世代而毫不间断，一定有他吸取耐久力量的源泉，而且还有能力把这力量随着时代更新。

到底有没有这样一个力量的泉源呢？如果有的，是不是已经干涸了，或是还有地下的泉水可以把它补充起来？今天怎么样呢？是不是又有任何泉水使我们能够恢复和加强呢？我们是一个古老的种族，或是更正确一点说，是多种混合的种族，有史以来就有我们这个种族。我们是不是已经过了盛时而现在到了日暮穷途的时候，只能勉强支持那老年的无声无臭的、无生气无创造性的生活，只希望安逸和睡眠，其他一切都不去管呢？

从来没有永远不变的人民和种族。它是接连不断和其他种族相掺杂而慢慢地改变的；它好像死了而又复活为新的民族，或是成为老的变相。也可能新旧之间有一个明确的中断，而思想与理想的重要链环也可能把他们连接起来。

我们观察历史中有许多古老而成熟的文化慢慢地或是忽然消灭，而由活泼的新文化继承下去。这岂不是一种活泼的潜在力也即是力量的内在泉源，使文化和人民得到新生命么？如果没有这种力量，所有的努力岂不都是枉然，就像一个老年人幻想要变成青年人一样吗？

现在世界上各民族之中我觉得拥有这种活泼的潜在力的民族主要是三个——美国人、俄国人及中国人，这三个民族相提并论是古怪的！美国人虽然根本是旧大陆的人，但已成为一个新的民族，无拘无束，没有古老的种族的负担和复杂性，因此不难了解他们丰富的生活力。如加拿大人、澳大利亚人、新西兰人也是如此，他们都是毅然决然离开旧世界而到新环境中去求新生活的。

俄国人也不是新的民族，但他们对旧时代完全中断，像死了一样，他们史无前例的复活起来了。他们变为年轻而有惊人的强毅力及生命力。他们也在重新搜寻他们的老根，但是实际上他们是新民族、新种族和新文化。

俄国人的榜样启示我们一个民族如何能够返老还童，只要他肯付相当的代价去民众里开发被压抑的泉源。这一次的世界大战，虽然使人遭受恐怖和灾难，可是也许能使战后余生的其他民族也获得复兴。

中国和他们情形不同，中国人不是一个新种族，也没有经过像俄国那样从上至下惊天动地的转变。然而七年的残酷战争无疑地也把他们改变了，这是势所必至的。中国所受战争的或其他更深的影响究竟至何种程度，我不知道，或是二者兼而有之，但中国人的生活力使我感到惊奇。我不能想象这样一个赋有基本力量的民族还会没落下去的。

我在中国人中所看到的某些生活力，我觉得印度人中也是有的。但也不敢说经常地都有，无论如何，要我用客观态度去观察也是困难的。也许我的愿望将我的想法歪曲了，然而我在印度人群中总是一直在寻找这种力量。如果他们有这种生活力，那好极了，他们一定会有好的表现。如果完全都没有的话，那么我们一切的政治努力和呼声都是自欺欺人枉费心机了。我没有兴趣达成一个政治协议，使我国人民多少照旧生活，而只稍有改善。我认为他们蕴藏的大量的生活力和能力被遏抑着，我要把这些解放出来，使他们重新觉得年富力强。印度以它现在所处的地位，是不能在世界上扮演二等角色的。要么就做一个有声有色的大国，要么就销声匿迹。中间地位不能引动我。我也不相信任何中间地位是可能的。

在过去二十五年中为了争取印度的独立以及所有我们对英国当局的冲突的背后，在我和许多人的心中存着一个复兴印度的愿望。我们感到凭借实际的行动，凭借自我牺牲的精神，凭借自觉的冒险精神和抗拒罪恶与错误的决心，我们就可以给印度的精神电池充足了电力，而把它从睡眠中唤醒起来。虽然我们接连不断地和在印度的英国政权发生斗争，但是我们的眼光总是经常地看着自己的人民。政治的优势只有在能帮助我们达到基本目标的时候才有价值。因这种指导精神，我们往往不走狭隘短见的政客们所走的道路。国内外的评论家们有的认为我们愚顽倔强而感到惊奇。我们究竟是否愚顽，只留待将来的历史家来判断了。我们总要高瞻远瞩。用投机的政治观点来看，也许我们往往是愚顽的，但是我们从来没有忘记了我们的主要目标。我们的主要目标是要把印度人民的生活水平全部提高起来，在心理和精神方面，当然还有政治和经济方面。我们只求培植起人民的真正内在的力量，其他问题自能迎刃而解。我们必须把过去几代中献媚和屈服于傲慢的外国政权所留下来的耻辱一扫而空。

四　寻找印度

虽然书籍和古代的文物及过去文化的成就有助于对印度的认识，它们并没有使我满足或给我以所求的答案。它们实在也不能够，因为它们所涉及的只是过去的时代，而我所要晓得的是“过去”和“现在”有没有真正的联系。在我和许多同我一样的人看来，“现在”是中世纪形态，骇人的贫穷和悲惨的境遇，以及中产阶级的一些肤浅的赶时髦等的零乱混合物。我并不是一个对于我自己的阶级和同类人物的敬慕者，但是在印度的解放斗争中，我不得不在其中寻求领导。这些中产阶级的人，觉得自己被关住，被包围，而要求成长和发展。它在英国统治范围内，不能如愿，于是对这个统治的反抗精神就生长起来了，但是这种精神，并不是直接反抗那压碎了我们的制度，而是想换掉英国人后仍然保留和操纵着那个制度。因为这些中产阶级根本就是那个制度的产物，所以不能向它挑战，也不能想法子把它连根拔掉。

新的力量起来了，鞭策着我们走向农民群众里去。新的不同的印度第一次涌现于青年知识分子的面前，他们几乎已经忘记了印度的存在或是未曾重视过它。这是一个紊乱的现象，不只因为它极端的贫穷和问题的重大，也因为它开始推翻了某些我们对它的评价和结论。这样我们就开始发现了印度当时的情况，而我们之间的了解和矛盾也产生了。因为个人以往的环境和经验各有不同，所以我们的反应也不一致。有些人已经对这些乡村群众相当熟悉，不觉得有任何新的感触，他们认为是当然的。但是在我看来这是一个真正的探索的旅程!当我常常痛苦地意识到我们人民的短处及弱点的时候，我发觉在印度的乡下人有一种不可名状的东西在吸引着我。这个不可名状的东西，我在我们中产阶级人中就找不到。

我并不把群众的概念理想化，并且尽可能地避免把他们当作理论上的一种抽象的东西。印度的人民虽变化繁多，在我看来总是真实的。尽管他们数量众多，我与其把他们当作一些模糊的集团看，不如把他们当作个人来看。或者因为从前我对他们的期望不大，所以没有失望；我所发现的比我所期望的还多。我觉得所以如此的理由和他们所以有某些稳定力和潜在力的理由，或许是因为他们仍旧保留着一小部分古印度的文化传统。有许多东西因为过去二百年中他们在受到打击而消失了，然而有些有价值的东西却保留下来了。不过，同时也保存了好多无价值的以及有害的东西。

在二十年代，我的工作大半是局限于我的本省之内，我广泛并深入地在阿格拉及奥德联合省的四十八区各县各村中旅行，这些地方许久就被认为是印度斯坦的心脏，是古代及中世纪文化的所在地和中心，是多种种族和文明的熔炉，在这个地方于1857年曾激发过伟大的起义，后来却被无情地镇压了。我逐渐认识西北地区强壮的查特族是典型的土著，勇敢而独立的模样，还算富庶。还有拉其普特农民和小地主，他们对他的民族和祖先还是自豪的，虽然他们也许改变了信仰而皈依伊斯兰教了；还有那些灵巧和熟练的工匠和农村劳动者，有印度教徒，也有伊斯兰教徒；还有最穷的农户和多数佃户，特别是在奥德省和东方各区，他们都被世世代代的压迫和贫穷搞垮了，简直不敢希望有什么变化能使他们的命运好转，然而他们还是抱着希望和充满信心。

当三十年代，在我出了监狱的生活中，尤其是当1936—1937年竞选运动期间，我较广泛地在全印度各县各村旅行，除了孟加拉的乡村，可惜我很少去过以外，我漫游了各省，并且深入了农村。我谈论到政治和经济问题，如果以我的演说词来判断，我满心都是政治和选举。但是同时在我的内心深处存在着深远而更生动的东西，而选举和日常兴奋事件，那就无关紧要了。我胸中又感到另外一个巨大的兴奋，那就是我又置身于伟大的探索的旅程当中，印度的土地和人民在我面前展开了。印度和它无限的魔力与多样性重重叠叠地展现在我面前。但是我再反复地观察，就更使我体会到我或任何别人要想把握住它所含蓄的概念是如何的困难。并不是它的广大的地区使我不明白，甚至不是它的多样性，而是它的灵魂深处使我不能探测，虽然有时可望而不可即地偶然看到它。它就像古代的羊皮纸，在它的正反面，把思想和梦想都一层一层地写上去了，然而后来所写的几层并没有把从前写的几层完全遮掉或擦掉。所有这些都存在于我们的意识上或潜意识上，虽然我们也许还没有注意到它们，然而它们已经构成的错综而神秘的印度人格。那个像斯芬克斯的面孔和它那不可捉摸、和有时假装的笑容在全国各地都可以看到。虽然我们的人民在表面上有分歧和无数的类型，但在每个地方都有那种伟大的一致性的印痕，这个一致性在过去的世世代代中，无论我们遭受过怎样的政治命运或灾难，都曾把我们团结在一起。印度的一致性在我已经不仅是一个理智的概念了，而是使我折服的一种情感的体验。这个本质上的一致性的力量是如此强大，所以任何政治分歧，任何灾难或惨祸都没有能够摧毁过它。

假若把印度，或任何其他国家，认作一种具有人性的个体，那当然是荒谬的。我没有这样做。我对于印度生活的种种不同和区别，对于阶级、种姓、宗教、种族及各种程度不同的文化发展都充分知道，但是我认为一个有漫长的文化背景和有共同的人生观的国家，发展了一种特别精神，铭刻在它子孙的心中，不管他们之间有多少差异。这一点难道在中国还有谁看不见吗？不管他遇见的是一个旧式官僚，或是一个显然与过去断绝关系的共产党员。我所追求的就是这种印度的精神，不是由于无聊的好奇，虽然我是够好奇的，我觉得它可以给我线索来了解我的国家及人民，给我以思想和行动的指导。当我们因为不相干的事情而受到刺激时，政治和选举就变为寻常事务了。但是如果我们要为印度的将来盖起房子，要坚固、安全而又要美观，那就必须把地基挖深。

五　印度母亲

我常常不停地从这个会议奔到那个会议，向听众们讲到我们的这个印度、印度斯坦、婆罗多——这是由神话中的印度种族的创造者派生出来的旧的梵文名字。我在城市里很少这样讲，因为在那里的听众们更老于世故，而他们是需要更强有力的精神食粮。但对眼光有限的农民，我谈论到我们正为它的自由而斗争中的这个伟大的国家，谈到这国中的各部分彼此之间尽管如何不同，然而全是印度，谈到东西南北各处农民的共同问题，并且谈到自主①只能为圣印度去争取而不能专为某一部分。我告诉他们我的旅行从远在西北的开伯尔隘口，到远在南方的康尼耶·库马里亦即是科摩林

① “Swaraj”这个词的意义是“自主”。1919年甘地提出这个词做政治斗争的口号；在以后长时期中它成了“要求独立”的同义语。——译者

角，在这些地方的农民都问过我同样的问题，因为他们的痛苦都是一样的，贫穷、债务、特权阶级的既得权利、地主、高利贷者、沉重的地租和赋税，警察的骚扰，所有这些都是强加于我们身上的外国政府的机构所制造出来的结果。所有这些也是必须加以救济的。我曾努力要使他们把印度看作一个整体，甚而或多或少地把我们看作是这广大世界的一部分。我提到在中国、在西班牙、在阿比西尼亚、在中欧、在埃及和在亚洲西部几个国家的斗争。我告诉他们苏联的惊人的变化和美国巨大的进步。这个工作是不容易做的，但也不如我所想象的那样困难。因为他们对于我们的古代史诗、神话和稗史都知道得这样熟悉，这样就使他们有了亲切的祖国观念，而也因为总有些人曾经广泛旅行到过印度四方进香的圣地，或者因为有老军人，他们曾经在外国地方参加过第一次世界大战或其他战争。甚至由于三十年代大不景气的结果，使他们深刻地体会到我所提的外国的事情。

有时候我到了一个集会上，他们大声欢呼来迎接我："Bharat Mata ki Jai——胜利属于印度母亲!"我出其不意地问他们，他们这样的高呼是什么意思呢？谁是这个Bharat Mata，即印度母亲，他们要求所希望胜利的又是谁？我的问话使他们觉得好笑而感到惊奇，那时候不知道怎样回答才恰当，他们就面面相觑并瞧着我。我坚持地问他们。到后来有一个强壮的查特人（他们是从记不清的年代起就未离开过本土的），可能回答我道，它的意思就是讲：dharti，即印度"大地"。什么"大地"呢？是他们乡村特别的一块呢？还是一区一省内的所有各块呢？或是在全印度之内呢？这样的问答继续不已，到末了，他们就会急躁地要我详细告诉他们。我就尽量地告诉他们并且向他们解释，印度就是他们所想到的这一切，但还远不止此。那印度的山岳和河流、森林及供给粮食的广阔的农田，对我们都是宝贵的，但归根到底最宝贵的还算是故居于广大土地上的印度人民，就像他们和我一样。"'Bharat Mata'，即印度母亲"，主要的就是这千百万人民，它的胜利就意味着人民的胜利。我告诉他们，你们就是“印度母亲”的一分子，在某种意义上你们本身就是“印度母亲”，这个意识逐渐地渗入他们的脑海，他们的眼睛都发亮起来了，好像他们有了一个伟大的发现。

六　印度的多样性和一致性

印度的多种多样性是惊人的，这很明显，它是摆在表面上，谁都看得见的。这和身体的外貌以及某些精神上的习性和特征都是有关的。西北的帕坦人和在极南的泰米尔人他们之间在外表上就少有共同之点。他们的种族世系是不相同的，虽然他们或者有共同的血统关系；他们在面貌上、身材上、饮食上、衣服上，而且当然，还有在语言上，都是不相同的。在西北边省那里已经有中亚的气息，并且有许多习惯，比方说在克什米尔，就使人想到喜马拉雅山那边的一些国家。帕坦的民间舞蹈就特别像俄国哈萨克的舞蹈。虽然有这些种种的不同，在帕坦人和在泰米尔人身上都无疑地显然具有印度的特征。这并没有什么可怪，正如阿富汗也是一样，因为这些疆土就曾经和印度联合过几千年之久。住在阿富汗和中亚细亚的某些地方古代土耳共和其他民族在伊斯兰教来临以前，他们大部分是佛教徒，在更早以前，当史诗时代，则是印度教徒。边疆地区是古印度文化主要中心之一，它还充满了古文物和庙宇的遗迹，而特别是呾叉始罗大学，它在两千年前有崇高的声望，吸引着印度各地方及亚洲各部分的学生。宗教上的更迭使它有些影响，但是它不能够完全改变这些地区的人民所逐渐成长的精神上的背景。

帕坦人和泰米尔人是两个极端的范例；其他的大都处于这两者之间。他们都有他们的特殊形态，他们都具有更显著的印度的特征。耐人寻味的是我们发现出孟加拉人、马拉塔人、古吉拉特人、泰米尔人、安度罗人、奥里雅人、阿萨密人、卡那列人、马拉雅兰人、信德人、旁遮普人、帕坦人、克什米尔人、拉其普特人和广大中央地带包括讲印度话的人也在内，是这样地保留着他们独有的特性达数百年之久，多少还存着传说和记载中告诉我们的美德和缺点，但是过了这些年代仍然很明显的是他们是印度人，还具有同样的民族传统，以及同样的一套道德和精神特质。这个传统有一种活泼有力的东西，表现在生活和对人生的哲学态度方面及其他问题上。古代印度，像古代中国一样，自成一个世界，它本身就是形成一切事物的一种文化和文明。外国的势力灌输进来常常影响了这个文化而又被它同化了。分裂的趋向立刻会引起了综合的企图。从文明的黎明期起，印度的心中就有一种一致性的梦想。这不是当作外力强加进来要使外表甚至于信仰都变标准化的一致性，而是更深远的东西。在它的范围里，对于信仰和习俗都采取了最宽容的态度，而且各式各样的信仰和习俗都受到承认和鼓励。

在一个民族集团里，无论它内部如何紧紧地团结在一起，它们的意见分歧或大或小是都可以发觉出来的。虽然两个相邻集团之间的分歧在边界上往往会消失或是混合起来，而且近代的发展在各方面会促成相当程度的划一，把它同另一个民族集团比较之下，这个集团的基本一致性就会表现出来。在上古及中古时代，现代式国家的观念是不存在的，封建、宗教、民族和文化的关系更为重要。但是我想差不多在历史任何时期的记载中，一个印度人在印度的任何地方会多多少少地觉得自由自在，而他在别国总会觉得他是一个陌生人或异国人。但若那国家接受了他一部分的文化或宗教，他就不会觉得那样陌生了。那些信仰产生于印度以外的宗教的教徒的人，来到印度而定居下来的人，几代以后就变成显著的印度人，例如基督教徒、犹太教徒、祆教徒和伊斯兰教徒等人都是的。改信了某些这种宗教的印度人，并不因为他们信仰的改变就不是印度人了。他们在别国，尽管他们与当地人彼此之间或者有共同的信仰，也会被看作是印度人或外国人的。

当民族主义的观念更加发达的今天，在国外的印度人为了各种的目的无可避免地形成了一个民族的集团，无论他们内部是怎样的分歧。一个印度的基督教徒无论到什么地方都被看作是一个印度人。一个印度的伊斯兰教徒在土耳其、阿拉伯或伊朗或其他伊斯兰教最有势力的地方也被看作是一个印度人。

我想我们大家对于我们的本土都有不同的印象，但没有两个人会想得一模一样的。当我想到印度，我就想到下面的许多东西：它的广大土地上布遍了数不尽的小乡村；我所到过的市镇和城市；变幻无常的雨季，它把生命倾泻于焦干的土地里，忽然间把它转变为闪耀的广大美景和绿野，长江大河和流水；荒凉环境中的开伯尔隘口；印度的南端；个别的人和成群的人；尤其是巅峰积雪的喜马拉雅山或克什米尔的一些高山溪谷，其中春天开满了鲜花并有一条溪流奔腾而地从中穿过。我们心中想出并且保存的是我们自己所爱好的图画，所以我选择这个山岳背景，而不要那一般的炎热的亚热带地方。这两种的图画都可算是正确的，因为印度是由热带一直伸展到温带，由赤道附近伸展到亚洲寒冷的腹地的。

七　旅行全印度

在1936年将近年终和1937年的头几个月内，我的旅行逐渐增加了速度而变得像发狂了。我穿过了这个庞大的国土，好像大旋风似的，夜以继日地旅行着，都是在动，很少停留在什么地方，也很少休息。各方面都迫切需要着我，而时间是有限的，因为选举快到了，而我是被认作能替许多竞选者争取胜利的人。我旅行中多半是乘汽车，有一段是利用飞机和铁路。偶然在短程中不得不骑象，骆驼或马匹；或乘轮船、木桨船或独木筏；或骑自行车，或步行。当我们离开大路很远的时候，这些畸形多样的交通方法在内地是有必要的。我带了两套扩音器和扬声器，因为除此以外我没有别的方法可以在这些庞大的集会中发言并保持我的声音。这些扩音器我带到了好多生疏的地方，由中国西藏的边界到俾路支斯坦，在那些地方的人们从来也没有看见过或听见过这些东西。

从清晨直到深夜，我由一个地方旅行到另一个地方，那里有大集会等着我，而在这些大集会之间，还有许多的耽搁，因为我要接受耐心的村民对我的欢迎。这都是临时发生的事情，它搅乱了我的已经负荷过重的日程表并延误了以后一切的约会；可是我如何能够匆匆忙忙地冲过这些谦恭朴实的人们而对他们置之不理呢？迟误又加上迟误，而在巨大的露天的会场上的集会我必须要好几分钟才能由群众里挤到讲台，会后下来也是一样。每分钟都有它的价值，而一分钟一分钟加上去就变成了几个小时，到了晚上我已经迟误了好几个小时。虽然在冬天，但是群众还耐心地等待着，他们坐在空场上发抖，因为他们衣服都是穿得不够的。我的每天的日程就这样延长到十八小时，而我们到达当天的目的地都在半夜或更迟的时候。有一次，2月中旬在卡纳塔克，我们超过了限度而打破了我们自己的纪录。那一天的节目是非常繁重的，而我们一定要走过一个非常美丽的山林和弯曲而不大好的路，所以只能走得很慢。我们有六次庞大的集会和许多次小会。我们在早晨八时开始了集会；我们最后一次的约会是到次晨四点钟才举行的（它本来应该早七个钟点举行），会后，我们还要再走七十英里才能到达我们过夜的休息所。我们是在早晨七点钟到达的，除了还有许多集会不计外，那天日夜共走了四百十五英里。那一天等于是工作了二十三小时，而一小时以后我又不得不开始我的第二天的节目。

有些人不厌烦地估计，这几个月中实际到会听我演讲的约有一千万人，此外还加上几百万人在半路上同我有过一些接触。在一个最大的集会中差不多有十万人，而两万人的听众是很平常的。有时候经过一个小放市，我很奇怪地注意到全城都空了，商店也关了。当我看见差不多全城居民男男女女乃至小孩们都聚集在城市的另外一边耐心地等着我的到来，我才恍然大悟。

我何以能够这样干下去而身体还能维持没有病倒，我现在也不明白，因为这是身体持久力的一种奇迹。我想我的身体慢慢地适应环境，也就惯于这种流动的生活了。在两个集会之间，我在汽车里可以酣睡半小时，而且不容易醒过来。然而我不得不起来，许许多多欢呼着的群众就将我惊醒了。我减少我的饭食到最少分量，而且常常有一顿完全不吃，尤其是在傍晚，这样一来，我就觉得更舒服一些。但是使我能够支持下去而充满了活力的，是我所遇到的非常的热情和挚爱。这热情和挚爱在我所到之处都围绕着我。我对于这些是习惯了，然而也总不十分习惯，因为每一个来日都会带有意想不到的事。

八　大选

我虽特别为即将在印度全国进行的大选而旅行，但我并不以选举运动的通常方法和手段为然。选举是民主政治程序中重要而不可分的一部分，是不能舍弃不用的。但选举时常暴露人类坏的一面，而很明显地不常使较好的人获得成功。神经过敏的人和那些不准备用粗暴而不顾一切的手段使自己出人头地的人，都觉得他们是处于不利的地位，而情愿避免参加这些竞选。那么民主政治是那些厚脸叫嚣和抹煞良心迁就一切的人们的专有的猎场吗？

选举的弊病在小选区中特别普遍，若是选区较大，很多弊病就会消失，再不然也总不会那样地显著。一个最大的选区可能为了一种虚伪的争论或因宗教的关系而失去理智（这点我们后来可以看得出）。但是那儿总有一些维持平衡的因素在从旁防止更大的弊病。我对这件事情的经验证实了我对于尽可能扩大选举权的信心。我对于放宽选举名额比对于根据财产资格或教育程度而受到限制的选举名额更加信任。根据财产的资格无论如何是不好的；至于根据教育程度自然合乎愿望而且必要，但是我没有在一个学者或稍受教育的人身上发现任何特殊的品质，可以比一个健壮不识字的然而在一定范围内充满着常识的农民更有资格值得尊重。无论如何，在农民的主要的问题上，他们的意见是更重要的。我是最相信成年人选举权，男男女女都应该有，虽然我觉得这条路是有困难的，然而我确信在印度因采用它而发生的阻碍力不大，这阻力是基于特权阶级的忧虑和他们的利害关系而来的。

1937年省议会大选所根据的有限制的选举权只及于全国人口中百分之十二。但就是这样也比上一次的选举权有了很大的进步，除了印度土邦之外，印度全国约三千万人有了投票权。这些选举的范围是广大的，除了各土邦之外，包括了整个印度。每个省都定要选举它的省议会，而在多数省区内都有两院，所以有两次的选举。候选人有好几千人。

我对这些选举的体会，和在相当程度内多数议员的体会，是与通常的人体会不同的。我对个别的候选人并不关心，我毋宁说是要想制造一种全国性的气氛，来支援国民大会党所提出的全民争取自由的运动和大选宣言中的纲领。我觉得假使我们在这点上能够顺利成功，就很令人满意了，如若不然，那一两个候选人的得失是无关紧要的。

我请求大家注意的是从思想方面着眼，而我很少谈到人选问题，除非把他们当作为我们的主张高举大旗的人。我认识好多这些人，但也有好多我完全不认识，我觉得看不出有什么道理要费尽心思去记忆几百个人名。我要求选票，为的是国民大会党，为的是印度的独立和为争取独立的斗争。我除保证要不停地斗争一直到获得自由为止之外，并没做什么诺言。我告诉人民，他们只有了解和接受我们的目的和政纲并且愿意加以支持才投我们的票，否则就可不必。我要求他们，假使他们不同意这个目标和纲领，他们就不要投国民大会党的票。我们不要为不正确的目标所投的票，不要因为他们个人感情而为特别几个人所投的票。只靠选票和选举不会对我们有多大用处。它们不过是我们漫长旅程中的一小步，如若是拿选票来哄骗我们，而毫无理解地接受它的意义或不愿意在以后采取行动，那就是对我们不诚，对祖国不忠。个人算不了什么，虽然我们要好的和忠实的个人来代表我们。只有那主张和代表那主张的组织，以及我们发誓要为它争取自由的这个国家才算重要。我曾分析什么是自由，它对于我们亿万人民会有什么意义。我们并不要把我们的主人翁由白色换为黄色，但是要一个真正的民有、民治、民享的政权来结束我们的贫穷和苦难。

这就是我演讲的重点，只有用那样无我的方法，我才能够把我自己配合于选举运动。我不大关心个别候选人的前途。我所关心的是更大的争点。照事实讲来，这个争点是正确的，就是拿那较狭隘的眼光为了某一个候选人的胜利来说也是如此。因为这样一来就把他和他的选举提到更高而更庄严的水平，来为一个伟大的国家争取自由，并使几百万遭到贫穷打击的人民能努力于终止他们自古以来的贫苦灾难。这些观念由几十个国民大会党的主要人员表达出来，并且像海上吹来的新鲜大风一样散布开来而扫尽一切琐碎的意见和选举的怪现象。我了解我的人民，我喜爱他们，而他们的成百万只眼睛教会了我很多关于群众的心理学。

我天天在讲选举，但是选举很少使我全神贯注；它只是在表面上浮泛着。我更没有专对投票人特别关怀。我是在接触一些更大的东西：我接触千百万印度人民；我带来的使命是给他们全体的，是给男男女女老老少少每一个人的，不管他们是不是投票的人。这种活动所给的兴奋，也就是庞大群众在物质和情感上的接触所给的兴奋，掌握住了我。这不是一个人在好多人当中为群众的冲动所支配而发生的感觉。我的眼睛吸引住几千只眼睛，我们彼此望着，不是像陌生人初次见面一样，而是似曾相识，虽然何以相识又说不出所以然来。当我做了一个那马斯卡敬礼，就是把我的双手合掌当胸的时候，他们的手像森林一样都举起来回敬我，友好亲切的笑容显露在他们的脸上，低微的欢迎声从集合的群众中发出来，而把我包围在它的热烈拥抱里面了。我对他们讲了话，我的声音传达了我所带来的使命，我不知道他们是否明白我所讲的话和所含的意义。我不能说他们全懂，但是他们的眼睛闪烁着深邃理解的光辉，却是非言语所能形容的。

九　群众的文化

我就这样地看到了现代印度人民的动人的戏剧，而常常能找到把他们的生命和过去联结在一起的线索，虽然他们的眼睛是凝视着未来的。每一个地方我都发现了一个文化的背景在他们的生活中发挥着很大影响。这个背景是普通的哲学、传统、历史、神话及传说的混合物，而是不可能在其中任何两者之间划出一条界线的。甚至完全未受教育者和文盲都同有这个背景。印度的古史诗《罗摩衍那》[①]和《摩诃婆罗多》[②]以及其他书籍在通俗的翻译和演义里是群众们很熟悉的，每一个事件和故事及它里面的寓意都铭刻在群众的心里，而使之丰富并富有内容。文盲的乡下人能背诵出几百行诗句，而在他们的闲谈中充满了这些诗句或某一包含教训的故事的引证，那些诗和故事都是蕴含在古代经典里的。我常常觉得惊奇，听到一群乡下

① 《罗摩衍那》(Ramayana)，印度古代两部著名史诗之一，叙述阿逾陀国王子罗摩（Rama）和他妻子息妲（Sita）的故事。——译者

② 《摩诃婆罗多》(Mahabharata)，印度古代两部著名史诗之一，叙述俱卢（Kurus）与般度(Pandus)两族战争的故事。——译者

人在随便谈到日常事务时竟会这样的风雅。我的心中既然是充满了历史的图画和大体上相当可靠的事实，我就体会到，即使文盲的农民心中也有一个画廊，虽然这大部分是从神话、传说和史诗里男女英雄的故事得来的，其中只有很少的得之于历史。但是，这已经是够生动的了。

我注意他们的面貌和他们的身材，还留心他们的行动。他们里面有好多敏感的面孔和强壮的身躯，笔直而干净的肢体；在妇女当中有着温雅、柔顺、端庄和稳重，以及常常带有忧郁的容貌。通常更漂亮的体格都在上等的种姓里，他们在经济方面比较宽裕。有时候我在乡下路上或一个乡村里经过的时候，我看见一个好体格的男人或一个美丽的女人，我会惊奇得跳起来，使我回忆到一些古时的壁画。我觉得奇怪，这种风格如何能维持和继续这些年代，尽管印度经历过许多的恐怖和苦难。如果这些人民能处于更好的条件下，又有更多的机会开放给他们，难道说我们和他们还有什么事不能做吗？

到处都是贫穷和不可胜数的贫穷的恶果，每人的额上都印着这种野兽利爪的痕迹。生命遭受到摧残和歪曲，变成了不幸的东西，许多恶行都是从这种被歪曲的和长期匮乏的和永远不安定的生活中产生的。这些是看起来令人不愉快的，然而这是印度的基本的真相。听天由命和安于现状的思想实在太多了。但是成熟和优雅的品格还是有的，这是几千年来文化的遗产，无论多少的灾难都不能将它抹煞。

十　两种人生

照这样或用其他的方法，我努力去发现印度，去发现过去和现在的印度，我使我的心情能易于感受从今人古人方面得来的印象和思想与情感的浪潮。我试着暂时使我自己去参加这个无尽的行列，在这行列的末端跟着奋斗前进。过后再把自己和行列分离，正如独自站在山顶上俯视着底下的溪谷一样。

这个长途旅行是什么意思呢？这无尽的行列有什么目标呢？一个疲倦和幻灭的情绪有时侵入我的身心，因此我就躲开这行列而培养出一种超然的思想。我的心中慢慢地就会自己先做好这超然思想的准备，而我对于自己或对我所遭遇的事就不重视了。或者至少我是这样想，而且也有一些成功，虽然成功不大，我怕我的内心里像有一座火山，因此不会有真正的超然思想。出乎意料地我的防御都会被扫开，而我的一切超然思想也化为乌有。

但是就这一部分我所获得的成就也是很有帮助的，在活动的当中，我能够把我自己和它分开，而将它看作是另一个东西。有时我偷了一两小时的闲空，忘记了我一向的成见，而退到我的心灵和生命的密室里，在这一时间里是另一种人生。所以，在这个状态中，两种人生同时并行，彼此分不开地结合着，但又是互相隔开的。

第四章　印度的发现

一　印度河流域的文明

令人难忘的印度河流域文明的遗迹已经在信德省的摩亨殊·达鲁及西旁遮普省的哈拉帕发现了。这遗迹是我们对于印度过去时代所得的最早的景象。这些发掘推翻了已往对于古代历史的概念。可惜这些区域的发掘工作没有几年就停顿了，在过去差不多十三年中间没有做一点有价值的工作。这个停顿原先是由于早在三十年代的大不景气。经费短绌曾被用为辩护的理由，但是夸耀大英帝国的豪华壮丽所用的经费却没有缺过。二次世界大战的来临有力地停止了所有的活动，甚至连保存所有已经发掘出来的文物的工作也被忽视了。我在1931年和1936年两次到过摩亨殊·达鲁参观。当第二次游历的时候，我发觉雨水和带沙的干燥空气已经把许多挖掘出来的建筑物损毁了。它们在泥沙遮盖下面曾被保存达五千年以上，却因为遭受暴露很快地就崩坏了，保存这些无价之宝的古代遗物的工作做得很少。当地考古机关负责人员抱怨地说，实际上没有给他经费，或是其他的帮助，或是材料，以便他保持发掘出来的建筑物的原状。最近八年中的情形如何，我不得而知，但是我想象消磨损毁是继续不断的，再用不着几年，摩亨殊·达鲁的特色将消失净尽了。

那是一幕无可辩解的悲剧，而要消失的将永远无可弥补，只遗留下一些照片和书面描写使我们想起它的原状而已。

摩亨殊·达鲁与哈拉帕相距甚远。这两个地区遗迹的发现完全出于偶然。毫不容疑，在这两个区域之间的地方必定还埋藏着许多这样的城镇及其他古人的手工艺品的遗迹，而且这种文明确会广布于印度的大部地区，当然是在北印度。也许有朝一日这种发掘印度遥远过去的工作又要重新着手，而且有影响远大的发现。这印度河流域文明的遗物远在西部的加提雅瓦尔及旁遮普的翁巴拉已经发现，有理由可以相信它达到了恒河流域。由此可见，它不仅是一个印度河流域的文明而已。摩亨殊·达鲁地方所发现的铭刻至今尚未完全辨认出来。

但就我们所已知的而论，意义已极为重大。照我们所发现的这印度河流域的文明是高度发达的，必定经过几千年才能达到那一阶段。令人十分惊奇的是，那是一个非宗教性占优势的文明，宗教成分虽然也有，但并非主要。它显然也是印度后来各个文化时期的先驱。

约翰·马绍尔爵士告诉我们："直到现在所揭露出来的摩亨殊·达鲁及哈拉帕两个地方的文明都使我们做出一桩明显无误的结论，就是：它不是一个初期的文明，而是一个在印度土地上的年代悠久的文明，里面蕴藏着几千几万年的人类努力。因而，从此印度必须和波斯、美索不达米亚、埃及一样地被认为是文明发祥及发达的最重要地区之一。"而且他又说道："旁遮普、信德（假如印度的其他部分不是如此），已经有一种他们自己的很前进的并且特别一致的文明，这种文明与当时的美索不达米亚及埃及的文明极其相近，而在有些方面还要较为优越。"

这些印度河流域的人们与当时的苏美尔文明有许多的接触，甚而至于在阿卡德有印度人的居留地的证据，这些人大概是商人。"印度河流域各城市的工业制成品达到了甚至底格里斯河及幼发拉底河流域市场。相反地，一些少数的苏美尔的美术品，美索不达米亚的化妆用具及圆筒形印章在印度河流域被仿制着。贸易不限于原料和奢侈品；经阿拉伯海岸经常输入的鱼类增加了摩亨殊·达鲁的食品供应。”①

就是在那么久远时代的印度已经用棉作为纺织品的原料了。马绍尔把印度河流域的文明与同时的埃及文明及美索不达米亚的文明比较对照说：“因此，只提一提显著的几点吧。用棉作为纺织品原料在这个时期只限于印度，而直至两三千年以后才扩展到西方世界。还有就我们所知，在史前的埃及、美索不达米亚或西部亚洲任何别的地方，没有可以与摩亨殊·达鲁公民的建筑完善的浴室及宽敞的房屋相比的。在那些国家中，大量的金钱及精神都浪费于为诸神建筑富丽堂皇的庙宇，为帝王们修造金碧辉煌的宫殿及陵墓去了，而其余的人们好像只好满足于卑不足道的土房屋了。在印度河流域的情景正好相反，最精美的房屋是为公民们的方便而建造的。”我们在摩亨殊·达鲁所发现的公私浴室及完好的下水道，在任何地方发掘出来的同样东西中可以推为最早的。也有两层楼的砖造私人住宅，有浴室、看门人小屋和多间的出租的房屋。

马绍尔为公认的研究印度河流域文明的权威者，他本人亲自负责发掘工作，我们再录引一段他的话吧。他说：“它的艺术及宗教同样也是印度河流域所特有的，并且印下了它们自己的独特的特性。在我们所知的其他同时的国家中，从风格而论，就没有东西能和这彩色瓷器的羊、狗和其他动物的模型，或印章的凹雕有任何相似的地方。这些模型中最佳者特别是驼背及短角的公牛——它们的特色是构思的大胆和线条与塑型的动人——在雕刻艺术中是少有超过的，而且在希腊古典时代以前，要和哈拉帕出土的特别可爱的两个人像模型媲美也是不可能的……当然印度河流域的宗教与其他国家的宗教可能有很多相似之点。所有史前的宗教以及大多数历史时期的宗教也都是

① 戈登·柴尔德（Gordon Childe）著：《历史事迹》（What Happened in History），第112页，1943年版。（原注）

如此。但是就整体而论，印度河流域的宗教是有印度特色的，与现在还通行的印度教几乎分别不出来。”

我们因此发现印度河流域的文明与波斯、美索不达米亚、埃及（当时和这些国家维持着贸易关系）的姊妹文明是有联系的，互通有无的，而且在某些方面是比较优越的。它是一种城市的文明，在城市里商人阶级是富裕的，显然发挥了重要的作用。街道上排列有货摊和大概是小店铺，给人以现代印度商场的印象。柴尔德教授说：“似乎从这一点来推论，可以断定印度河各城市的工匠们在很大的程度上是为市场而从事生产。但是为了便利商品的交换，社会上采用过何种通货及何种价值标准则不敢断定。许多宽敞而便利的私人住宅附设有货栈，使人知道那房主是商家。它们的数目之多及规模之大显示出那是一个殷实而繁荣的商业社会。”“从废墟中搜集的有丰富惊人的金银宝石及彩色瓷器的装饰品，铜箔打成的器皿以及金属器具和武器。”柴尔德教授又说：“设计完善的街道及顶好的经常清洗的下水道反映出市政府的经常守护。政府的权力，足以使市政工程计划的规章得到遵守，并使在水灾后历次重修工程中关于街巷路线的规定，得到维持。”①

在印度河流域文明及现代印度之间有许多我们不甚知道的空隙和时代。联系一个时代与另一个时代的环节并非总是明显的，当然其中发生过很多事件及无数的变迁。但是总有一种基本的连续的意识，把现代印度和六七千年前印度河流域文明开始的洪荒时代连接在一起。令人惊奇的是，在摩亨殊·达鲁及哈拉帕所发掘出来的东西中能够使我们想起那持久的传统和习惯，如流行的礼节、技工手艺、甚至于服装的风尚。这许多事物影响了西部亚洲。

值得注意的是，在这个印度历史的黎明时期，它不是以一个呱呱坠地

① 戈登·柴尔德著：《历史事迹》，第113、114页。（原注）

的婴儿的姿态出现，而是以一个多方面业已长大成人的姿态出现。它并不忘怀生活，并不沉溺于模糊渺茫不能实现的超自然的世界的梦想里，而是造成艺术和人生乐趣上的重大的技术进步，所创造的不仅是一些引起美感的东西，而且也是现代文明中切于实用的而且更典型的象征——良好的浴室及排水系统。

二　雅利安人的到来

这些印度河流域的居民是些什么人，他们从何处来的呢？我们还不知道。那是很可能的，而且是非常可能的，他们的文化是一种土生土长的文化，甚至在南部印度也可以发现出这一种文明的根芽。有些学者们在这些人们与南印度的各种达罗毗荼种族及文化之间寻出基本上类似之点。即使假定在远古时代曾有过移民来到印度，这也只发生在摩亨殊·达鲁时代前几千年才有此可能。实际上，我们尽可以也把他们当作印度的土著看待。

印度河流域的文明发生过些什么？它是怎样终结了的呢？有些人（戈登·柴尔德也在内）说，由于一种未经解释的灾难，它就突然完结了。印度河的水灾是人所共知的，它淹没而冲掉了城市与乡村。或者气候的改变使土地愈来愈干燥，而沙漠侵占了耕作地区。摩亨殊·达鲁的废墟本身就是有过层层沙土积累的证据，它把城市的地面抬高了，逼着居民们在旧基础上筑得更高一些。有些发掘出来的房屋像是两三层楼的结构，它们是分期筑高来应付正在上涨的地面的。我们知道信德省在古代是肥沃的，但从中古时代起就大部分变成沙漠了。

大概就是这些气候变化对于那些地区的人民及其生活方式有了显著的影响。但是无论如何，那些气候上的变化一定曾影响了这个传播得很远的城市文明的地区的一些地方，而我们有理由来相信这文化曾经一直传播到恒河流域，而且可能还要远些。我们实在没有充分的材料作为判断的根据。大概淹没了那些古城的泥沙，反把它们保存起来了；而其他的城市及古老文明的遗迹在多少世纪的过程中却逐渐毁坏、归于破碎了。也许将来的考古的发现可能揭露出较多的它与后期的联系。

虽然在印度河流域文明及各后期文明之间仿佛是明确的一直连接着的，而当中也有一种间断或缺隙，不唯在时间的衔接上是如此，而且在后来发生的文明的性质上也是如此。首先是这后一种的文明大概有较多是关于农业的，虽然有市镇，也还有某种的城市生活。这种对于农业方面的重视也许是由于从西北方前后踵至涌进印度的新来的雅利安人们所贡献的。

假定雅利安人的迁徙大约出现于印度河流域文明时期以后一千年的光景，其间可能没有多大的间隔，时常有其他的部落及民族从西北方来到印度，在以后的各时代中他们也是这样的被印度吸收了。我们尽可以说第一次伟大的文化上的综合及融合是发生于新来的雅利安人及达罗毗荼人们中间的，这些达罗毗荼人们大概就是印度河流域文明的代表人。印度的各民族和基本的印度文化就是由这种综合及融和产生出来的，而兼有两种的特殊成分。在以后的时代中又来了许多其他的种族：伊朗人，希腊人，安息人，大夏人，西徐亚人，匈奴人，突厥人或土耳其人（伊斯兰教以前的），初期基督教徒，犹太人，祆教徒；他们来了，发生了一些影响，被同化了。依照达德威的说法，印度“像海洋一样有无限地吸收能力”。想一想有种姓制度及闭关主义的印度而偏有这种惊人的包容能力来同化外来种族与文化这点是可怪的。或者它之所以能够保存它的活力，而随时使自己恢复青春，就是由于有这一点吧。伊斯兰教徒们来的时候也大受印度的影响。文生·斯密斯说道："外来的人们（奉伊斯兰教的土耳其人）像他们的先驱者塞种人和月氏人一样，普遍地屈服于印度教的不可思议的同化力量，而很快就印度教化了。"

三　什么是印度教?

在上文所引用的那句话里，文生·斯密斯用过"印度教"和"印度教化"这两个词。除非是作为表示印度文化最广泛的意义而使用它们，否则我不认为这样用法是正确的。当它们与非常狭隘的、限制于宗教的概念联系在一起的时候，在现在是容易导致错误的。在我们的古代文学中"Hindu"（现在指印度教徒或印度教）这个词根本就没有出现过。有人告诉我说，印度书籍中第一次提到这个词是在公元八世纪的一本秘咒的著作里面，在那里这个词指的是一个民族，而并不意味着某一种宗教的皈依者。但是显然这是一个很古老的词，因为它曾经出现于古波斯经《阿维斯陀》中和古代的波斯文中。在那时和一千多年以后的这段时期内，西部和中部亚洲的各民族都曾使用过"Hindu"这个词以代表印度，或者说得更明白一点，代表住在印度河彼岸的民族。显然"Hindu"是从"Sindhu"（"身毒"）变化而来的，"Sindhu"这个字在印度既是印度河的古名，又是它现在的名称。从

“Sindhu”这个词又生出“Hindu”和“Hindustan”、“Indus”和“India”这些词。公元七世纪来到印度的著名的中国求法和尚义净在他的游记（译者按：即《南海寄归内法传》）中说“北方胡国”，也就是中部亚洲的人们，称呼印度为“呬度”（Hsin-tu）；但他又说道这“全非通俗之名……宜唤西为圣方（Aryadesha），斯成允当”，把“Hindu”这个词与一个宗教联系在一起讲还是为时很晚的事情。

在印度，指宗教的包括一切涵义在内的古词，是圣法（阿黎耶达磨〔Arya dharma〕）。法（达磨〔Dharma〕这字的涵义并不专指宗教。它的字源含有团结在一起的意思；它是一种事物最内部的素质，它的内部存在的规律。它是一种包括道德标准、正义以及人的全部义务和责任的一种伦理学上的概念。圣法可以包括一切在印度创立的信仰在内（吠陀的信仰及非吠陀的信仰均在内）；佛教徒、耆那教徒和信奉吠陀的人们全用这个词。佛始终称呼他的解脱之道为阿黎耶道，即圣道（旧译“正道”）。

吠陀达磨（Vedic dharma）这个用语在古代也专用来指那些认为是由吠陀派生出来的各种哲学、道德教义、礼节和仪式。因此一切承认吠陀的普通权威性的人们皆可以说是属于吠陀达磨。

沙那达那达磨（Sanatana dharma）是古宗教的意思，也可以适用于任何一种古代印度信仰（包括佛教及耆那教在内），但是现在这个用语多少被一些印度教徒中声称信奉古代信仰的正统宗派所专有。

佛教和耆那教当然不是印度教，甚或也不是吠陀达磨，不过它们起源于印度，乃是印度生活、文化和哲学整体上的一部分。在印度的一个佛教徒或耆那教徒是百分之百的印度思想文化的产物，而在信仰上两者均非印度教徒，因此说印度文化是印度教的文化是完全引人入于迷途的。在后来的时代中这种文化大大受到伊斯兰教冲击的影响，然而它在基本上和特征上仍旧是印度的。到了今天它在成百的方面受着在西方崛起的工业文明的强有力的影响，最终结果如何，那就很难说得精确了。

当作一种信仰来看，印度教是模糊的，无定形的，多方面的，每一个人能照他自己的看法去理解的。要给它下一个定义，或者用这个词的普通意义来实在明确地说出它是否是一种宗教几乎是不可能的。在它的现在体系中，甚至在过去，它包含多种的信仰和仪式，从最高的到最低的，往往互相抵触，互相矛盾。它的根本精神似乎是待人宽容如同待己。圣雄甘地曾试想给它下一个定义："如果有人请我给印度教下一种定义，我就会简单明了地说：通过非暴力的手段以追求真理。一个人也许不相信神而仍然称他自己为一个印度教徒。印度教是一种对于真理的艰苦的追求……印度教是一种真理的宗教。真理就是神。我们听说过否认神的，我们没听说过否认真理的。"甘地这样认为：印度教即真理与非暴力；但是许多卓越而不容怀疑的印度教徒却说照甘地所理解的那种非暴力并非印度教信仰的基本部分。这样一来我们就把真理遗留下来单独作为印度教的显著标志了。当然那根本就不是一种定义。

因此，用"印度教徒的"或"印度教"来作为印度文化的代用语是不正确的，不宜用的，甚至用于遥远的过去也是不对的，即使具体表达在古代作品中的思想的各方面乃是那个文化的重要表现。在今天来使用那种意义上的那些词就更加不正确得多。只有当古老的信仰和哲学主要地是一种生活方式和一种世界观时，它们多半可以说是与印度文化是同一意义的；可是当一种比较顽固的宗教带着各项仪式典礼发展起来的时候，它就变成为比那混合文化多出些东西的而同时又是少了许多东西的一种东西了。一个基督教徒或一个伊斯兰教徒能够（而且事实上往往正是这样）使他自己适应印度的生活和文化方式，而在信仰上仍然是一个正统派的基督教徒或是一个伊斯兰教徒。他使自己受印度同化而成为一个印度人，但不改变他的宗教。

应用于国家或文化，或应用于我们的不断变化的传统的绵延历史，正确的形容词“印度的”（Indian）应该是“Hindi”，这是从印度斯坦的缩写字“Hind”演变而来的。“Hind”还常在用来代替印度。在亚洲西部的各国中，在伊朗和土耳其，在伊拉克、阿富汗、埃及和其他地方，印度始终被提到而且还称为“Hind”；一切印度的东西都称为“Hind”，“Hind”与宗教无关，一个伊斯兰教徒或一个基督教徒的印度人与一个信仰印度教的印度人一样的都是“Hind”。美国人将所有的印度人都称为“Hindus”并不太错，如果他们用“Hind”这词就完全正确了。不幸“Hind”这个名词在印度与梵文的天城体（devanagri）这种字体搞在一起了——因此照它的更广义的更自然的意义来应用就有了困难。或者等现代的争论平息下来的时候，我们可以使这词回复到它的原始的和更合适的用途上面去。今天“Hindustani”这词用来代替“印度的”之用；它当然是从“Hindustan”演变而来的。但是这个词一口气说来未免太长，而且它没有像“Hind”所含的那样历史的和文化的联系。若把古代印度文化的时代指为“Hindustani”时代，那就必然会显得奇怪了。

不管我们用什么字来标明我们的文化传统，“印度的”也好，“印地”也好，“印度斯坦尼”也好，我们看得出，在过去有主要地从印度哲学观点得来的某种对于综合的内在要求乃是印度文化甚至印度种族发展的有力特征。每一次外国成分的侵入都是对于这种文化的一种挑战，但是每一次都用一种新的综合、一种同化的过程有效地把它应付了。这是一种恢复青春以及由此开出文化鲜花的过程，但是背景和主要的基础还是差不多一样。

四 最古的记载　经典与神话

当印度河流域的文化还未被发现以前，《吠陀》曾被认为是我们所有的印度文化最早的记载。关于《吠陀》时期的年代曾有过不同的意见，欧洲的学者一般推定得比较晚，而印度的学者则认为早得多。奇怪的是在印度人方面有把这时期尽量推早的愿望，因而提高了我们古代文化的重要性。温德尼兹教授认为《吠陀》文献的开始是远在公元前两千年甚至两千五百年。这就把我们引到很接近于摩亨殊·达鲁的时代了。

现代多数学者所公认的《黎俱吠陀》中颂持的时期为公元前一千五百年，但是自从在摩亨殊·达鲁发掘工作之后已经有把这些古代印度经典推得更早的趋向。无论正确的时期如何，这种文献很有可能是比希腊或以色列的古文都要更早，而且事实上也成为我们所仅有的表现人类心灵的最古文献。马克斯·缪勒把它称为“雅利安人所说的第一句话”。

《吠陀》是雅利安人参涌进印度富饶地区时所涌现出来的作品。他们所带来的思想和在伊朗发展的古经《阿维斯陀》出于同一本源，而在印度土地上又更加完整了。甚至《吠陀》的语言也和《阿维斯陀》的语言有显著相似的地方，有人已经观察到《阿维斯陀》和《吠陀》之间的距离比《吠陀》和它本国的史诗的梵语之间的距离更接近些。

我们应该怎样地来考量各种宗教的经典呢？那里面有许多被信徒们相信为神圣的启示。把它加以分析和批判并且把它看作人类的文献是常要开罪于忠实信徒的。然而除此以外，并无别的方法去考量它。

我对于阅读宗教书籍总是不免犹豫。它们的硬性片面主张不能使我感动。我所见到的宗教仪式的表面形态不能鼓舞我去探索它的原始根源，但是我又不能不去看这些书，因为对宗教的无知并不是美德，而且往往是严重的缺点。我知道有些这类的书对于人类发生过强有力的影响。任何事物只要能起这种作用，其中必有内在的力量和优点，也就是生活力的源泉。我读这些书的许多部分时会感觉到很大的困难，因为尽管我尽了最大努力还是不能鼓起足够的兴趣，只有其中一些篇章的真正的美妙文章吸引住我。那时候，半句话或一句话会使我跳动起来，如同触电一样，使我感到真正的伟大就在面前。佛或耶稣所说的话中，有些会带着深长的意义而光芒四射，在我看来，这些话在今日和两千多年以前刚说出来的时候一样都可以适用。这里有无可反驳的真实性，不受时间或空间的影响的永久性。有时我阅读苏格拉底或中国哲学家的书也会有同样的感觉，阅读《奥义书》（Upanishads）或《薄伽梵歌》（Bhagavad Gita）时也是如此。我对形而上学和教仪的叙述，或是其他对于我当前的问题无关的事物都没有兴趣。也许是我没有了解所读过的书内蕴藏的意义，有时重读一遍也的确会有更多的了解。我没有努力去了解神秘的章节，遇到对我没有特殊意义的地方就翻过去了。我也不喜欢长篇的注疏和词句解说。我和这些书以及任何圣典一类的书都不能接近，因为这些都是必须全部接受而不能加以辩驳或表示异议的。的确，照这样地去理解圣典会使我的心中对于它的内容反而不能接受了。我若能够把这些认为是聪明和有远见的凡人所写作的，那我对它们必是更友善而欢迎的，不过所欢迎者只是一个凡人，而不是我所毫不知道而且不能确信地神灵的化身或他的传话筒。

我总以为，一个人若在理智上和精神上达到最高境界而且急于要去提高别人，是比较替天神或超人的力量作传话筒的人更要伟大和令人感动。有些宗教创始者都是令人钦佩的人物，但是我若一想到他们并不是凡人，他们的光辉马上就会在我的眼中完全消失。能使我感动和给我希望的是人类智慧和精神的发展，而不是他的被用为传达旨意的使者。

神话对我所引起的反应也是一样。假使，人们认为这些故事的内容有真实性，那么，整个的神话都会成为荒唐无稽而可笑的谬说了。但是只要不相信其中的事实，它们就会从一种异彩中发出新的美景，显示出花团锦簇的丰富想象力，并且其中还充满着人类的教训。现在已经没有人相信希腊那些男女众神的故事，所以我们可以毫无困难地欣赏它们，而它们也就成为我们所承受的一部分心灵遗产了。假使我们一定要把这些神话信以为真，这是精神上何等的负担，而且在信仰的重压之下，我们还要如何的常常看不见它们的有价值的地方！印度神话是更丰富，范围更广大，非常美丽并且充满着意义的。我时常感觉奇怪，他们这些男女都是何等样的人，居然会使灿烂的梦境和美妙的幻想成为有形的东西，而且这些是他们从何种具有思维力和想象力的金矿中发掘出来的呢？

若把经典认为是人类智慧的产品，我们必须记住那写作的时代，在它生长中的环境和心理上的一般趋势，还要记住横隔在它和我们之间的岁月，思想和经验上的巨大距离。我们不要去理会那宗教仪式和习惯的装饰上的外衣，而要记清这经典在发展中的社会背景。人生问题之中有许多是带着经常性也有多少带些永恒性的，所以在这些古书中也能有持久的兴趣。不过它们也有涉及只是限于某一特殊时代的其他问题的地方，那就对于今日的我们没有生动的兴趣了。

五 《吠陀》

许多印度教徒都把《吠陀》看作是神所显示于世间的经典。这是我认为特别不幸的事，因为这样一来我们就失了这些经典的真实意义——最早的思想阶段中人类理智已展开了。而且那理智是多么使人惊奇啊!吠陀（Vedas这个词的词根“vid”是“知”的意思）就是当时存在着的知识总汇的意思，其中混杂着许多的东西，有颂诗、祈祷辞、祭礼、巫术、歌咏大自然的壮丽的诗歌。其中没有偶像崇拜，也没有神庙。尤其突出的是全书中弥漫着的活泼生气和对人生的肯定。吠陀时代的早期的雅利安人对于生活的兴味是如此浓厚，所以他们就很少注意到灵魂，他们只是模模糊糊地相信死后有某种存在。

逐渐地，神的概念生长了；有奥林巴斯类型的神，后来有一神教，再后，可以说是与一神教混合着的，又有一元论的概念。思想把他们带到新奇的领域，对于大自然中神秘性的冥想和探究的精神都出现了。这些发展的过程经过了好几百年，等到吠陀的末期，吠檀多（Vedanta这个字的字尾anta是末尾的意思），我们就有了《奥义书》的哲学。

《黎俱吠陀》，四部吠陀的第一部，大概是人类所有的最古书籍。在这里我们可以发现人类心灵的最初流露，诗歌的光彩和对于大自然中美景与神秘的狂欢。马克尼阔尔博士说：在这些古代圣诗中开始了“远古的有记载的勇敢的冒险，是那要想发现我们世界和人类生活意义的人们的冒险……印度在这里开始了一个以后从未停止过的探索”。

然而《黎俱吠陀》还有着长时期的文化生活和思想的背景。在那时期中印度河流域和美索不达米亚以及其他地方的文化都成长起来了。因此《黎俱吠陀》中有这样的献词，说这书是“献给仙人（见者），我们的祖先，首先开辟道路者”，这句话是恰当的。

罗宾德罗那特·泰戈尔描述《吠陀》的颂诗为“人们对于万物的惊奇和敬畏所引起的总的反应的诗文遗产。一个具有健旺而天真的想象力的民族，在文化的曙光中醒悟了而体会到生活中内含的无穷神秘。他们纯朴的信仰认为大自然力量的每个因素都具有神性，但这种信仰是一种勇敢而欢悦的信仰，其中的神秘感只赋予人们以人生的迷恋，而不因困难挫折而感到沉重。这是一个民族还没有受到对于客观宇宙的矛盾分歧所做的理智冥想的重荷的信仰，虽然时而也得到直觉经验的启发，认为‘真理只有一个，而是智慧者给它起了种种不同的名字’”。

然而冥想的精神渐渐地出现了，直到后来《吠陀》的作者高喊出：“信心啊，赐予我们信仰吧!”于是在名为“创造颂”的一首颂诗中又提出更深奥的问题。马克斯·缪勒给予这首颂诗题作“献给无名的神”：

一、那时没有“无”也没有“有”：没有太空，也没有太空以外的天。

被掩蔽着的是什么？在哪里？掩蔽者又是什么？哪里是水？深不可测的水何在？

二、那时没有死，也没有永生不死：没有迹象，也没有划分昼夜。

只有一件东西，没有呼吸，被它自己的本性呼吸着，此外什么都没有。

三、那里就是黑暗：最初全为黑暗所掩，一切都是混沌。

所有的一切都是虚空而无形；由热的威力产生了个体。

四、此后最初的欲望发动了，欲望是精神的初生的种子和胚胎。

圣哲们用他们的心思寻求，在“无”中发现了“有”的血缘关系。

五、横的方面划分的线伸展了，何者在其上，何者在其下?

有生育者了，有至大的力量了，这里有自由活动，那里有精力。

六、谁真知道，谁能说出，它从何处产生，造化是从何处而来?

神的出现是在世界产生之后的。那么，谁能知道，它是从何处出现?

七、他是最初创造的根源，是否他创造了一切，或者他并没有创造。

他的眼睛在最高一层的天上监视着世界，他真知道，或者也许他也不知道。[①]

六　人生的肯定与否定

自从草昧的远古，印度的思想和哲学、印度的生活、文化和文艺就像几条江河流泻出来，不断地增宽和扩大，而且有时泛滥到地面上留下肥沃的冲积地。在这悠久的岁月中，它们有时改变故道，有时甚至于好像变得枯浅了，然而仍旧保存着它们主要的本质。倘若它们不是具有生活上健全的本能，它们就不能做到这种地步。这种持久的性能也不一定就可算为优美的长处，它很可能意味着停止和衰朽，我以为在印度过去的长时期中，

① 此诗英译采摘自《人人丛书》中的《印度教经典》(Hindu Scriptures)。(原注)

已经是如此。在近来屡次的战争和危机之中，特别是当我们眼看着光荣和进步的文化正要崩溃之时，这个持久性能确是应该考虑到的重要事实。从这个正在熔化着这样多东西的战争坩锅中，我们希望能为西方和东方出现一些更优美的东西，一些能保留人类的伟大成就并为他们将缺陷弥补起来的东西。但是这种反复而普遍的毁灭是有重大影响的，因为所毁灭者不仅是物质资源和生命，而且已毁灭了那些赋予人生以真正意义的宝贵的东西。是不是尽管多方面的惊人进步和以往梦想不到的较高生活标准接踵而来，而我们近代高度工业化的文化还是缺乏了某些基本因素，并且还有自戕的种子隐藏其中呢?

一个受着外族统治的国家，因逃避现实而梦想已经消失的时代，并企图在幻想过去的伟绩中求得安慰。这实在是我们大多数人所耽迷的愚蠢而又危险的消遣法。在印度还有一种认为我们在世界上虽在其他方面降低了地位而在精神上仍不失为伟大的想法，也是同样地有问题的。精神或任何其他的伟大既不能建筑在缺乏自由和机会的基础之上，也不能建筑在饥饿或苦难的基础之上的。许多西方作家鼓吹过印度人是出世者的说法。我认为，每一个国家中的贫苦和不幸者，除非他们是革命者，都会有出世的想法，因为这个世界显然是于他无份了。受统治的民族也是如此。

一个人到了成年是不会完全专注于或满足于外在的客观世界的。他们还要找出一些内蕴的意义和精神的及心理的满足。民族和文化到了成熟壮大的时候也是如此。每一种文化和每一个民族的面前都是摆着两条平行的河流，一条是人生的外观，一条是人生的内境。它们相遇或紧紧靠拢就产生出均衡和稳定，若是两者相歧，就会发生矛盾和危机，会给予理智和精神以折磨。

我们从《黎俱吠陀》颂诗的时代开始以来完全可以看到这人生和思想两条河流的发展。早期的充满着世界的外观，大自然的美妙和神秘，还洋溢着人生乐趣和活泼的生机。男神女神，像奥林巴斯的诸神一样，是很有人性的，他们是被假想为来到世间与一切男女们掺合在一起的；人神之间并无严格而固定的界限。于是思想来了，探讨的精神和空幻世界的玄妙加深了。人生仍然以盈溢的节奏继续下去，但也有时转了方向而离开了表面的现状，而且在眼光转到寻常视而不见、听而不闻、触摸不到的无形事物时，也就在生长出一种超然的精神。它的宗旨是什么？宇宙之间有一个目的么？果真有个目的，我们又如何能使人生和它融合呢？我们能否在有形和无形的两个世界之间造成互相融洽的关系，因而获得人生的正当行为准则呢？

所以我们在印度，也和在别处一样，可以看到有思想和行动的两条河流——一个接受人生，一个逃避人生——并排着在发展，在不同的时期中所着重的不同，有时是这一个突出，有时是那一个。然而文化的基本背景并不是出世的或者厌世的看法。使用哲学的口吻来讲，即使是当它把世界当作“摩耶”（“幻”，maya），也即是一般人认为就是“幻景”的来讨论时，连这一个概念也不是绝对的，而是与所谓最后的实在（有些像柏拉图的真实性的阴影）有关的，而且它还承认世界的现状，并且努力去过世间的生活，欣赏世界的多方面的美景。或者闪族的文化（以它所产生的许多宗教为标本）大概是，而早期的基督教一定是，更带有出世的色彩。T.E.劳伦斯说：“所有犹太信仰的共同基础，胜利者或失败者，都是永远存在着的厌世思想。”这使得纵欲和禁欲两者时常互为起伏。

在印度，每一个时期内，当它的文明兴盛时，我们都可以发现享受大自然和人生的欢乐，享受日常生活的乐趣，艺术、音乐、文学、诗歌、舞蹈、绘画和戏剧的发展，甚至还有对于性的关系的非常琐碎细致的探讨。假使文化或人生观建筑在出世或厌世的思想之上，居然还能产生这些活泼而多方面的人生的表现，那就是不可想象的了。任何其他根本上是出世思想的文化，总不会延长到几千年的。这实在是很明显的事。

然而，有些人曾经以为印度的思想和文化在根本上代表着否定人生的原则，而没有代表肯定人生的原则。据我想这两种原则在所有旧的宗教和文化中都在不同程度上存在着。但是我总认为，以整体而论，印度文化从没有强调过否定人生，虽然有些印度哲学这样主张过；看来印度文化所强调过的否定人生似乎比基督教少得多。佛教和耆那教有几分强调逃避人生，在印度史中某些时期曾经有过大规模地逃避人生，例如有许多人都参加了佛教的寺院。这是为什么缘故，我不知道。在欧洲，当中世纪人们普遍地相信世界末日即将降临的时候，同样值得注意的，或是更加值得注意的事例也发生过。大概这厌弃人生和否定人生的观念是由于政治经济因素而发生的情感挫折所导致的或加强的。

不论佛教的理论或佛教的多种理论（因为它不止一种理论）怎样，实在是避免走极端的；它是中庸主义，是中道。即使“涅槃”的观念也不是空无所有，像有时人们假定的那样。“涅槃”是一种积极的状态，但是因为它超越了人类思想限度，所以都用消极的名词来形容它。假使佛教这个典型的印度思想和文化的产物，仅仅是一种厌世或否定人生的原则，它就一定会使信仰它的几亿民众多少要受到这种影响。然而就事实而论，佛教国家都是充满着相反的证据，而中国人就是最肯定人生的突出的榜样。

这混乱的看法似乎是由于印度思想始终在注重于人生的终极目的而产生的。这个思想从没有忘记它那组成中的超世的因素。所以虽然在一方面尽量肯定人生，却不肯作人生的牺牲者和奴隶。它劝人说：尽量把你的力量和精神全用于正当的行动上，但又要超出它，不要顾虑这行动的结果。所以它所教的是超出人生和行动，而不是去回避它们。这种超越的观念贯穿了印度的思想和哲学，也和它贯穿了多数其他的哲学一样。它的另一种说法就是：有形与无形的世界之间需要保持匀称和平衡，因为如果偏重于有形世界中的行动，另一世界就会被遗忘而消失，而行动的本身也变为没有终极的目的了。

在印度人心灵的早期的事业中都有着对真理的重视、信赖和热爱。教条和神的启示都不受重视，而被认为是理智较差的人们所用的，因为这些人是不会超出它们的范围的。这种理解是基于亲身体验的一种试验。这种体验，当其涉及无形的世界的时候，就好似一切感情与心灵的体验一样，是与有形的客观世界的体验不同的。它似乎是走出了我们所知道的三度空间的世界而进入另外一个更广大的领域，因而使人难以用三度空间去形容它。这种体验是什么，它是否为真理和实质的一些形态的幻象或其实，或者仅仅是空想的幻影，这我全都不知道。也许它常是自欺的妄念。使我较为发生兴趣的是那理解，那理解不是独断的或教条的，而是一种企图要为自己发现出那存在于人生外表形态背后的东西究竟是什么。

必须记住，哲学事业在印度并不是专属于少数哲学家或自命为学者的人们的。哲学是群众的宗教的主要部分。它以冲淡了的形式渗入他们之中而产生了一种哲学观点，这种观点在印度差不多也和它在中国一样地成为人所共有的东西。这哲学在某一些人中是一种深刻而错杂的企图，要想知道一切现象的原因和规律，是人生的终极目的的探讨，是寻求有机的协调人生中许多矛盾的尝试。但是在多数人中它是比较简单的，而又能给予他们一些关于目的，关于因果的意识，并给予他们勇气使其能忍受艰难困苦而不失去愉快和沉静。泰戈尔曾在写给戴季陶的信中说过：中国和印度的古代智慧，“道”或“正道”，所求的就是全，也就是人生中各种活动的融合，还含着生活的欢乐。这种智慧中有的居然能使不识字的和无知识的群众感动；并且我们见到，中国人虽然经历了七年的残酷战争，并没有失掉他们的信心和他们精神上的快乐。在印度，我们的苦难一直较为延续，而贫穷和极端的惨痛已是我们人民离不开的伴侣。然而他们还在笑，还在歌舞，而并没有失去希望。

七 合并与调整 种姓制度的开始

雅利安人来到印度引起了新的问题——种族的和政治的。被征服的达罗毗荼族有悠久的文化背景，但是无疑地，雅利安人自以为比他们优越得多，因此，两族之间有一道宽阔的鸿沟。此外还有那落后的土著人、游牧人和森林居民。从这种种族间的冲突相互影响就逐渐地产生了种姓制度，而这种制度在以后的多少世纪中，又深远地影响了印度人的生活。也许这种制度并不是雅利安人的或达罗毗荼族的。它是使不同种族构成一个社会组织的努力，是使当时的实际情况合理化。后来它在自己的长久过程中带来了堕落，并且至今还成为一种负担和灾难。但是我们不可以拿后来的标准和晚期的发展来批评它。在大多数古代文明的国家中，为了符合时代的精神，像这样的区分等级，是都有过的，虽然中国显然例外。在雅利安人中的另外一支即伊朗人，在萨珊王朝时代曾有过四种分类，但并没有僵化而形成种姓。有许多古代文明，包括希腊的在内，曾经完全依赖于庞大的奴隶制度。印度虽有比较少数的从事家庭服务的奴隶，但并没有过大规模的奴隶制度。柏拉图在他的《共和国》一书中提到过和四个主要种姓相似的等级。中古的天主教中也有这类的等级。

种姓制度是从雅利安人和非雅利安人的严格界限中开始的，后者又分为达罗毗荼族和土著的部落。雅利安人最初只有一种阶级，其中几乎没有什么专业化。阿黎耶（雅利安，Arya）这个字的语根的意义是耕种。雅利安人整个说来都是农民，而农业被认为是高尚的职业。土地上的耕种者同时也可以充当僧侣、军人或商人，而并没有享受特殊权利的僧侣。等到工作和职业的分化更加发展，本来用以划分雅利安人和非雅利安人的种姓差别，也在雅利安人自己当中起了反应，于是新的阶级就采取了种姓的形式。

因此当某一时期战胜者在习惯上要消灭或奴役所征服的种族时，种姓制度是一种很平和的解决问题，并与职业日益专门化的情形深相配合的方法。生活分为几等，从农民的集体中演变出的吠舍（Vaishyas），这是农人、手工业者和商人；刹帝利（Kshatriyas）是统治者和武士；婆罗门（Brahminns）是僧侣和思想家，他们被认为是决定政策和维持民族的理想的人。在这三者之下的是首陀罗（Shudras），是农民以外的劳动者和无技术的工人。土著部落中多数人逐渐受到同化，在社会中被列入下层阶级，也就是首陀罗。这个同化的程序是连续不断的。这些种姓一定曾经处在一种流动的状态；许久以后才变为硬性的规定。大概统治阶级的流动幅度总比较大，而任何人以战争征服或其他方式取得政权之后就可以从心所欲加入刹帝利这类的特殊阶级，并且可以指使僧侣们捏造合适的世系，使他与古代某个雅利安英雄发生联系。

“阿黎耶”（雅利安）这个字不再含有种族的意义了，它的解释变为“高贵”，正像“非阿黎耶”（非雅利安）的意义是指“卑贱”而通常被用于游牧部落、森林居民一样。

印度人的理智特别善于分析，而且热心于把意识和概念甚至于人生的活动都加以区划。雅利安人不仅是把社会分为四大类，并且把个人的一生分为四个阶段：第一阶段包括生长和青春时期，这是学生时代，正在求学并发展克己自制和清心寡欲的修养；第二阶段属于持家者和世俗的人；第三阶段属于年纪较长的政治家，能抱客观态度，他们较为稳重而且冷静，能够廉洁无私，献身于公共事业。最后阶段则属于退隐者，他们的生活已经大部分地脱离了世俗间的活动。他们也就是用这分析人生阶段的方法去调整那并行而又互相冲突的两个倾向——全面的承受生活和舍弃生活。

在印度，和中国相同，博学多闻向来受到社会的尊敬，因为学问是被认为兼有知识与道德的。统治者和武士在学者面前总是低头的。印度早期的理论认为凡是与掌握大权有关者都是不能完全客观的。他们私人的利害和偏见总会与他们的公共职务发生冲突。因此判断是非和维系道德的任务应该交与思想家这一类的人物，因为他们不为物质上的烦恼而分心，而且在可能范围内不受私人情谊的影响，也就能用超然的精神去考量人生的问题。这一类型的思想家或哲学家被认为是在社会机构的最上层，为人人所敬仰和尊重。实行家们，如统治者和武士们，都列在他们之下，无论这些人如何有权有势总不能博得同样的尊敬。富有钱财仍不配得到荣誉和敬意。武士一类的人虽然不算是最上层，但是也享有崇高的地位，并不像在中国那样受到鄙视。

这就是种姓理论，在其他地方也可以发现在某种程度上相同的东西，例如在欧洲中古的基督教国家中，当罗马教会在宗教上、伦理上、道德问题上、甚至于治理国家的原则上承担了领导任务的时候。在实践上，罗马对于世俗的权力十分关心，教会中的首领都依他们自己的特权充任统治者。印度的婆罗门阶级除了供给思想家和哲学家之外变为有权势的和地位牢固的僧侣，极力维护它所享有的利益。然而这种理论，在不同程度上，已经深刻地影响了印度的生活，理想的人物仍然属于博学、慈善、品质优良、善于自制和能为别人牺牲自己的人。婆罗门这一阶级曾经有过享有特权和地位牢固的阶级所有的一切恶行，他们中多数人既无学问又无道德。然而他们大都保持着社会上的敬仰，这并不是因为有钱有势，而是因为他们不断地产生哲人，而他们的热心公益和为公众利益而牺牲个人的记载，已经为众所周知。整个这一阶级都得到每个时代中它的卓越人物的范例的好处，不过，公众所尊敬的是品德而不是任何官职。传统是尊敬品学兼优的个人。从无数的实例可以见到，非婆罗门或被压迫阶级中人也同样受到敬仰，而且有时还有被尊为圣哲的。职位和军权虽然使人畏惧，但永不能博得同等的敬仰。

虽在金钱时代的今天，这种传统的影响还是显著的。因为这个缘故，所以甘地先生虽然不是一个婆罗门而能成为印度的至高无上的领导者，他无威无权无钱无势而能激动千百万人的心。或者这在事实上是一个再好不过的标准，用来测验一个民族的文化背景和它的有意识的或无意识的目标：它向什么样的一个领袖效忠呢?

古代印度文明的或印度雅利安文化的中心思想，就是“达磨”的思想，它是远超过于宗教或信条的一种东西。它是责任的概念，是对于自己本身和对于别人履行所应尽的义务的概念。这个“达磨”是“黎多”（Rita）的一部分，“黎多”就是支配宇宙的活动和宇宙间一切的基本道德法则。既然有这种法则，人类就应当和它配合，并且应当在和它保持和谐的状态中尽自己的天职。如果一个人尽了他的天职而他的行动又合乎道义，适当的后果必然会随之而来。这样应享的权利并没有被强调过。这多少是到处都有的古老观点。它和近代的维护权利，维护个人的、团体的和民族的权利之间呈现出显著的对比。

八 印度文化的持续性

由此可见，在印度历史很早的时代，我们发现了文明及文化的萌芽，后来百花齐放，发扬光大，蔚成大观，虽然屡经变故，仍绵延不断，一直到我们的时代。基本的理想、决定性的概念方在形成之中，文学、哲学、艺术、戏剧以及生活上的一切其他的活动皆受到这些理想和世界观的影响。我们也看到了那种闭关主义和不要别人与自己接触的主张不断地在发展，一直到它们成为呆定不变的，像章鱼一样的多足的东西，把一切都抓住了，这就是近代的种姓制度。种姓制度流行于一个特殊时代，它的用意在安定当时的社会组织，而且赋予这种组织以力量和均衡。后来却发展成为那社会制度和人类心智的牢狱了。归根结底，安全是以牺牲了后来的进步为代价的。

这种制度维持了很长的时期，而且即使在那种制度之内，原来向各方面进展的重要原动力是那样地伟大，所以它仍然扩张到整个印度和东方海洋各国，而它的安定力，虽经屡次的震动和侵略，也仍能保持不失。麦克唐纳尔教授在他著的《梵文文学史》中告诉我们说："整个印度文学的重要性在于它的创造性。公元前四世纪希腊人侵袭印度西北部的时候，印度人已经产生了他们自己的民族文化而没有受到外力的影响。尽管不断地有波斯人、希腊人，西徐亚人、伊斯兰教徒的侵袭和占领先后踵至，印度—雅利安族在生活和文学上的民族性的发展，一直到英国占领的时代为止，实际上并没有因外力而停顿和改变。在印度—欧罗巴种族中没有一个支派经验过这样的孤立发展。除开中国以外，没有其他国家能够追溯它的语言、文学、宗教信仰和礼节、戏剧和社会习惯等的不间断地发展到三千年以上的。”

然而印度并不是孤立的，整个的漫长历史时中，它与伊朗人、希腊人、中国人、中亚细亚及其他地方的人们不断地有着活生生的接触。既然它的基本文化经过这些接触之后仍然能够存在，那么它那文化的本身必然有某种东西能赋予它自存的动力，内在的生命力和对人生的了解。因为三四千年的文化滋长和持续是惊人的。有名的学者及东方问题专家马克斯·缪勒强调了这一点：“事实上，在印度思想中最现代与最古的阶段之间有三千年以上的连绵不断的持续性。”在1882年英国剑桥大学讲演中，他热情横溢地说道：“如果我们遍视全世界，要想找出一个国家最富裕地享有大自然所能赐予的一切财富、权势和美景——有些部分简直是地球上的天堂——那我就要指出印度。如果有人问我在哪一片天空之下，人类心智最丰富地发展了它的某些优秀的天赋，对于人生最重大的问题思考最深，并获得这些问题的一些解答，而且这些问题是值得那些即使曾经研究过柏拉图及康德的人们的注意的，那么我要指出印度。我们欧洲人差不多是专靠希腊人、罗马人和闪族的犹太人等的思想所培养的。那么譬如我问自己，假使要我们的精神生活——不仅是为今生中比较真实的人类生活而且也为了神化的永恒生活——成为更加完满、更能包容、更加广泛，那么我们应该从何种文献里吸取改善的方法呢？我又再一次要指出印度。”

大约在此后半世纪，罗曼·罗兰用同样的语调写过：“如果地面上有这样一个地方，从草昧初开，人类刚刚开始生存的梦想的时候，世上人这一切的梦想就都曾获得过一个归宿，那就是印度。”

九 《奥义书》

约在公元前八百年起就有的《奥义书》（邬波尼煞昙）在印度—雅利安思想的发展中把我们引进了一步，而且是一大步。雅利安人这时久已安居下来，而且一个稳定的蓬勃的文化已经成长。这文化是新旧掺合，受着雅利安思想和理想的支配，但是还附带着以那更原始式的崇拜为背景。他们提到《吠陀》也表示敬意，但也不免含有温和讥讽的态度。《吠陀》的诸神已经不再令人满意，僧侣的仪式也受到嘲弄。然而要和过去断绝关系的企图是没有的，这过去还被视为继续前进的出发点。

《奥义书》之中充满着探讨的精神，心智的探索和要寻求一切事物真理的热情。在寻求真理中所用的当然不是现代科学中的客观方法，但是在那理解之中也还有一种科学方法的成分。教条的妨碍是不容许的。其中也有许多琐细的末节，并且对我们现在没有任何意义和任何关系。它的重点，主要地是在自我的成就，在能认识"个体的我"和"绝对的我"，这二者据说在本质上实在是一样的。客观的外界并不被认为是虚幻的而是在相对的意义中有真实性，是有实在内容的形象。

《奥义书》之中有许多模棱两可的话，因此有了各种不同的解释。但这是哲学家或学者们的事。它大体上的趋势，是倾向一元论的，那整个用意显然是想要缓和当日必然发生过并引起激烈辩论的异见。它所用的是综合法。对于巫术及类似的超自然的知识的兴趣，受到严厉的抑制，没有真正智慧的祭仪和礼节，被认为只是虚饰——“那些从事于这些的人，自己认为是有理解和有学问的人，实在就像盲人引导盲人漫无目的地蹒跚着走，而达不到目标。”甚至于《吠陀》也被视为较低级的知识，有关心灵的知识才算高等知识。对于没有品行修养而从事于哲学研究，它提出了警告。有一种不断的努力想使社会活动与精神上的探索获得和谐一致。生活对人所要求的义务与责任须得履行，但是，要用一种超脱的精神去做。

为了个人完美而过分重视道德观念，可能就使社会观念被忽视了。《奥义书》说：“没有比人更重要的。”人们必曾认为当时的社会是已经稳定，因此人的智力总在不断地考虑着个人的完美，并且为了探求这种成就，它就神游于穹空和人心的最深处。这种古代印度人的看法并非是狭隘的民族主义的，虽然一定有过一种感觉认为印度是世界的中心，正如中国、希腊、罗马在不同的时代所曾经感觉过的一样。大史诗《摩诃婆罗多》说：“人类的整个世界是一个互相依赖的有机体。”

《奥义书》中所讨论到的那些问题的形而上学的各方面我很难领悟，但是其中用来认识那被教条主义和盲目信仰所掩蔽了的问题的那种方法影响着我。那是哲学的理解，而不是宗教的理解。我欣赏那种刚健有力的思想，追究问题的精神及理性主义的背景。因为文体简练，常用师生问答的形式，有人认为《奥义书》是教师所写的或他的弟子所记的一种讲稿笔记。F.W.托马斯教授在《印度之遗产》一书中说道：“赋予《奥义书》以独特的品质和经常有效的吸引力量者就是它语气的诚恳认真，好像朋友们在商谈着大家深切关怀的事情一样。”所以C.拉贾戈巴拉恰雷雄辩地谈到它们时说：“《奥义书》中的师生们用广大丰富的想象力，用雄迈开阔的思想，用近于鲁莽的探索精神，受到渴望真理的强力驱使，发掘宇宙的‘公开秘密’，使这世界上最古老的典籍现在仍然是最现代的、最满意的书。”

《奥义书》的显著特点就是依靠真理。“永久胜利的是真理，而绝不是谬妄。真理是通向‘神圣’的道路。”《奥义书》中那个有名的祈祷词就是为了求光明和智慧的：“把我由不真实引到真实吧！把我由黑暗引到光明吧！把我由死亡引到不死吧！”

人们的精神永不停息地一再向外窥视，经常在寻求，经常在发问：“心是奉何人的命令落到它的对象上呢？最先的生命得到何人的指挥而开始前进的呢？人们接受何人的命令发出这种言辞呢？到底有什么神来指挥眼耳呢？”还有：“为什么风不能静止呢？为什么人的思想不能停滞呢？水因何而流呢？它所追求的是什么呢？为什么它一刻都不能够停止流动呢？”这就是人的探索精神在不断地呼唤，它在半路上不休息，而这旅程是没有终点的。关于我们这必走的无尽长途，在《爱陀利耶梵书》（Aiter ē ya Brahmana）中有一首颂诗，其中每一段结句都有这重叠词：“Charaiveti，charaiveti”——“因此，旅客啊，继续前进吧，继续前进吧！”

这一切的探索并不是在全能的神面前的谦卑，常和宗教有关联的那种谦卑。这是心战胜了环境。“我的躯壳将化为灰烬，我的呼吸将要和不停息的及无尽的大气连在一起了，但我和我的事业却并不如此。心啊，总记着这点吧，记着这点吧。”在一次早晨的祷告词中向太阳说道：“灿烂光辉的太阳啊，我就是使你成为你这样的一个人啊！”这是多么宏伟的信心！

灵魂是什么呢？除了用否定的方法外是不能够描述或给予定义的：“它不是这个，不是这个。”或者换句稍为肯定的话说：“你就是它！”个体灵魂像抛掷出来的火星，又被绝对灵魂的烈火所重新吸收了。“好像一把火来到世界，因所烧着的东西的不同而形成个别的形态，这一切事物里面‘内在的我’也因所投托的东西不同而有差别，但这‘我’的本身是无形的。”能了解一切事物都有同一的本质，就排除了将我与事物分开的障碍，而产生了人类和大自然在外界多种多样性之下还有一致性的意识。“那个知道一切事物都是‘我’的人；当他注视着这一致性的时候，他哪里还有什么忧愁，什么迷惑呢？”“谁要是在那个我中看见万物，而在万物中看见那个‘我’，他就不再对‘它’隐匿了。”

把印度—雅利安人极度的个人主义和闭关主义与这种包涵一切的、超越种姓和阶级的一切障碍与其他一切内在和外在的分歧看法来比较对照，是很有趣的。后者是一种形而上的民主观。“谁在一切中看到这一个精神，在这一个精神中又看到一切，他就从此不会蔑视任何生物了。”虽然这仅仅不过是理论，但无可怀疑，它必定曾经影响了生活，而且产生了那种宽容和合理的气氛，在信仰问题上对自由思想的承认，自己生活并让别人生活的愿望和能力，这些都是印度文化的主要特征，正如中国文化也有这种特征一样。在宗教或文化中是没有极权主义的，它们显示出一种有无穷尽充裕精神的古老而又智慧的文明。

《奥义书》中一个问题，得到一个很奇妙而有意义的答案。问题是：“这宇宙是什么？它从何而生？它的归宿何在？”答案是：“它生于自由，住于自由，而且融化于自由。”这句话的准确意义如何我不能懂得，我只了解这是《奥义书》的作者们热烈倾慕自由这个概念，要想根据自由来观察万物。斯哇密·维帷卡南达（意译为“辨喜”）总是强调这一方面。

要想把我们移植到这一个遥远的时代，而且钻进那时代的精神领域，即便是幻想也是不容易的事情。那时的文体本身是我们未曾见惯的，形状古怪，难于翻译，生活背景完全不同。我们对于现在许多事情，尽管它们是极其离奇而不合理，仍视为当然，是因为我们已经司空见惯了。但是对于我们所完全不习惯的事物就很难于领会或了解了。尽管有这一切的困难和几乎不可克服的障碍，《奥义书》的昭示在整个印度历史中获得了欣然追随而热情的听众，而且强有力地塑造了民族的精神和性格。布洛姆菲尔德说道："所有重要的印度思想形式，连非正统派的佛教也在内，没有一种不是发源于《奥义书》的。"

初期的印度思想通过伊朗深入希腊，影响到那里的一些思想家和哲学家。很久以后，普罗蒂纳斯来东方研究伊朗和印度哲学，特别受到《奥义书》中神秘因素的感动。据说许多这些思想经过普罗蒂纳斯传到奥古斯丁，通过他影响了当日的基督教。[①]

过去一百五十年中欧洲对于印度哲学的再发现在欧洲的哲学家和思想家中引起了强有力的反响。关于这点，悲观主义者的叔本华所说的话常被引用："《奥义书》的每一句话中都有深奥、新奇而高尚的思想出现，整部书中弥漫着崇高、圣洁而认真的精神……在全世界之内，没有一种学问能像研究《奥义书》那样有益和使人提高。……它们是最高智慧的产物。……它迟早注定要成为人民的信仰。"还说："《奥义书》是我一生的安慰，也将是我死后的安慰。"关于这一点，马克斯·缪勒写道："叔本华是一个最不肯随便写作的人，他决不会容许自己为了所谓的一种神秘而不明白的思想而欢喜若狂起来。我同他一样对于吠檀多哲学有热情，我说这句话，既不害怕，也不害羞。它有偌大部分在我一生的过程中很有帮助，这是我所心怀感激的。"

在另外一个地方马克斯·缪勒写道："《奥义书》是……吠檀多哲学的……泉源。我觉得在这个哲学体系中，人类的想象力已经达到它的顶点了……我用过最愉快的时光来阅读吠檀多哲学书籍。我觉得它们像早晨的阳光，高山的清气，只要一经领会，就是如此简单，如此真确。"

但是，对于《奥义书》及一本较晚出的书《薄伽梵歌》最雄辩的赞美恐怕是爱尔兰诗人G.W.罗素的吧："在现代人们当中，歌德、华滋渥斯、爱

① 罗曼·罗兰在其所作的《维帷卡南达传》的附录中提出了"最纫数世纪的希腊的基督教徒的神秘主义及其与印度神秘主义的关系"的一段长的注解。他指出"在公元二世纪中有成百的事件证明着东方思想与希腊人的思想混合到多么大的程度。"（原注）

默生及托洛有一些这种气魄和智慧，但是他们所说的这一切，我们在此伟大庄严的东方诸圣书中都能够发现，而还有更多在这些以外的。《薄伽梵歌》及《奥义书》中包藏着这样天神一般的对于一切事物的丰富智慧，因此我感觉那些作者们能够这样有把握地写出灵魂感觉中相信可有的事物以前，必定曾用窬静的记忆回看过成千的有情的人生，这些人生中是充满着为阴影和对阴影的激烈斗争。”①

十　个人主义哲学的好处与坏处

《奥义书》中不断地强调体力的健康，智力的轩朗和身心的锻炼，必先具备这些，才能获得有效的进步。要求得到知识或任何成就都需要自制、自苦和自我牺牲。这种类似忏悔的思想，名为苦行（tapasya），是印度思想中一向就有的，上层的思想家和下层的文盲群众都具备着。到今天，也和几千年前一样，这种思想总是就在眼前。必须体会到这种思想才能够了解在甘地先生领导之下震动了全印度的群众运动所根据的心理基础。

显而易见，《奥义书》作者们的观点和他们活动中所经历的纯洁化的心灵气氛都是专属于能够了解这些道理的少数优秀人物的。这些道理是完全

① 《奥义书》中有一段奇特而有趣的话（《歌者奥义书》）：“太阳不升也不落。人们所认为日落乃是到白天终了的时候，太阳使下面变成黑夜而把另一面变成白天。当人们早晨起床的时候，实在是黑夜终了，太阳使下面变成白天，而把另一面变成黑夜。事实上，太阳是从来不会落的。”（原注）

超越了广大群众的理解力的。有创造力的少数人总是不多，但是假使这少数者把大多数人引为同调并且总在努力提携他们促使他们前进，彼此之间的隔阂就会减少，其结果就会产生稳定的进步的文化。没有具有创造力的少数人，文化就必然地要衰朽下去。但是如果有创造力的少数人和大多数人之间失去联系，在整体社会之中失去社会团结力，那么文化也要衰朽下去，而归根到底这少数人也失去他的创造力而变为枯竭无味。不然，它就须让位于社会上新兴的另一个创造力或新生力量。

在我，也和许多其他人一样，很难把这《奥义书》时代想象得很具体，并且分析出那些活跃着的多种多样的力量。然而我想，尽管有思想的少数人和无思想的群众之间存在着巨大的智力上和文化上的差异，但他们之间还有一种联系，至少是没有明显的隔阂。他们生活于其中的等级社会里也有一种心理上的等级，而且这心理上的等级也被承认并且予以安排。这样就导致某种的社会协调而冲突也可避免了。甚至《奥义书》中的有创见的思想也被群众依照一般的心意加以解释，使它能配合于大众的偏见和迷信，因而失去了它的主要意义。等级的社会机构并未动摇，还是保留着。一元论的概念因为宗教的需要演变成为一神论，甚至连信仰和礼拜的低级形式不但也被容许而且还得到鼓励，因为这是适合于发展中的特殊阶段的。

因此《奥义书》的意识形态渗入到群众里面的程度并不显著，有创造力的少数人和大多数人之间的知识分界却较为显明。久而久之，又导致一些新的运动——这就是唯物主义的哲学、不可知论和无神论的强烈浪潮。从这里边又生长出佛教和耆那教和那著名的梵文史诗《罗摩衍那》和《摩诃婆罗多》，其中又有了综合敌对的教义和思想方法的企图。人民的或有创造力的少数人的创造能力在这种时期中极其明显，少数人和多数人之间仿佛又有了联系。整个说来，他们互相是互相拉在一起了。

一个时期跟着一个时期就这样在思想和行动的领域中，在文学和戏剧中，在雕塑和建筑中，和远达印度边境以外的文化的、传教的和殖民的事业中都迸发出创造的努力。这当中由于内部的原因或外界的搅扰，也有过不协调和冲突的时期。然而它们终被克服，接着就出现了有创造精神的清新时代。在各方面都有这种活动的最后一个伟大时期，这就是古典时代，这是公元四世纪开始的。到了公元一千年或较这更早的时候，虽然古代的艺术冲动力还在继续起着作用，并产生着精美作品，但印度的内部衰朽征象就很显著了。有着不同背景的异族的来临，又给印度的疲乏了的思想和精神带来了新的推动力，并且从这种接触中发生出新的问题和寻求答案的新尝试。

印度—雅利安人的强烈个人主义，似乎在长久的过程中曾使他们的文化产生了有好的和坏的结果。它导致极卓越的典型的产生，并不仅限于历史上某一特殊时期，而且是一而再、再而三地代代都有。它给整个文化以一种理想主义的和伦理的背景。这背景从过去到现在还一直继续存在着，虽然对行动实践未必有重大影响。由于这个背景的帮助和上层榜样的真正力量，他们当这社会机构发生瓦解的险象时，曾经把机构紧紧掌握住而且一再地使它恢复原状。他们在文明和文化上放出过惊人的异彩，这些虽然大部分只限于上流社会里，但也不可避免地多少散布到群众中去了。由于他们对于异端和其他的信仰极度宽容，他们就避免了常使社会分裂的那些冲突，并且往往设法保持某种的均衡。在这个较大的体系之内允许人民以相当大的自由去选择自己的生活方式，这就表现出一个古老而有经验的种族的聪明智慧。这一切都是很不平凡的成就。

然而也就是这个人主义使得他们不去重视人类的社会现象和人类对于社会的义务。对于每一个人，生活都被划分开了，并且固定了下来，成为等级社会之内他那小圈子中的许多义务和责任。他对于社会整体没有责任也没有概念，也没有人企图使他感觉到他和社会的连带关系。这种意识大半是近代的发展，在上古社会中是不能够找到的。因此就没有理由可以希望在古代印度中发现这个。然而对于个人主义、闭关主义和分等级的种姓制度的强调在印度却更为明显。到了晚期，它就不得不变为我们人民心灵的桎梏——这不仅仅是对于因此受难最深的下层种姓，对于上层种姓也是如此。在我们全部历史中，这是使得我们削弱的因素，我们或者可以说，随着种姓制度的逐渐硬化，性灵也逐渐硬化了，而这种族的创造能力也消逝了。

另外一个稀奇的事实似乎也是突出的。极端地宽容各种信仰和仪式以及各种迷信和愚昧，也有它的有害的一面，因为这样就会使许多邪恶的习惯无限地延长，并且阻止人们摆脱那些妨害他们进展的传统重担。正在壮大中的祭司阶级利用这种情形来为自己谋利，而在群众的迷信基础上建立了他们所享有的强大权势。这一祭司阶级可能从没有像基督教某些支派的那样强大，因为这里常有宗教领袖谴责他们的行动，并且也有多种信仰可供选择；不过这它还是相当强大到足以掌握和剥削群众。

这样，自由思想的混合物就和正统教派渗混在一起而并肩存在下来了，从它们之中生长出烦琐哲学和清教徒式的教义。它们总是向古代权威方面去找根据，但极少有企图结合那演变中的情况去解释它们的真理的。创造性的和精神上的力量削弱了，一向充满着生活和意味深长的东西只剩下了空壳。奥罗宾多·高斯曾经写过：“假使《奥义书》时代的、佛的时代的或晚期古典时代的古印度人来到近代的印度……他会见到，他的种族墨守着过去的形式、空壳和糟粕而失去他的宏大意义的十分之九……他们会因下列各种情况达到如此深的程度而感到惊奇，即：心灵的疲乏静止，静态的反复，科学的停顿，艺术的长期枯萎和创造性的直觉比较薄弱等等。”

十一　唯物主义

我们的较大的不幸之一就是在希腊、印度以及其他各地损失了那许多世界上的远古文献。大概这是无法避免的，因为这些书籍本来是写在棕树叶即贝叶上，写在容易剥下来的白桦树皮上，到后来才写在纸上的。一种作品本来只存有少数的几部，如果遗失或损坏，这作品就绝迹了，只有在别的书中的引证或援用的字句上找到一些痕迹。虽然如此，也有五六万部梵文或其变体的写本已被寻获和编目，而经常还有新的发现。有许多印度古书至今在印度还未寻获，但是，它们的中文或藏文译本却已经发现了。对于古代写本，若向宗教机构、寺院和私人作有组织的搜求，也许更有丰富的收获。这种搜求和缜密地审阅这些写本，而且如果认为值得的话，并且加以出版或翻译，都是在我们摆脱枷锁、能够为我们自己服务以后应做的各种事务的范围之内的。这种研究工作一定会在印度历史的各方面，尤其是在历史大事和思想转变的社会背景上大放光明。事实上，尽管在不断地散失和损坏以及并无任何有组织的搜求这种情况之下，还发现了五万部以上的写本，可见古代的文学、戏剧、哲学和其他的创作是如何的惊人丰富了。有许多已发现的写本到现在还有待于周密的审阅。

已经散失了的书籍之中包括早期《奥义书》所属时代以后的唯物主义

的文献全部。现在所仅有的只见于因批判或企图尽量驳斥唯物主义的学说而援引的词句中。无疑地，唯物主义的哲学当时在印度曾获得信仰达数百年之久，而且对于人们有着强大的影响。在公元前四世纪考底利耶所写的关于政治和经济组织的名著《利论》(或《治国安邦术》)中，曾经谈到唯物主义是印度的主要哲学之一。

这样，我们只得去依赖批评它的人和那些好毁谤这种哲学的人们了，而他们总是尽力讥刺它并指斥它为如何荒谬的。只能靠这些东西来弄清楚什么是唯物主义，自然是很不幸的。然而由于他们那样强烈地诋毁唯物主义，也可证明它在他们眼中是如何重要了。极可能，在印度多数关于唯物主义的文献都是被后期的僧侣们和其他崇信正统派宗教的人们所销毁的。

唯物主义者攻击在思想上、宗教上和神学上的权威及其中一切所有的特权。他们驳斥吠陀、僧侣和传统的信仰，并且宣称信仰必须自由，而不应该依据假定的前提或单依仗过去的权威。他们痛斥一切形式的巫术和迷信。它们的大体精义有许多地方可以和近代唯物主义的理论相比拟；它想要摆脱过去的桎梏和重负，要抛弃对于不可觉察的事物的揣想，和对于假想的神祇的崇拜。只有可以直接觉察的事物才能信以为真，而一切其他的推想都同样地可真可假。因此，只有一切有形的物质和这个世界才能认为是真实存在的。世界以外没有另外的世界，没有天堂也没有地狱，也没有与肉体分离的灵魂。心灵和智慧，以及其他一切，都是从基本元素中发展出来的。自然景象与人类的品质无关，它对于我们所认为的善与恶并不关心。道德规范只是人们自己制定的标准。

我们认为这整个的理论是很奇怪的，它像是我们今天的理论而不是两千多年以前的理论。这些思想，这些疑虑和矛盾，这人类反抗传统权威的心理，是怎样发生的呢？我们对于当时社会和政治的情况不够了解，但显而易见的那是一个政治纷争和社会动乱的时代，所以会引起信仰的崩溃和智力上的热烈探讨，而在寻求可以满足心灵的出路。就是由于这心灵的不安和社会的失调，所以新的途径出现了，哲学的新体系也形成了。有系统的哲学，不是那种《奥义书》的直观理解，而是基于缜密的推理和论辩的哲学，开始披着各式的外衣出现了，其中有耆那教的、佛教的和也可以名之为印度教的——因为还没有更恰当的名字。史诗也属于这个时代，还有《薄伽梵歌》也在此时。要把这时代编成纪年式的记载是很难的，因为思想和理论都互相重叠着，而且彼此之间也有交互的影响。佛是在公元前六世纪降生的。这些发展，有的在他之前，有的在他之后，常常也有和他平行发展着的。

大约当佛教兴起的时候，波斯帝国已达到印度河。这强盛的大国接近了印度本部的边界，一定曾经影响到人民的思想。当公元前四世纪时亚历山大曾有一个短时期侵入印度的西北部。这次侵略的本身虽无关紧要，但是在印度则成为影响巨大的转变的前驱。差不多就在亚历山大死后，旃陀罗笈多王就建立了孔雀王朝。照历史的说法，这是印度的第一个强盛的、幅员广大的、中央集权的国家。传说中提到过印度许多的这类统治者和霸主，而史诗之一也叙述过为争夺对印度的王权而斗争的史迹，其中所指的可能是北印度。大概最可能的，古代印度和古代希腊相似，是一群小国的集体。这些小国中有很多部落共和国，其中有些领土很大，也有微不足道的王国，还有和希腊相似的那种势力强大的商家行会的城市国家。在佛的时代，中印度和北印度有过许多的部落共和国和四个为首的王国（包括健陀罗，即阿富汗的一部）。无论组织的形式如何，城市或乡村的自治传统都很强固，而且尽管承认着霸主的权威，这些小国的内政并不受到干涉。其中有某种原始的民主政治，不过，大概也和希腊一样，仅只是限于上层阶级的。

古代的印度和希腊，它们在许多方面大不相同，而居然也有许多相同之点，于是使我相信它们生活的背景有很相似的地方。雅典民主政治崩溃的时候才结束的伯罗奔尼撒战争，有些地方可以和古代印度的摩诃婆罗多大战[①]相比拟。希腊文化和自由城市国家的衰败引起了怀疑和失望的情绪，对神秘和天启的追求，以及种族早期理想的低落。重点从今世转移到来世。后来哲学的新学派——斯多噶派和伊壁鸠鲁派——发展起来了。

根据薄弱的而且有时互相矛盾的史料来做历史的比较，是有危险性的，而且这会引人走入歧途。然而我们会总想这样做。印度摩诃婆罗多大战之后的那一个时期，和当时表面上的心理紊乱的气氛，使人会联想到古希腊的后期。理想的标准庸俗化了，随后则是对于新哲理的暗中摸索。在政治和经济上彼此相似的内部变化，如部落共和团和城市国家的削弱和国家中央集权的倾向，可能都已经发生了。

然而这样的比较不会给我们很大帮助的。希腊经过震荡之后从没有真正复兴过，虽然希腊的文化在地中海还兴盛了好几百年，而影响了罗马和欧洲。在印度却是显著地复兴了，从史诗时期和佛的时代算起的一千年中都充满着创造的精力。哲学上、文化上、戏剧上、数学上和艺术上有无数伟大人物出现。在公元早期的几个世纪中，从潜在的力量爆发出来的惊人结果使殖民事业组织化，而把印度的人民和文化带到东海上的远方岛屿了。

① 叙述这次战争的史诗也名为《摩诃婆罗多》。(原注)

十二　史诗　　历史、传说与神话

古印度的两大部史诗——《罗摩衍那》和《摩诃婆罗多》大概经过好几百年方才编成的，甚至还有后来续编上去的。这些古诗所记的是印度—雅利安人的早期，他们在发展和统一中的征服和内战，但它们的写作和编辑却在以后较晚的时期中。我不知道任何地方有任何书籍能够像这两部书在群众心理上发挥过这样持久和广泛的影响。从远古至今，它们一直都是印度人民生活中的活泼生动的力量。除了对于少数知识分子以外，它们产生这种力量并非出于梵文原著，而是以译本、以改编本和以口头传说和故事的种种方式传播出来的，并且成为人民生活中不可缺少的一部分。

这两大史诗表现了典型的印度式的方法，它把一切东西集合起来以适应文化发展程度不同的人们，从最高的知识分子到文盲以及未受过教育的农村人民。它们使我们稍稍了解古代印度人的那种秘密，那种能维系一个多方面复杂分歧而有各级种姓的社会，调和他们的冲突，并且给予他们英雄传说或伦常生活的一个共同背景。他们从容审慎地努力在人民中建立起一致的看法，使自己还能继续存在，并且能消除一切分歧。

在我童年的最早的回忆中，就有我的母亲或家中的老太太们对我所讲的这些史诗中的故事，正像欧美的儿童们会听到神仙故事或冒险故事一样。

我听到的那些故事中也兼有冒险和神仙故事的成分。此后我每年常被带到群众露天剧场，那里表演着《罗摩衍那》的故事，还有大批的群众前来观看并参加游行行列。那都是很粗糙的，然而没有关系，因为每一个人心里都记得其中的故事，而且那时候正是狂欢的时节。

印度的神话和古代传说就是这样钻进我的心坎，并且和形形色色的想象的人物互相掺合起来。我并不曾把这些故事当作真的而加以重视，甚至我还批评过其中奇幻荒诞的成分。然而在我看来，这些是一种想象的真实，恰如《天方夜谭》与《潘查雅特》(《五卷书》) 一样。《潘查雅特》(《五卷书》) 是一个动物的故事的宝库，西部亚洲和欧洲都曾从这里面采取过很多东西[①]。当我长大的时候，其他的景象又涌进了我的心灵：印度和欧洲的神仙故事，希腊的神话，圣女贞德的故事，《爱丽丝漫游奇境记》，还有许多关于阿克巴大帝和柏波儿、福尔摩斯、亚瑟王和他的武士、印度大起义中的青年女英雄詹西的王后等等的故事，以及拉其普特人的武士英雄轶事。这些还和许多其他的故事杂乱无章地充满了我的心坎，但是其中始终总有那我在幼年时代所感受到的印度神话背景。

尽管有多种不同的影响在我心理上起了作用，而我对于印度神话还是如此，可知这古代神话和传说在别人的心理上的影响一定要如何地更多了，

① 《潘查雅特》(《五卷书》，Panchatantra) 有无数的亚洲和欧洲语言的译本和改编本。流传的经过是一个很长的、复杂的而且引人入胜的故事。人们所知道的最初译本是在公元六世纪中期由于波斯王胡斯鲁·艾努希尔旺的主张从梵文译成帕拉维文（中古波斯语）的。不久以后（公元570年）出现了叙利亚文译本，随后又有了阿拉伯文本。到十一世纪，叙利亚、阿拉伯和波斯文中又有新的译本，波斯文本以“卡利亚·达曼”的故事而著名。《潘查雅特》就是经过这些译本传到欧洲的。十一世纪之末有了从叙利亚文译为希腊文的译本，稍后又有希伯来文译本，在十五世纪、十六世纪中拉丁文、意大利文、西班牙文、德文、瑞典文、丹麦文、荷兰文、冰岛文、法文、英文，土耳其文和许多斯拉夫文的许多译本都出现了。《潘查雅特》就是这样地掺进了亚洲和欧洲的文字里去的。（原注）

尤其是对于我们人民中的文盲群众。这影响以文化和道德来说都是好影响，我极不情愿去毁灭或舍弃这些故事和寓言中所含有的一切美和富于想象力的象征表示。

印度神话不仅只限于史诗中，它可以上溯到吠陀时代。并且在梵文的文学中以多种形式和外貌出现。诗人和戏剧家尽量利用它而且环绕着它编成他们的故事和可爱的幻想。据说无忧树若被美丽的女人的脚触到就会开花。我们读过爱神迦摩与他的妻子罗蒂（Rati的字义是欢乐），和他的名叫婆伞多的春之神朋友的冒险故事。迦摩大胆地亲自用花箭去射大自在天（Shiva），大自在天的第三只眼放出火焰把他烧成灰烬。但是他化为“无形”，继续生存下来。

大多数的神话和故事在思想方面都含有英雄的意味，并且教人谨守真理和诺言而不要顾虑任何后果；忠信至死甚至死后都不改变；勇敢、行善和为公益牺牲。有时故事是单纯的神话，再不然也是实事和神话混合在一起的东西，也就是保留在传说中的轶事的夸张记载。事实和虚构互相交织，变得分不开了，而这种混合就变为想象的历史。这虽然没有正确地把过去所曾经发生的事告诉我们，但它告诉我们的也同样重要——它告诉我们的是：人民所相信为曾经发生过的事，所想象的他们的英勇祖先能够做出来的事，以及何种理想曾使他们发生过灵感。所以，不管是事实或是虚构，它已经变为他们生活中的生动的成分，不断地把他们从日常生活的贱役和丑恶中提到较高的境界，不断地指引出努力争取健全生活的正路，虽然这可能遥远而不容易达到。

据说歌德曾经指斥过那些认为古代罗马英雄故事琉克里细亚贞妇和其他等人的故事是虚构和伪造的人。他说：任何根本上虚构伪造的事物只能是荒谬的，华而不实的，从来不能是美妙的和感动人的，“如果罗马人能这样伟大而能够创造出像这类的东西，我们至少也应该能同样地伟大去相信它们。”

所以这想象的历史是事实和虚构混在一起的，有时还完全是虚构的，但它却是象征式的真实，它告诉我们那一时代中人民的思想、感情和愿望。就它能够成为思想和行动以及未来历史的基础这种意义而言，它也是真实的。在古代印度，整个的历史概念曾受过哲学和宗教中推理的和道德的倾向所影响。修订编年史或单纯的大事记没有受到重视。那些人所更关心的是人类事迹和行动对于人类品行的影响和效果。像希腊人一样，他们的想象力和艺术性是很强的，可是他们在处理过去事情的时候对于艺术和想象却采取放任的态度，虽然他们专心注意的是要从其中为将来的行动吸取一些道德教训。

不像希腊人，也不像中国人和阿拉伯人，印度人在过去不是历史家。这是很不幸的，因为这就使我们难于确定历史中的时代和制订精确的年表。史迹互相穿插交错而呈现极度的紊乱。现代耐心的学者们只能一点一点地来寻找印度历史哑谜的线索。只有一部书，迦罗罕那在十二世纪中所写的《帝王的波浪》(Rajatarangini)——“克什米尔史”可以算得是历史。此外我们就只得求助于史诗想象的历史和其他书中的同时代的一些记载，铭刻、艺术品和建筑物的遗迹、钱币以及大量的梵文著作，在那里面去找些偶然的暗示。当然许多来到印度的外国旅行家的游记，特别是希腊人和中国人的，以及较晚时期中阿拉伯人的，也都可供参考。

这种缺乏历史的观念并没有影响群众，因为和其他地方一样，或比其他地方更甚，他们对于过去的看法都是基于历代相传下来的传说、神话和故事的。这种想象的历史和实事与传说混合起来的东西是人所共知的，而且赋予人们以一个强烈而持久的文化背景。然而对于历史的无知也有弊害，它还在纠缠着我们。对于事实，它产生了模糊的看法，与现实人生的分离，盲从轻信和思想含混。在那比较更困难的，而且不可避免地要更模糊更不明确的哲学领域中，思想是毫不含混的，在那一方面，思想是兼有分析力和综合力的，常常很有批判能力，而有时还是多疑的。但是一到了和事实有关，它就毫无批判能力了，也许这是因为它并没有把事实作为事实来重视过。

科学的推动力和近代的世界给予事实以更大的重视，并带来了长于批判的能力和考察证据的做法，因而抛弃了为传统而接受传统的习气。许多有能力的史学家现在正工作着，但他们往往会矫枉过正，他们的作品成为琐屑的实事年表而不复是生动的历史了。奇怪的是，何以到了今天我们忽然又被传统所压服，而甚至于那些明智的人的批判能力也失去了作用。这部分的理由，或者是由于我们国家目前受着外人的统制，民族主义思想使我们心劳神疲。只有我们在政治上和经济上获得自由，这理智才能正常地起作用，而且能有批判能力。

关于批判的观点和民族主义的传统之间的冲突，最近有了一个值得注意的有启发性的实例。在印度的大部分地方都是遵用毗讫罗摩纪年（超日王纪年，Vikram Samvat）的历法。这历法是依太阳推算的，但是月份仍用阴历。上月，1944年4月，正是这历法通行的两千周年，一个新的千年开始了。这是全印度的庆祝季节，这庆祝是应该的，因为这是计时的大转折点，而且也因为毗讫罗摩或毗讫罗摩阿迭多（Vikram ā ditya）即超日王的名字是和这历法相关联着的，而且他也是长时期民间传说中的伟大英雄。无数的故事都是和他的名字相结合的，而且其中有许多以各种外号在中世纪流传到了亚洲各部，后来又流传到欧洲。

超日王长期地被尊为民族英雄，他是一个最理想的帝王。在人民记忆中他是一个把外族侵略者驱逐出境的统治者。但是他的荣誉是由于他的朝中文学和文化的辉煌成就得来的，那儿集中了一些最著名的作家、艺术家和音乐家——他们被称为“宫廷九宝”。大多数的故事里都谈到他的愿望是要对人民施行仁政，并且只要一点点的激动，他就肯为别人的福利而牺牲自己或自己的个人利益，他的宽厚、肯为人服务，勇敢与不骄矜，使他博得了美名。他能得人心的主要理由是他被认为是一个好人，而且是艺术的奖掖者。至于他是一个成功的军人或战胜者这个事实，在故事里反而难得见到。重视人的德行和自我牺牲的精神是印度人心灵和印度人理想的特征。超日王这个名字，像恺撒一样，成为一种象征和称号。许多后世的统治者在自己的名字上都加上这个称号，这样就使得头绪更加纷纭了，因为历史上有许多的超日王。

然而这个超日王究竟是谁呢？他是什么时代的人呢？按照历史的说法，一切都是模糊的。当公元前57年左右，正当超日王纪年的时代应该开始的时候，却并没有关于任何这样一个统治者的遗迹。但在公元四世纪的时候北印度确有一个超日王，他曾经和匈奴侵略者作过战而把他们驱逐出去。据人们猜想那“宫廷九宝”就是他朝中所有的，而所有那些故事都是称道着他的。那么这问题就是：这公元四世纪的超日王何以会和那从公元前57年开始的纪年有关联呢？可能的解释，好像是从公元前57年开始的纪年是在中印度的摩腊婆国使用的，而在超日王去世很久以后，这个历法被人联想到他身上去，并且还为纪念他而用了他的名字。不过这一切全是模糊而不能确定的。

最使人惊奇的是，那些很有才智的印度人总把这传说中的英雄超日王牵涉到两千年以前开始的时代上去。也引起人兴趣的是，我们发现出人们多么重视他那抵抗外族的战争和他那团结印度建立统一的民族国家的志愿。事实上，超日王的领土仅仅限于北印度和中印度。

不仅是印度人在缩写或研究历史的时候会因为民族主义的要求和所谓民族利益而受到影响。每一个民族好像都会因为受到这种愿望的影响而粉饰和夸耀过去，并且去歪曲历史使其与自己有利。我们许多必读的印度历史，多半是英国人所创的，通常都是为英国统治作长篇累牍的辩护和赞颂以及关于他们以前几千年史事的一种略加掩饰的轻蔑记载。在他们看来，印度的真正历史是从英国人来到印度以后才开始的。所有以前的事迹都用一种奥妙的笔法写成以为这神圣成就做准备而已。即使是英国的统治的时代，也因为要炫耀英国的统治和英国的善意而加以歪曲了。比较正确的景象发展得很慢。但是我们无需到过去寻找伪造历史以适合于某种特殊目的，并且用以支持自己的幻想和偏见。这种情况现在还是很普遍的。如果现在我们所亲身看见和经历的都可以被歪曲，那么过去的又当如何呢？

话虽如此，印度人特别轻信传说而把它当作历史来传布，这点也确是真的。他们实在应该去掉这种不假思索而轻易达到结论的毛病。

但是我说得离题太远，竟离开了那些男女神仙和那神话与传说开头的日子。那时的人生是完满的，而且与大自然互相融洽，人的心灵注视着宇宙的神秘而感到惊奇和愉快，天地之间好像相距不远，男女神仙从盖拉沙（神庙）或从喜马拉雅山中其他的栖息之处像奥林巴斯的神一样常常来到人间和男男女女一起游戏，有时也责罚他们。从这充裕的人生和丰饶的想象之中生出了神话、传说和强健而美丽的男女神仙，因为古代的印度人和希腊人一样，都是美感和人生的热爱者。吉尔伯特·墨累教授对我们讲过奥林巴斯体系的美。这篇描写文[①]也很可以适用于早期印度心灵的创作上。"他们是艺术家的美梦、理想和寓言；他们是超越他们自己的象征；他们是半信半疑的传说中的神，是无意中假托的神，是渴望中的神。这是一些为疑难不决的哲学家能以其所应具有的一切审慎态度来向之祈祷的神，正和他们求助于光辉的和深刻的假设一样。他们并不是任何人都信以为真实的神。"墨累教授接着所说的话也同样可以适用于印度："因为人类所雕塑的最美丽的神像并不是真神，而仅只是有助于去想象真神的一种标志，所以

① 这段和下面所引的一段都摘引自吉尔伯特·墨累所著:《希腊宗教的五个阶段》(Five stages of Greek Religion)，第76页及以下各页。见思想家丛书，伦敦瓦兹出版社版。(原注)

这种的本身，当被想象的时候，并不是那个实体，而只是帮助想象那实体所用的标志。……同时他们没有发布过与知识相抵触的教义，也没有发布过使人违反良心去犯罪的教令。”

逐渐地，《吠陀》中的神仙和其他男女神仙的时代退到历史后面去了，而艰难玄妙的哲学代替了他们的地位。但是这些想象，以及欢乐中的伴侣，苦难中的友人，模模糊糊影响地感觉到的理想和渴望的象征还在人民的内心里浮漾着。诗人们环绕着这些东西，笼罩上他们的幻觉而建起他们的空中楼阁，其中充满着华贵的彩绣和可爱的幻想。有许多这些传说和诗人的幻想曾被培恩采选改订而编入他的《印度神话故事小丛书》。其中有一篇名为《月的一分》[①]，所说的是创造女人的经过。“在天地开辟时代，大匠（创造生物的神）到了要创造女人的时候，他发现在创造男子的时候已把所有的材料用完，一点实质也没有了。在这进退两难的时间，他入了很深的禅定，到出定以后，他就照下面这样做了：他取月的圆，藤的曲，蔓的攀缘，草的颤动，芦苇的纤弱，花蕊的艳丽，叶的轻浮，象鼻的尖细，鹿眼的瞻视，蜂的丛集，日光的炫耀，层云的悲恸，飘风的变动，兔的畏怯，孔雀的浮华，鹦鹉颔下的柔软，金刚石的坚硬，蜜的甘甜，虎的残忍，火的炽热，雪的寒冷，鹊的噪，鹃的啼，鹤的虚伪，鸳鸯的忠贞，把这些性质混合起来造成了一个女人，然后将她送给男人。”

---

① 《月的一分》（The Digit of the Moon），中译本改名为《二十夜间》，许地山译，作家出版社出版。——译者

十三 《摩诃婆罗多》

考订史诗的年代是很难的。这些诗所涉及的是当远古雅利安人还在移居和巩固他们在印度的势力那时候的事。显然这是许多作者所写，或是后来各时期中有许多作者续写过的。《罗摩衍那》是一部比较统一的史诗；而《摩诃婆罗多》则是一部古代民间文学的巨大而庞杂的总集。两者在佛教时代以前必定已经具有规模，但无疑地后来还有追加。

法国史学家米细勒在他1864年的著作里特别提到《罗摩衍那》，并且说："任何人如果做得过分或欲望太奢，请他在这深杯子里吸饮一口生命和青春的酒吧；在西方一切都是褊狭的——希腊之渺小使我出不来气，犹太之干燥使我喘不过气。让我暂时瞻望崇高的亚洲和深奥的东方吧。那里有我的伟大诗歌，它广大无边和印度洋一样，受着上天福祐，为阳光所照耀，有着神圣的和谐，不含杂音。静穆的和平在那里主宰着一切，冲突之中有无穷的甜蜜、无限的友爱，被覆着一切的生物，成为仁爱，慈悲、宽厚的无边无底的大洋。"

《罗摩衍那》作为一部史诗虽然伟大而为人们所喜爱，然而真正可算世界上特立独异的书还是《摩诃婆罗多》。它是一部宏大的著作，是印度古代传说、故事和政治经济制度的百科全书。有一班权威的印度学者已经用了十年或十年以上的工夫在严格地审查和校勘多种已经获得的古本，要想刊行一部精校的权威版本。有一部分已经发行了，但是工作并未完成，还在继续进行。我们很有兴趣地注意到虽在目前全面的残酷战争之中，俄罗斯的东方学者们已经出版了《摩诃婆罗多》的俄文译本。

可能就是这时期，外来分子进到印度并带来了他们的风俗习惯。这些风俗习惯中有许多都和雅利安人的不同，所以可以看出那是互相抵触的思想和风俗的离奇混合物。雅利安人之中是没有多夫制的，然而《摩诃婆罗多》的故事里有一个女主角是五个弟兄共有的妻。逐渐地吸收古代固有的和外方新来的风俗习惯实现了，而吠陀宗教也就随着变样了。因为开始采取了包括一切的形式，这才引导出近代的印度教。这样的变化是可能的，因为基本的理解是认为真理不应该独占，而且可以通过许多道路来看见它和接近它。所有各种不同的甚至互相抵触的信仰就是这样地被宽容的。

在《摩诃婆罗多》中有过一种明确的企图，那就是要强调印度的基本一致性。这里印度的名字叫作婆罗多之地（Bhāratvarsha），是从传说中这种族始祖婆罗多（Bharat）得来的。在这以前的名字是雅利安人之地（Aryavarta），就是圣地，但这只限于北印度至中印度的文底耶山为止。在那时期中，大概雅利安人并没有越过这个山脉。《罗摩衍那》是雅利安人向南发展的故事。《摩诃婆罗多》描述的是那后来发生的国内大战，这曾被模模糊糊地猜测为公元前十四世纪的事。这是争夺印度（或可能是北印度）霸权的战争，它也指出这时才开始有全印度即婆罗多之地的概念。这全印度概念包括有现代阿富汗的大部分，当时名为健陀罗（Gāndhāra，现在坎大哈〔Kandahar〕城的名字就是这个字音变的），并且被认为是印度的不可分的一部。那霸主的王后名叫健陀利，即健陀罗的贵妇。第里或德里（Dilli or Delhi）不是这个近代城市，而是位于这个近代城市附近的几个老城市，名叫诃斯提那普尔和因陀罗普罗斯陀，成为了印度的首都。

修道女尼维的塔（即马加勒特·诺布尔）在关于《摩诃婆罗多》的文章中指出："外国的读者……一下子就会被两个特色所吸引：第一是复杂中的一致性，第二是它那不断的努力使听者心中烙印一个单独的中央集权的印度的概念，以及它那自己的英勇传统作为建设和团结的推动力。"[①]

《摩诃婆罗多》里面包括黑天的传说和那极有名的《薄伽梵歌》。即使不管这首歌的哲学，它在治国的政略方面，而且一般地在人生方面，也是注重于伦理和道德的原则的。没有"达磨"这个基础，也就没有真正的快乐，而社会也就团结不起来了。这目标是社会的福利，不是为了某一特殊集团的福利，而是为了全世界的，因为"这整个人类世界是一个依存于自己的有机物。"但是"达磨"本身是相对的，是会随着时代和周围的客观条件转变的，只除了某些基本原则，如谨守真理和非暴力等以外，这些原则是永恒不变的，但除此以外，"达磨"，这义务和责任的合体，是随时代的变迁而转变的。对于非暴力的强调，无论在这里或在别处，都是值得注意的，因为在非暴力和为正义而战争两者之间并看不出显著的矛盾。整个的史诗是以一个大战争为中心。显然这非暴力的概念很着重动机如何，有无暴力心理，能否自制和能否抑制怨怒，这着重超过了对形体上避免暴力行动的着重，只要那种行动是必要的和不可避免的。

《摩诃婆罗多》是一个丰富的宝库，从中我们可以发现各式各样可宝贵的东西。它充满了多种多样的、丰富的、活跃的生活，和印度思想的另一方面，即强调禁欲和消极的方面相距甚远。虽然其中有不少的伦理学说和道德学说，它并不只是一本道德教训的书。《摩诃婆罗多》的教义曾经总结在这一句格言里："己所不欲，勿施于人。"它是强调社会福利的。这一点值得特别注意，因为印度人的精神是被认为是偏重个人成就而轻视社会福

---

① 我所引的话是从拉德哈克里希南爵士的《印度哲学》中摘录出来的。我在这里和其他各章中所引的句子都得力于拉德哈克里希南的帮助。（原注）

利的。史诗中说："凡是无益于社会福利或使你问心有愧的事都不可做。"还说："真理、自制、禁欲、宽厚、非暴力、德行有恒，这些是得到成就的方法，而不是种姓或家世能使人得到成就。""德行重于不死，德行重于生命。""真正的乐必定涉及受苦。"它讥刺追求财富的人说："蚕是因为有财富才死的。"最后，有句格言更是现代进步人民的典型的话："不满足是进步的推动力。"

在《摩诃婆罗多》里有吠陀的多神论，《奥义书》的一元论、自然神教、二元论和一神论。它的看法仍然是有创造性的，并且多少是理性主义的，排外的情感也是有限度的。种姓并不是硬性的。虽然还有自信的感觉，但是因为外来力量侵袭了旧制度的稳定性并向它挑战，自信心就多少不免降低了。为了要引起内部的团结和坚强，对于更大的一致性的要求也因之而产生了。新的某种禁忌生长起来了。食牛肉在以前是被默许的，后来被绝对禁止了。在《摩诃婆罗多》里还曾提到用牛肉款待贵宾的事。

十四 《薄伽梵歌》

《薄伽梵歌》是《摩诃婆罗多》的一部分，是那浩瀚的戏剧中的一则插曲。但是它是独立的而且本身是首尾完整的。它是一部比较短的诗，其中只有七百节。威廉·洪堡德这样描述过它："这是在任何已知的语言中最优美的诗歌，而且可能是唯一的真正哲学诗歌。"自从在佛教时代以前写作出来之后，它的流行和影响，一直没有衰落过，而且到了今天在印度它的动人的力量还是和以前一样地强大。思想和哲学的每一学派都重视它，而把它按照自己的说法来解释。在危急的时候，当人的心灵受到忧疑苦闷和遇到几种责任互相抵触的时候，更要回头向这《薄伽梵歌》来寻找光明和指引，因为它是危急关头中的诗，是政治和社会危急关头中的诗，尤其是人类精神在危急关头中的诗。《薄伽梵歌》在过去已经有过无数的注疏，而且现在仍在源源不绝经常继续出现它的注疏。甚至现代的思想和行动的领导者们——如提拉克，奥罗宾多·高斯，甘地——也有过关于它的文章，各有各的解释。甘地对于非暴力的坚强信念就是以这“歌”为根据，而其他的人却以此证明为了正义的暴力和战争是正当的。

这“歌”的开篇就是阿顺那和克利希那（即黑天）当大战开始时彼此在战场上的对话。阿顺那感到了不安，他想到战争和所连带的集体屠杀和亲友的伤亡，于是良心上起了反感——这是何苦呢？有什么想象得到的战利品能够补偿这种损失、这种罪恶呢？所有他原有的道德标准对他无用了，他的价值概念崩溃了。阿顺那成了人类精神上痛受创伤者的象征。这精神经历许多时代已被义务和道德的冲突撕碎了。从这个人的对话里我们一步一步地被引到更高的非个人的领域里面，即个人责任和社会行为、伦理在生活中的应用以及应支配一切的精神观点的领域。这里面有许多是形而上学的东西，而且还有一种试图要调解和融合人类前进的三条途径：智慧或知识的途径，行动的途径，信仰的途径。可能这三者之中信仰被看得比其他更为着重，甚至出现了一个人形的神，虽然他被认为是“绝对”的显现。这“歌”所涉及的主要是人类存在的精神背景，也就是在这一方面出现了日常生活的实际问题。它是要求以行动去履行人生中义务和责任的一种号召，但是它始终注视着那精神背景和宇宙的更大的目标。无为是被谴责的，而行动和生活必须适合于本时代的最高理想，因为理想是随着时代而发生变化的。“瑜伽达磨”就是某一个别时代的理想，是必须一直铭记在心的。

因为近代印度饱受挫折，又因过分的无为主义遭到了灾难，这行动的号召特别激动了人心。这行动也可能用近代的说法解释为改善社会的、为社会服务的、实践的、利他的、爱国的和博爱的行动。这种行动，按照这“歌”说，是值得要的，但在它的背后必须要有精神上的理想。行动必须含着超然的精神，而不应当斤斤较量它的后果。因果律在任何情况之下总是有效的。正当的行动一定会产生正当的后果，虽然这后果不见得立时就显而易见。

《薄伽梵歌》的教言是无宗派的，它并非专对某一特殊思想学派而发。它的说法是对一切人的，不管他是婆罗门或是为社会所不齿的人。它说：“条条道路都通到我。”正因为它的这种普及性，所以它才得到一切阶级和一切学派的爱戴。它里面有些东西好像是能够日新月异而不会因为岁月流逝而变为陈旧过时——这就是热心的探讨和追求的、静观和行动的、矛盾和冲突之中的平衡稳定的一种内在的品质。它具有稳定性，分歧中的一致性，而它的精神就是超越环境变化的精神，这种超越并非逃避它而是要适应它。自从这“歌”写成以后，这两千五百年当中，印度人接二连三地经历过了一些变迁、发展和衰落的过程；一个经历接着一个经历，一种思想接着一种思想，但是它在这“歌”里总可以找到一些有生命的、能够适合发展中的思想的东西，清新而又能适用于那些折磨心灵的精神问题的东西。

十五　古代印度的生活和工作

学者们和哲学家们在追溯过去印度的哲学和形而上学思想的发展上曾经费过很大的工夫；关于订定历史中的大事年表做过了很多工作，并且绘出了那些时期的政治地图的概括的轮廓。然而关于考察那些时期中的社会和经济情况，人民如何生活和如何进行工作，他们生产过什么和如何生产的，以及商业如何发挥作用，这些工作至今还做得不多。现在这些关于人生的重大问题已经获得较大的注意了，有些印度学者的著作，还有一部美国人的著作，都已出现。然而等待着要做的还有很多。《摩诃婆罗多》本身就是一个社会学和其他资料的宝库，还有其他的书无疑地也能供给有用的材料。不过这些都必须从这特殊观点上加以精密的审查。有一部极可宝贵的书是考底利耶的《利论》。这是公元前四世纪的书，其中对于孔雀王朝的政治、社会、经济和军事的组织都有详细的叙述。

有一个较早的记载，明确地把我们带回到佛教时期以前的印度，这是包括在佛的本生故事之中的。这些佛本生故事在佛以后的时期才成为现在的形式。据说这里所讲到的是佛前生的故事，而且已经成为佛教文献的重要部分。但是这些故事显然是较早的，它们所涉及的都是佛教以前的，也给了我们关于那时候的印度生活中极可宝贵的知识。黎斯・大卫兹教授曾说这是最古、最完整而最重要的民间故事集。许多后来选辑的关于动物和其他的故事，本来是印度的作品而流传到亚洲西部和欧洲的，都可以追溯到这些本生故事而发现它们的出处。

佛本生故事所涉及的时期正是印度两大主要种族，达罗毗荼人和雅利安人结合的时期。本生故事显露出“一个多样而紊乱的社会多多少少抗拒所有划分等级的企图，而且关于这个社会也谈不到任何依据那时期的种姓制度的组织。”① 若和那祭司的或婆罗门的传说并且和刹帝利的或统治阶级的传说等对比起来，佛本生故事可以说代表着民间传说。

不同的王国和统治者们各自有他们的编年史表和世系表。王位最初是选举的，后来变为世袭的，按照宗法以长子承继。女人不能继位，但是也有例外。和中国一样，统治者对于一切不幸事件都须负责；任何差错都是国王的罪过。其中有大臣们的会议，书中也提到过某种国家议会。虽然如此，国王仍是独裁的元首，不过他必须按着习惯的成例行事。最高的祭司在朝中占重要的地位，他是顾问，也是宗教礼仪的主持者。书中也说过反抗不义和暴虐的君主的民众革命，那暴君们有时因为所犯的罪恶而被处死。

村议会享有一部分的自治权。国家岁入的主要来源是土地。田赋被认为代表国王在产量中应享有的部分，通常是以实物缴纳，但也不一定总是如此。这种赋税大概约等于产量的六分之一。文化是主要地属于农业的，基本的单位就是自治的乡村。政治和经济的机构是由这些乡村团体建立起来的，几十乡村或几百乡村成为一组。园艺业、饲畜业和乳酪业都是大规模的。花园、公园到处都有，水果、鲜花都很值钱。所举的花名有一个长

① 见理查·菲克（Richard Fick）的《佛陀时代中东北印度的社会组织》，（The Social Organization in north-east India in Buddha's Age）加尔各答1920年版，第286页。另一部较近的，大部分根据佛本生经的书是拉提拉尔·梅塔（Ratilal Mehta）的《佛前之印度》（Pre-Buddhist India），孟买1939年版。我的材料大多是从后者得到的。（原注）

单，人们喜爱的果品有芒果、无花果、葡萄、香蕉和椰子。城市之中当然有许多蔬菜店铺和水果贩卖者，也有花商。花环在当时，和现在一样，是印度人所喜爱的。

狩猎是正规的职业；主要是为供给食用。肉食很普通，包括鸡鱼在内；鹿肉是很珍贵的。有渔场，也有屠宰场。主要食品还是米、麦、小米和玉蜀黍。糖是由甘蔗中提炼的。牛乳和乳制品和现在一样珍贵。也有酒店，酒显然是用米、水果和糖酿造的。

有金属的矿，也有宝石的矿。金属之中被提到的有金、银、铜、铁、锡、铅和黄铜。宝石之中有钻石、红宝石、珊瑚，还有珍珠。金币、银币、铜币都提到过。商业有合伙的，借债有利息。

制成品之中有绸缎、呢绒和棉织品，毡、毯和地毯。纺、织、染业都是兴盛而普遍的工业。冶金业生产军械。建筑业使用石、木和砖。木匠制造各种木器，包括板车、战车、船、床、椅、长凳、木箱、玩具等等。藤工制造床垫、藤篮、扇和遮阳伞。陶工在每一乡村里都起着作用。从鲜花和檀香制成的有多种香水、油和美容品，包括檀香粉在内。各种药料和成药都有制造的，死人的尸体有时用香料防腐。

除了提到过的技工和手艺人之外，还有其他的专业者：教师、内科医生、外科医生、大小商人、音乐师、星象家、蔬菜商、演员、舞蹈家、巡回的魔术家、杂技艺人、傀儡戏人、小贩。

家庭奴隶制差不多是常有的，但农事和其他的工作都用雇工帮忙。甚至还有不可接触的贱民——他们被称作旃陀罗，他们主要是以处理死尸为业。

商业公会和手艺行会已经占有重要地位。菲克说：“商业公会的成长一部分是为了经济的原因，如改善资本的运用和便利商业往来，一部分是为了保护他们行业的合法利益。商业公会的存在可以肯定地追溯到印度文化的初期时代。”佛本生故事里说有八种手艺人协会，然而实际上它提到的只有四种：木石匠、铁匠、皮匠和油漆匠。

史诗也提到过商业和手艺人的组织。《摩诃婆罗多》说：“公会（行会）的保障就是团结一致。”据说“商业行会的权势是如此强大，以致国王也不容去制订任何招惹他们反感的法律。行会的首脑也被提到，据说是在国王急切关心的对象中他们仅次于祭司一等”[①]。商人的领袖，室利室希（Shreshhi，今名塞特〔Seth〕）是地位相当重要的人。

从佛本生故事的记载中还表现出一种颇为新奇的发展。就是属于特殊行业的专区或村镇的建立。因此就有木匠的村庄，据说其中有一千户；另有铁匠村庄，还有其他。这些专业化的村庄的位置大都在城市附近，因为城市可以吸收它们的专业成品，并且还可以供给它们以生活必需品。整个乡村的工作显然是在合作方式中进行，并且接受大批订货。种姓的制度可能就是从这生活和组织的分化而发展扩大的。婆罗门和贵族们所立的榜样逐渐地被作坊、公会和商业行会模仿上了。

公路和旅客休息所，有时还有医院，布满着北印度并和远处发生联系。商业不仅在国内，而且在印度和外国之间都繁盛起来了。当公元前五世纪中，有一批印度商人居留在埃及的孟斐斯城，这已经由那里发现的印度人头标本得到证实，大概在印度和东南亚诸岛之间也有商业往来。海外贸易自然不免需要船舶，在印度所造的船舶，供应内河航行和海洋上往来的显然都有。在史诗中曾提到“远方来的商人”所缴纳的船钞。

佛本生故事还充分谈论到商贾的旅程。陆地上的骆驼队群越过沙漠西行到巴罗治海口又向北去健陀罗和中亚细亚。从巴罗治出发的航船到过波斯湾和巴比伦（巴维鲁）。水道上交通很盛，按照佛本生故事所说，船舶由

---

① 引E. 华世本·霍布金司（E. Washburn Hopkins）教授说，见《剑桥印度史》（Cambridge History of India），第一卷，第269页。（原注）

贝拿勒斯、巴特那、产帕（巴伽尔浦尔）和其他地方开到大海，然后再去南方各港及锡兰和马来亚。古代泰米尔的诗篇里告诉我们，泰米尔南方卡维利河上的繁盛口岸卡维利帕提那穆是国际贸易的中心。这些船舶都一定是相当大，因为据佛本生故事所说，曾有几百个商人和侨民乘在一只船上。

据《弥兰陀问经》[①]〔这是在公元第一世纪。弥兰陀是北印度的希腊人所建的巴克特里亚国（即大夏）国王，后来成为热心的佛教信徒〕所说："因为他是船行的主人，又以在海港收取运费致富，所以他就能横越大海到了万伽（Vanga即孟加拉）或塔科拉，中国或梭维拉，苏拉特或亚历山大城，科罗曼德尔海岸、印度远方或任何船舶聚集的地方"[②]。

印度出口的货物中有：丝绸、麻布、细布、刀剑和盔甲、金织锦、刺绣和毡毯、香料和药料、象牙和牙器、珠宝和金器（很少银器）——这些都是商人们经营的主要货物[③]。

印度，宁可说是北印度，是以它的军械出名的，尤其是以它的钢、刀剑和匕首的品质。公元前五世纪，大队的印度军，骑兵和步兵，和波斯军队一起到过希腊。当亚历山大王侵略波斯的时候，菲尔多西那篇著名的古诗《沙纳麦》(《列王志》) 里说，波斯人曾经派人紧急地从印度运来刀剑和其他武器。古代（伊斯兰教以前）的阿拉伯文的刀字是"穆哈纳德"（Muhannad），它的意思就是"从印度来的"，或"印度的"。这个字至今还在常用。

古代印度似乎是在炼铁上有相当大的进展。德里附近有一根巨大的铁柱曾使近代的科学家们感到困惑，因为他们没有能够发现，究竟所用的是什么方法，竟使这铁柱能以抵抗氧化和大气中的其他变化。铁柱上所刻的

---

① 《弥兰陀问经》，巴利语佛典之一，相当于汉译佛经的《那先比丘经》。——译者

② 此是黎斯·大卫兹夫人所引，见《剑桥印度史》，第一卷，第212页。（原注）

③ 见黎斯·大卫兹夫人所著《佛教的印度》，第98页。（原注）

字体是公元四世纪至七世纪通用的笈多字体。但是有些学者的意见，以为这铁柱的年代还要更早，所划的字迹则是后来添上去的。

公元前四世纪亚历山大的侵略印度，从军事观点来说，是次要的事。比较可以称述的就是越过了边境，而以他的侵袭来说，并不是十分成功的。他遇到边境上酋长们那样顽强的抵抗，使他不得不重新考虑那进攻印度中部的计划。假使一个在边境的小邦的首领都能这样地抗拒，那么远在南方的更大而更强的各国又当怎样呢？可能这就是他的军队不肯前进和坚决要撤退的主要原因。

在亚历山大退兵和去世之后不久，塞琉古试图再来侵略的时候，印度军事力量的优越性更为人所共见了。他被旃陀罗笈多王战败而且赶回去了。当时的印度军队有别人所无的一个优点，就是拥有经过训练的战象，可以和现代坦克车相比拟。塞琉古·尼卡托尔在公元前302年为征服安提柯向小亚细亚进攻的时候曾经得到五百只战象。据军事史学家说，这些战象就是战斗中决胜的因素，其结果是安提柯身死，他儿子狄麦多流也逃亡了。

训练象、养马和其他都有专书，所有这些书都名为《论》(奢萨怛罗，Shastra)。这个字的本义是经典或圣经，但是已经被毫无分别地用于各种的知识和科学，从数学以至于舞蹈了。事实上，宗教和世俗之间的知识还没有严格的界线。它们是交错的，任何事物只要看着于人生有益都是探讨的对象。

文字在印度可以上溯到最古的时期。属于新石器时代的古陶器刻着婆罗谜体的字。摩亨殊·达鲁时代也有雕刻的字至今还没能完全辨识。婆罗谜字体的铭刻，印度到处都有发现，它是最古的字体，而印度的天城体和其他字体无疑地是从它产生出来的。有些阿育王的铭刻写的是婆罗谜字体，其他在西北地方的是驴唇体。

早在公元前六七世纪中，波你尼写过梵文的伟大语法[①]。他书中提到过在他以前的语法，还说在他的时代梵文已经定型，并且成为日益增加的文学中的语言。波你尼的作品不仅是一部语法书。这部书曾被苏联列宁格勒的斯辙尔巴次基教授称誉为“人类思想最伟大的作品之一”。虽然后来的语法家对它有所补充和注解，波你尼至今还是梵文语法的标准权威。令人注意的是，波你尼提到过希腊的字体。这就指出远在亚历山大王来到东方以前，印度希腊之间已经有过接触了。

天文学的研究曾被特别钻研过，但也常被混入占星学里去。药物学有教科书，也有医院。但那旺达利（Dhanwantari）是传说中印度药物科学的创始者。但是最知名的古教科书是在公元初期的数世纪中的。这些就是查拉克的药物学和妙闻的外科手术。查拉克据说是建都于西北的迦腻色伽王朝的御医。这些教科书中列举了许多的病症，并且还告诉了我们诊断和治疗的方法。他们谈论到的有外科手术、助产术、沐浴，饮食、卫生、育婴和医务教育。书中提倡实验，在外科手术的训练中也有尸体解剖。妙闻提到过各种外科用具和手术，包括有肢体割切、腹腔手术、难产剖腹手术、眼翳切除及其他等等。伤口是用熏蒸的方法消毒。在公元前三四世纪也有了兽医院。这大约是受了耆那教和佛教强调非暴力（“不害”）的影响。

在数学中，古代印度人有过一些划时代的新发明，特别是以圈为零数的符号，十进法里的位值、负号的运用和代数中使用字母代替未知数的方法。发明的时期是难以确定的，因为实际使用总是在发明了很长的时间以后。不过可以确知的是，算术、代数和几何在最早的时期就已经开始有基础了。以十进制计数的方法，在印度甚至于当黎俱吠陀时代就有了。古代印度人的时间和数字的观念是非凡的。他们有一大串的数名用以表示巨大

---

① 基斯（Keith）和一些别人认为波你尼是在公元前三世纪。但是一般权威都认为似乎他显然生存和写作于佛教时期开始以前。（原注）

的数字。希腊人、罗马人、波斯人和阿拉伯人显然没有代表数值在千以上或至多在万（10^4=10000）以上的名词。在印度就有十八个专用的数名（10^{18}），而数名的长单里甚至还不止此。在佛的幼年教育的故事里，据说他举出过的数名可以到十的五十次方。

在另一端，时间的间隔分得极其微细，最小的单位约等于一秒的十七分之一，长度最小的单位约等于一点三七英寸乘七的负十次方（1.37×7^{-10}）。所有这些极大极小的数字，无疑地都是理论上的，而且是用于哲学的目的上。但无论如何，早期印度人，和其他古代民族不同，对时间空间的概念是广大的。他们都是从大处着想。甚至他们的神话中所涉及的时代也都是在万万年以上的。在他们看来，近代地质学上的漫长年代或天文学上的星宿距离都不足为奇。因为有这个背景，所以达尔文和其他类似的学说在印度就不会引起像十九世纪中期在欧洲所产生的那种混乱和内心矛盾。欧洲一般人的心里所惯用的时间尺度没有超过几千年的。

在《利论》里，我们可以知道公元前四世纪北方印度所用的度量衡。在市场上重量经常受着严格的监督。

在史诗时代，我常发现它提到某种森林大学。它们都离市镇或城市不远，学生聚集在知名的学者的周围受训练和教育，所学的科目包含多种多样，连军事训练也在其内。地址所以偏选在森林，是因为要避免城市生活的烦扰，而且可使学生的生活有纪律而又有节制。经过几年的这种训练之后，他们都要回去过家长或公民的生活。可能这些森林学校都由一些小集团组成的，虽然也可以看出受欢迎的教师往往能吸引多数的听众。

贝拿勒斯一向是学术的中心，甚至在佛的时代以前它已经是古城而且以此得名了。佛第一次讲道就是在贝拿勒斯附近的鹿野苑。但是贝拿勒斯在任何时候显然都和当时的或以后的印度其他各地的学府不相类似。无数的集团是由教师和他的学生组成的，敌对的集团之间时常有激烈的辩论和争执。

但是在西北地方，离现代的白沙瓦不远，有一个古代著名最高学府在呾叉始罗（竺刹尸罗）。这个学府专以科学特享盛名，尤其是医学和艺术，印度远方的人士都来此求学。佛本生故事中充满着例证说，贵族子弟和婆罗门人士旅行中不带随从不携武器来到呾叉始罗受教。因为它的位置交通便利，学生中可能也有从中亚细亚和阿富汗来的。在呾叉始罗毕业都被认为是体面和荣誉。在那里医科学习过的医师都受到重视，据说无论什么时候佛感觉身体不适，敬爱他的人总是要请一位呾叉始罗毕业的名医来给他瞧病。公元前六七世纪的大语法家波你尼据说也在那里学习过。

这样看来，呾叉始罗是佛以前的大学，也是婆罗门的学术中心。在佛的时期中又成为佛教学者的集中地点，并且从印度各地以及边境以外吸收来佛教徒的弟子。它是孔雀王朝西北省份的总部。

按照最早的法律家摩奴所订定，女人在法律上的地位肯定是低下的。她们总是要从属于别人——从父，从夫，从子。她们差不多是被当作财产货物看待的。然而从史诗中许多的故事来看，这条法律并没有严格地被执行，而且她们在家庭中和社会上也曾获得有体面的地位。这位老法律家摩奴自己也说："妇女受尊敬的地方就是神之所居。"呾叉始罗或任何的其他古代大学中没听说过有女生。但是有些妇女一定在什么地方做过学生，因为学识渊博的女人不断地被称道。在这以后的那些时代中，也有很多杰出的女学者。以现代的标准来判断，在古代印度，女人在法律上的地位虽然低下，然而若和古代希腊、罗马、基督教早期、中世纪欧洲的寺院法，甚至一直到十九世纪初期接近现代的相比较，还是要好得多。

从摩奴以来的法律家们也谈到过合伙的商业。摩奴主要讲的祭司；祭言连商业和农业都谈到过。一个稍后的作家那罗陀说："每一个合伙人的损失、费用、利润，是否等于、多于或少于其他的合伙人，应按他的股本（投资）和别人是否相等，或多、或少来计算的。栈租、伙食、捐税、损失、运费、保管费应由每一个合伙人按照契约的条款支付。”

摩奴的国家概念当然是属于小型王国的。但是这种概念是在成长在变化，结果导致了公元前四世纪的孔雀王朝以及与希腊世界的广泛的国际接触。

公元前四世纪中驻印度的希腊大使麦加斯忒尼否定印度奴隶制度的存在。但是在这一点上他错了，因为家庭中的奴隶确实有过，而且那时的印度书中还提到改善奴隶命运的问题。不过这也很清楚，像那时期中许多国家所共有的大规模奴隶制度和成批的奴隶工作队，印度是没有的，可能就是这种情况使得麦加斯忒尼相信完全没有奴隶制度。当时有一句肯定的话：“永远不使一个阿黎耶受到奴隶的遭遇。”谁是阿黎耶，谁又不是，这很难说；但是那时的雅利安集体在解释上含糊地意味着是四个基本种姓，其中包括首陀罗，只是没有那不可按触的贱民在其内。

中国在汉朝初期，奴隶也是主要地为家庭服务的。他们在农业上或大规模的工程上都不重要。在印度和中国，这些家庭奴隶只占人口的极小一部分，这样，在这个重大关系上，印度和中国的社会和同时代的希腊和罗马的社会两者之间就有了巨大的差别。

远古的印度人究竟是怎样的呢？时间这样远，又和我们这样不同，这实在是难以猜想的，然而从我们所得到的多种资料之中也可以显出一个模糊的形象。他们是无忧无虑的民族，对于他们的传统是有信心而且引以为自豪的，偶然也去探讨一下神秘，满怀着对于大自然和人生的疑问，重视自己所创立的标准和品德，生活得轻松愉快，不把死亡放在心上。写亚历山大王侵略北印度故事的希腊史家阿利安曾为这个种族的旷达无忧而受到激动。他写道：“没有一个民族比印度人更好歌舞的了。”

十六　大雄和佛　　种姓

从史诗时代到早期的佛教时代在北印度有着上面所述的那种背景。政治同经济方面都老是在变化着，合并的过程以及劳工的专业化实现了。在思想领域中有不断的成长，而常常也有矛盾。在早期《奥义书》之后，思想的发展和活动在各方面接踵而至；它们本身都是对祭司和仪式主义的反应。人心反抗他们所看见的现状，由这个反抗就产生了早期的《奥义书》和稍后一点的唯物主义的高潮，耆那教和佛教，还有那企图综合各种信仰的《薄伽梵歌》。由这一切中又生长出印度哲学的六大体系。但是在这所有思想上的冲突和反抗的里面，存在着活泼而壮大的民族生活。

耆那教和佛教都是吠陀宗教和它的支派中决裂的，虽然在某种意义上它们是从它里边生出来的。它们否认吠陀的权威，而且在一切问题中，最主要的是否认或不谈到第一原因（神）的存在。它们两派都强调非暴力和成立独身僧侣的组织。它们的论调是有一点现实主义和理性主义的，虽然不可避免地不能使我们在处理不可见的世界方面有多大的进展。耆那教的基本学说之一，就是真理是和我们的立场有关的。它是一个严格的伦理的、非超越的体系，特别强调生活和思想的苦行方面。

大雄，耆那教的创立者，和佛是同时代的人物，两人都来自刹帝利，即武士阶级。佛去世于公元前544年，享年八十岁，佛教的时代就始于此时。（这是传说的日子，历史家以为时期更晚，并断定为公元前487年，但是现在他们倾向于承认这传说的日子为此较正确。）也是一个巧合，我现在写这本书的时候，正是佛降生2488年的元旦，他们称为吠舍佉·拍立马（Vaisakhi Purnima）即吠舍佉（Vais ā kha）月的望日。在佛教文献中载着，佛是在吠舍佉月（5月至6月）15日出世的，他的得道和后来的死都在同月同日。

佛勇于攻击流行的宗教，迷信，祭仪和祭司，以及一切属于它们的特权。他也斥责形而上学的和神学的观点，奇迹、天启和对付超自然物的一些作法。他号召的是逻辑、理性和经验；他着重在伦理方面，而他的方法是一种心理的分析，一种不讲灵魂的心理学。他的整个看法好像来自高山的一道清风，吹到这形而上学的空论的陈腐空气里。

佛没有直接攻击种姓制度，然而他在他自己的教内并没有承认它。无疑地他的整个态度和活动削弱了种姓制度。可能在他的时代和他以后的世纪中种姓是很有流动性的。很明显一个受了种姓制度支配的社会是不能够在对外贸易或其他对外的事务上放手去做的，然而在佛以后一千五百年或且更晚的时候，印度与邻邦的商业发展着，而印变的殖民地也繁盛了。由西北来的外国成分接连地流入印度而被同化了。

有趣的是，我们看到这个同化程序是两端都在进行的。新的种姓是在等级的下层形成的，而任何外来侵入的成分很快地就转变到刹帝利——统治阶级里去了。恰恰在公元时代以前和公元时代开始以后所铸的钱币中表现出在两三个世代内有很快的变迁。头一个统治者有一个外国名字。他的儿子或孙子则以一个梵文名字出现，而加冕时竟用刹帝利传统的仪式了。许多拉其普特刹帝利氏族可以追溯到塞种人或西徐亚人的侵略时代，这是在公元前二世纪或以后来的白匈奴侵略时候起的。他们都接受了当地的信仰和制度，而且当时都想攀附史诗中著名的英雄。由于刹帝利集团多依赖着身份和职业而不大依赖家世，所以外国人就很容易地被合并进来了。

奇怪而有意义的是，印度历史漫长的时期中有许多大人物再三发出过警告，反对祭司和种姓制度的严格界限，而强有力的运动也曾起来反对它们；但是慢慢地，不知不觉地，好像命该如此地，种姓制度成长扩展起来，而且在它的绞勒中控制了印度各方面的生活。反对种姓的运动吸引了很多的追随者，但是久而久之它们的集团本身也变成一个种姓了。耆那教，是它所从出的宗教的叛徒，而在许多方面与它完全不同，却仍容忍了种姓而使自己与它相适应；这样它就在印度残留下来，而继续存在，差不多成为一个印度教的支派。佛教不肯与种姓配合起来，它的思想和观点是比较独立的，它最后在印度消逝了，然而它对印度和印度教的影响很深。基督教是在一千八百年以前到我们这里来的，它立定脚跟并且逐渐地发展了它们自己的种姓。在印度的伊斯兰教社会组织，尽管它猛力抨击本身以内的一切类似障碍，也受到一部分的影响。

在我们自己的时代，为要打破这种姓制度的残暴，中产阶级之中曾发起过无数的运动，他们在群众中也起了一些作用，但是所起的作用不大。他们的方法通常都是正面进攻。随后甘地出来对付这个问题，用从古以来就有的印度方式，用间接方法，而他的眼光却不离群众。他一向是很直接、很进取、很坚持，但并没有向四大种姓所引以为据的那原有的基本机能的说法挑战。他攻击了那过度的畸形发展，他很知道这样做就动摇了种姓的全部组织①。他已经把根基摇动了，群众也受了强烈的影响。在他们看来，

---

① 甘地先生关于种姓的解说曾经逐步加强而更尖锐了，他屡次明白地指出，整个的种姓和它的现状一定要消灭。关于他向全国建议的建设计划，他说："无疑地，我们的目标是政治、社会和经济的独立。这是一个道德的、非暴力的革命。这革命在一个伟大民族生活的一切部门中都要进行。它的结果是种姓和贱民制度和其他的迷信都一定要消灭，印度教徒与伊斯兰教徒的意见要成为过去，对英国人或欧洲人的仇恨一定要完全忘怀……"最近他又说："种姓制度据我们所知是一个违反时代的东西，如果印度教和印度一天一天生活和长大下去，就一定要把它去掉。"（原注）

这整个组织若不是保持着，就是完全推翻掉。但是还有比他更强的力量在进行着：这就是现代生活的条件，这个陈旧而顽固的过时的遗物，终究总是一定要消灭。

但是当我们在印度对种姓斗争的时候（在起初，种姓是根据肤色的），新的而又厉害的种姓在西方出现了，它用的排斥异族的学说，有时用政治和经济的名词作掩饰，甚而用着民主的语调。

在佛以前，在耶稣前七百年，据说有一位印度的伟人，圣人和立法者祭言曾经说过："不是我们的宗教，更不是我们的肤色，会产生道德；道德是必须要实践的。所以己所不欲，勿施于人。"

十七 旃陀罗笈多王和阇那迦
孔雀王朝帝国的建立

佛教在印度逐渐地传播开了。虽然在最初是一个刹帝利的运动，代表着统治阶级与祭司的冲突，但在道德和民主方面，尤其是在反对祭司弄权和祭仪的斗争上打动了人民的心弦。它发展成为一个得人心的改革运动，就连婆罗门的思想家们也被它引动了。但是一般地说来，婆罗门是反对这个运动的，而称佛教徒为异教徒和公认信仰的叛徒。比表面上的进展更重要的是，佛教与这较老的宗教彼此之间的相互影响和婆罗门的继续不断地从内部瓦解。两百五十年以后，阿育王皈依了佛教，并献出他的全力，以和平传道者的努力在印度和外国弘扬佛法。

在这两世纪中，印度发生了许多变化。好久以前就曾有过各种过程要把各种族合并，并将那些小邦小国和共和国合并起来；同时，要建立一个统一的中央集权国家的古老的愿望也一直在起作用，由于这些因素就出现了一个强有力的和高度发展的帝国。亚历山大王在西北部的侵犯最后推动了这个发展，两位杰出人才崛起了，他们能够利用这些变化中的情况并按照他们自己的意志去塑造它们。这两个人就是旃陀罗笈多和他的朋友、大臣和顾问，婆罗门合阇那迦。这个结合起了很好的作用。他们二人都是由摩揭陀的强大国家难陀流放出来的，这个国家的大本营是在波吒厘子，即现代的巴特那；他们二人到西北的呾叉始罗而同亚历山大王的希腊驻军发生过联系。旃陀罗笈多王亲自会见了亚历山大；他听见了他的胜利和荣誉，就为野心所激动而要与他争胜。他和阇那迦两人都在待机而动；他们策定了野心勃勃的伟大计划，而等候着机会去实现它们。

不久得到亚历山大逝世于巴比伦的消息，这是在公元前323年的时候，旃陀罗笈多和阇那迦立刻高呼起那经久而常新的民族主义口号，唤起人民来反对外国侵略者。希腊的守军被驱逐了，呾叉始罗被收复了。民族主义的呼吁给旃陀罗笈多带来了同盟者——他同他们穿过北印度向波吒厘子进军。在亚历山大去世两年之内，他已经占领了那个城市和王国，孔雀王朝也随之而建立起来了。

亚历山大的将军塞琉古自从他的领袖死后，就继承了他的由小亚细亚到印度的领土，企图在西北印度重振他的权威，领军渡过印度河。但是他战败了，并且把阿富汗的一部分自喀布尔起到黑拉特为止割让与旃陀罗笈多并将女儿嫁了他。除了南印度，笈多王的帝国包括了整个印度，由阿拉伯海到孟加拉湾，向北扩张到喀布尔。在印度有纪录的历史上，广大的中央集权的国家首次成立起来了。波吒厘子城就是这个伟大帝国的首都。

这是一个什么样的新国家呢？幸运的是我们有很完整的记载，印度文的和希腊文的都有。塞琉古的大使麦加斯忒尼留下过一篇记录，而更重要的是我们已经提到过的那一部当时的著作——考底利耶所著的《利论》。考底利耶是阇那迦的别名，所以我们就有了一本不只是由一位伟大学者写的，而且是由那在开创、发展和维持这帝国当中扮演着统治角色的那个人所写的一本书。阇那迦被称为印度的马基雅弗利（Machiavelli），在某些程度上，这个比拟是恰当的。但是在各方面，他都是更为伟大的人物，他的智力和行动都是更伟大些。他不仅是一个国王的随从者或一个掌握大权的皇帝的恭顺的顾问。在一个古印度的戏剧《罗刹娑与印章》演出的就是他们那个时代的故事，阇那迦的画像在这里浮现出来了。他是一个勇敢、机智、自傲和睚眦必报的人，从不忘记一次轻蔑，从不忘记他的目的，不择手段用尽各种方法来欺骗和打败敌人，他坐在那里掌握着统治帝国的缰绳，他将皇帝看作主人的程度还不如将他看作亲爱的弟子。他的生活简单而严肃，他对于身居高位的荣华富贵不感兴趣，当他履行了他的诺言，完成了他的目的，他就要求退休，像一个婆罗门似的，去过一种修禅习静的生活。

为达到他的目的，阇那迦随便什么都做得出来；他是毫无顾忌的；但是他极聪明地了解：假使所用的手段不适合于目的，结果就可能失败。在克劳什维茨好久以前，据说阇那迦已经讲过，战争只是使国家政策继续的另一手段。但是他又说道，战争必须经常用以贯彻政策上较大的目的，而不可使战争本身变为目的；政治家的目标必须经常要使战争的结果是为了国家的改善，而不是只为打败和消灭敌人。如若战争是两败俱伤的话，那就是政治手腕的破产。战争一定要用武装力量来进行；但是比武装力量远为重要的是用那高度战略以削弱敌人的士气，瓦解他的军队，而导致他的崩溃；或者把他带到崩溃的边缘，然后再进军攻击。阇那迦为了达到目的虽是肆无忌惮而且顽强，他却从不忘记去收服一个有才智和倨傲自负的敌人，这比扑灭他更好。他的获得最后胜利就是用的使敌人内部分裂的方法，而在这个胜利的关头上，据故事传说，他劝旃陀罗笈多王对于敌方的领袖要宽大。据说阇那迦曾把自己崇高职位的勋章亲手送给敌方的大臣，因为这人的智能和他对旧主的忠心大大地使他感动。所以那个故事的结局并非战败和屈服的苦难，而是调解争端和奠定下坚固而持久的国家的基础，不只打败了而且收服了主要敌人。

孔雀王朝与希腊势力的塞琉古和它的继承者以及托勒密·菲列得尔菲斯等保持了外交关系。这些关系都建立在商务方面相互有利的坚固根基上。斯特拉波告诉我们，阿姆河在中亚细亚是重要联系中一个环节，印度的商品就是从这个河经过里海和黑海而运到欧洲去的。在公元前三世纪这是条常经之路。中亚细亚在那时候是富足而肥沃的。一千年以后，它就开始干涸了。《利论》一书中就提到过国王的马厩中有“阿拉伯的骏马”。

十八　国家的组织

在公元前321年兴起的一个新国家，差不多包括印度的大部分，一直到北方的喀布尔，它是一个什么样的国家呢？它是一个独裁国家，像从前和现在还有的许多帝国一样，有一个独裁者居于其上。有很多的城市和乡村自治单位，由选举出来的元老管理地方事务。这个地方自治单位是被看得很重的，任何皇帝或最高统治者都很少干涉它。然而中央政府的势力和多方面的活动非常彻底，这个孔雀王朝某些地方使人想到现代的独裁政权。在一个纯粹的农业时代，不会有像我们现在看到的那种国家对于个人的管制。尽管有种种缺点，它也曾经努力去管制和调节生活。它绝不仅仅是一个警察国家，只对内外安全和征收赋税发生兴趣。官僚政治是普遍而顽固的，密探工作也常常被谈论到。农业是用各种方法管理的，利率也是如此。对于食品、市场、作坊、屠宰场、牧场、水利、运动、妓女和酒店都订有规则和执行定期检查。度量衡划一了。食物囤积居奇者和掺假者要受到严厉处分。商业要缴税，在某些方面宗教的法事也要抽税。如有违反规则或其他的罪行，即行没收庙内钱财。假如财主犯有侵吞或利用国难发财之罪，他们的财产也要被没收。卫生站和医院都有设置，重要中心区内都有医生。国家对孤寡、病人和残废的人们都予以救济。国家还特别关怀于灾荒的赈济，在所有国家仓库中，总是保留着半数积粮作为救荒的准备。

这一切的规章在城市里施用的可能比在乡村里多；也可能实际的行动老跟不上理论。但无论如何，单是理论也是很有趣的。农村公社实际上是自治的。

阇那迦的《利论》一书涉及了多种多样的题目，而且也包括了政府的理论和实际各方面的问题。它讨论到国王、大臣、顾问、议会、政府各部、外交、战争和和平方面的各种职责。它对笈多王所拥有的庞大的军队，包括步兵、骑兵、战车和战象队[①]，作了详尽的叙述。阇那迦还指出军不贵多；如若没有训练和适当的指挥者，它们会变成一个重累。书中也谈论到防御和堡垒。

书中所论及的其他问题中还有贸易和商业，法律和法庭，市镇管理，

---

① 棋是发源于印度的，可能是由于军队里车马兵象的概念而来的；它是叫做查徒朗加(Chaturanga)，即四肢，由此发生沙特朗(Shatrang)这个词。艾勒贝鲁尼叙述过这个游戏，在印度是四个人玩的。(原注)

社会习惯，结婚和离婚，女权，赋税和国家岁入，农业，矿山和作坊的工作，手工业者，市场，园艺，商品生产者，灌溉和水道，船舶及航务，行会，人口调查，渔业，屠宰场，护照和监狱。寡妇再嫁的权利是被承认的，离婚在某种情况下亦可照准。

书中谈到过支那帕塔（Chinapatta），也就是中国制造的丝织品，并指出这些丝织品与印度的土产丝织品的区别。大概印度本国货是较粗的一种。中国丝的进口，表示至少在公元前四世纪已与中国通商了。

国王在加冕的时候必须宣誓为人民服务："如若我压迫你们，我将短命而死、死后不能进入天堂、绝子绝孙。""他的臣民的幸福即是他的幸福；任何他自己所喜爱的，应该认为不好，而任何臣民所喜爱的，他就应该认为好。""如若一位国王是奋发有为的，他的臣民也一定同样地奋发有为。"公共的事业不能受妨害或随国王的高兴；他应随时都要准备为公共事业服务。假若国王无道，人民有权把他废掉而另立他人。

有一个水利部管理着许多的运河，有一个船舶部管理着港口、渡船、桥梁和在内河及大海航行到缅甸和远处的许多大小船只。显然也有一种海军作为陆军的辅助。

商业在帝国内是很繁盛的，公路与远方联系起来，中间有很多旅客休息所。主要的路名为国王路，由首都一直通到西北边界。外国商人是特别被提到过，并得到安排，好像享有一种治外法权。据传说，古代埃及人曾用印度的细棉布包裹他们的木乃伊，而且曾用由印度运去的靛青染他们的布。在古遗迹里面也曾发现了一种玻璃。希腊大使麦加斯忒尼告诉我们，印度人爱装饰和漂亮，他甚至注意到印度人穿上鞋子为的是看起来加高他们的身材。

在孔雀王朝的帝国中的生活方式愈来愈奢侈了。生活变为更加复杂、更加专门化而且有组织了。小客栈、旅馆、饭店、队商客栈和赌场显然是很多的；教派和手工业都有他们的聚会场所，而后者还有他们的公共食堂。娱乐营业使得各级的舞蹈家、歌唱家和演员都有了谋生之道。甚至乡村里他们也去。《利论》的作者不想有一个大厅给他们表演，他以为在家庭生活中和在田里工作上这些娱乐都太使人精神涣散。同时对拒绝帮助组织公共娱乐者也有处罚。国王供给圆形剧场以演出有庆祝意味的戏剧，举行拳击和其他人或畜类的比赛和珍奇的图画展览……有时因为节日，街道上都悬灯结彩①。也有王室的行列圣歌和狩猎。

在这个大帝国里有许多人口稠密的城市，但是人口最多的是首都波吒厘子，它是一个华丽的城市，沿着恒河和桑河汇流之处的两岸建立起来，这就是现代的巴特那。麦加斯忒尼这样叙述道："在这条河（恒河）与另一条河交流处是巴理波徒拉（Palibothra）所在地，它是一个八十斯塔第亚（stadia，九点二英里）长，十五斯塔第亚（一点七英里）宽的城市。它是一个平行四边形，外围是一个木头城墙，墙上有洞口以备射箭之用。它的前面有一个城壕，用来作防御工作，并用以容纳城中的污水。这个围绕着它的城壕有六百英尺宽，三十立方英尺深，城墙上布满了五百七十座城堡。还有六十四个城门。"

不只这个大城墙是木头造的，大多数的房屋也是。显然这是因为预防地震，而这个地方是最容易受害的。1934年比哈尔大地震曾迫使我们回忆起这件事实。因为房屋都是用木头造的，所以有精密的防火设备。每个家庭都要准备着梯、钩和装满水的缸。

波吒厘子有一个由民选的市政机关。它有三十个人，分为六个委员会，每个委员会有五个委员，他们管理工业、手工业、出生与死亡、商品生产和旅客及香客的安排以及其他等等事务。整个的市政委员会管理着财政、卫生、给水、公共建筑和公园。

① 引自F. W. 汤麦斯博士说，见《剑桥印度史》，第一卷，第480页。（原注）

十九　佛的教义

政治和经济的变革正在改变着印度的面貌，在这些变革过程的背后，是佛教正在兴起，以及它对那久已确立的信仰的冲击和它对于宗教中既得权利的争论。远胜于印度所一向醉心的辩驳和争论，佛的伟大庄严光芒万丈的人格感动了人民，且在他们心灵中留下了记忆常新的印象。他所说的法虽是古老的，然而，对于潜心于形而上学的玄妙的那些人们，仍然是新奇而又是创见的，因此这佛法就系住了知识分子的想象，并且深入人心。“到各处去，”佛对弟子们说，“传此教旨。告诉他们一切贫富贵贱原为一体，一切种姓将在教内合而为一，如百川朝宗于海一样。”佛法是普度众生的。因为世界之上“仇怨永远不能解除仇怨；仁爱才能解除仇怨。”“人要以慈克怨，以善克恶。”

佛法是守正道和自我修行的理想标准。“人能在战场上制胜千军，然而只有克己才算是最伟大的胜利者。”“一个人之成为低级种姓的人或成为婆罗门，不是由于他的家世出身，而是由于他的行为。”就是遇到犯了罪恶的人也不要谴责他，因为“谁真愿意用严酷的话施于犯过罪行的人呢，这不就等于在伤口上撒盐，使他更加痛苦吗？”胜利的本身会引起不愉快的后果——“胜利酿成仇恨，因为失败者必不甘心。”

佛的一切说教都没有带着任何宗教的权威，也没有任何关于上帝或他世的话。他所信赖的是理性、逻辑和经验，并且要求人们在自己内心中找寻真理。据说他曾这样讲过："不可因为敬畏而接受我所说的法，先要实地试验，如用火炼金一样。"昧于真理是一切苦难的根源。他没有谈到上帝或绝对权威的有无。他既不肯定，也不否定。遇有不可知的事物，我们应该暂不批判。据说他在回答询问的时候会经讲过："如果'绝对'被当着是和一切已知的事物没有关系的一件东西，那么，它的存在就不可能用任何已知的论证来加以肯定。我们怎能知道任何与其他毫无关系的东西真会存在呢？我们所知道的整个宇宙是一个种种关系的体系：我们不知道有任何东西是，或者能够与外界无关联的。"因此，我们必须把我们自己局限于我们所能见到的和我们对它确有认识的事物。

同样的，佛对于灵魂的有无也没有明确的解答。他没有否定它，也没有肯定它。他拒绝讨论这个问题是非常值得注意的，因为在他那个时期的印度心理是充满着对于个体灵魂和绝对灵魂、一元论和一神论以及其他种种形而上的揣测。但是佛决定要反对一切形式的形而上学。不过，他却相信自然律，宇宙因果律，在一连串相承的每一境界都为以前存在的条件所决定，善恶苦乐根本上互相关联等等，都是有永恒性的。

我们在世俗经验中用了些名词和说法去谈论"是""非"。然而我们如果洞穿事物的表面而深入地看去，"是"和"不是"两者可能都不正确，并且在描述实际正在发生中的事态上，我们的语言可能还不够用。真理可能介于"是"与"不是"之间或超乎"是"与"不是"之外。河水长流，看起来好像时时刻刻全都一样，然而水时常在变换。火也是如此。火焰一直在放光，甚而还保持着它的模样和形式，然而它并不是同一个火焰，而是每一刹那都在变化。因此一切事物都是连续地在变，而人生在一切形态上也是川流不息地转变。实体并非是永久不变的，而是一种辐射能，是具有力和运动的东西，是继续次第发生的事情。时间的概念仅仅是“实用上因此事或彼事而引起的一种抽象概念”。我们不能说某一件东西是另一件东西的因，因为在变化中的永恒存在里就没有核心。一个事物的本质就是它和其他所谓事物相互关系的内在定律。我们的肉体和灵魂每一刹那都在变；它本身消失了，另一个相似可又不同的东西出现了，转瞬又成过去。在某种意义上，我们就是随时在死，随时又在复生，这样地继续相承，就使得外表上还保留着一个完整的形体。这是“一个永在变化中形体的连续”。一切都是流、动、变。

这一切在我们心意中是难以领会的，因为我们惯于使用固定的方法去思考和解释物质的现象，然而令人惊奇的是，佛的这种哲学把我们携带到了一种多么接近于近代物理和近代哲学思想的某些概念的境界啊。

佛的方法是一种心理分析的方法；更令人可惊的是，我们可以看出他的对于最新的近代科学方法的洞察是如何深透。他考量和检验人生丝毫没有涉及永恒的“我”，因为即使真有这样的“我”，也不是我们所能理解的。心灵被视为肉体的一部分，一种心理力量的综合。这样一来，个人就变为心理状态的总和了。这“我”也只是一个川流不息的概念。“所有我们之所以为我们，只是我们思想的结果。”

佛重视人生的痛苦和灾难，所举的“四圣谛”，苦谛审视一切的苦恼，集谛处理苦恼的原因，灭谛以灭除苦难，道谛是灭除之正道。据说他在对弟子们说法的时候讲过：“你们经历多少世代的烦恼，多少眼泪从你们流出来，由你们倾洒出去，你们在人生的过程中彷徨飘荡，因为得到的是所厌恶的，所喜爱的却得不到，于是烦恼而又哭泣，你们的这些眼泪比四海之水还多。”

脱离诸苦之后就可达到“涅槃”。涅槃究竟是什么，其说不一。因为这超凡的境界不是我们有限度的心理概念和我们不完全的普通语言所能形容的。有人说它就是熄灭。然而据说佛是不以为然的，他指出这是一种紧张的活动。它是熄灭妄念，而并不就是消灭。不过除非使用消极的字句，这是难以描述的。

佛法是介于纵欲和苦行之间的中道。根据他自己肉体苦行的经验，他说，一个人若是失去了他的力量就不能沿着正路前进。这中道包含着八正道：正见、正思维、正语、正业，正命、正精进、正念和正定。这完全是自己勤修的问题，不是祈福。假使人沿着这几条正道发展而克制了自己，他就不会遭到失败——“虽天神也不能使自胜者转胜为败。”

佛教导他的弟子们的是他所认为他们能以领悟和皈依的。他所教的并不是把一切事物都加以详尽的解释，不是要完全地阐明一切。有一次据说他抓了一把落叶在手，问他的得意弟子阿难，在他的手外还有无落叶。阿难回答道：“秋天的树叶四面八方都在落，是不可胜数的。”于是佛就说：“和落叶一样，我教你们的真理也只有一把，除此以外，还有千万的其他真理也是数不尽的。”

二十　佛的故事

甚至在我的少年时期，佛的故事就打动着我，我被这位青年悉达吸引住，他经受了许多内心的斗争和痛苦才成了佛。爱德温·亚诺尔特所著的《亚洲之光》成为我最爱读的书之一。后来当我在本省内到处旅行，我就欢喜游历那些有关佛的传说的地方。为了这目的，有时候我绕了些道。很多这些地方都在我本省之内或离它不远。我可以到处指点：这是佛的出生地（尼泊尔边界），这是他的漫游的地方，这是他坐在菩提树下成道的地方（比哈尔的伽耶），这是他初次说法的地方，这是他圆寂的地方。

当我游历那些佛教还是一个风行而占优势的信仰的各国时，我去参观庙宇和寺院，遇见了僧侣及俗人，我试着去观察佛教对人民起了一些什么作用。它如何影响他们，它如何铭刻在他们的内心里或表面上，他们对现代生活是如何反应？那里有好多东西是我不欢喜的。依据理性的伦理的教义，被这样多的冗长字句、繁文缛节、教律以及佛虽反对而仍然发生的形而上学的学说甚至于巫术所掩盖了。不管佛的再三告诫，他们还是奉他为神，他的高大的偶像在庙里或别处俯视着我，我揣测着他究竟会有怎样的想法。许多僧侣都是愚昧的，他们妄自尊大，而且要别人恭顺，若不是对他们个人，也要对他们的僧袍如此。在每一个国家里，民族的特性总要浸入到宗教里，而把它改成适合于他们特别风俗和生活的形式。这些都是很自然的，或者是无可避免的发展。

但是我也看到许多我所欢喜的东西。在这些寺院里或它附属的学校里有平静修养和沉思默想的气氛。在许多僧侣面上可以看出安详、平静、庄严、温慈和一种脱离尘俗的风度。这些是不是适合于现今的生活呢？或者仅只是想逃避它呢？它能不能与人生不停息的斗争相适合，而使那使我们痛苦的粗鄙贪痴和残暴和缓下来呢？

佛教的悲观主义对于我的人生观是不相容的，它的避世及逃避世间问题的趋向也与我不相容。在我的心灵后面，我是一个没有宗教的人，我要用一个没有宗教的人的偏好去求人生和自然界的丰满，而并不十分厌恶人生所带来的冲突。所有我经历过的一切和在我的周围我所看到的，虽然是痛苦和烦恼，并没有把这个本能模糊掉。

佛教是不是消极和悲观的呢？它的解释者可能是这样说的；它的许多皈依者也许有这样的意思。我没有资格来批判它的精微之处以及随后发生的复杂的和形而上学的发展。但是我一想到佛，我不会兴起这样的感觉，我也不能想象一个主要以消极和悲观主义为基础的宗教能够如此强有力地掌握住不可胜数的人，况且共中还有最有天赋才能的人。

无数的人手都曾敬爱的用石头、大理石或青铜把对佛的概念塑造成为佛的仪容，就好像他象征着印度思想的整个精神，或者至少也是它的至关重要的一面。他坐在莲座上，镇定与泰然自若，超乎愤怒及情欲之上，世界上的风波与斗争都与他无关，他好像离我们很远，非所能及，非所能达。但是我们再看看，在他的静寂不动的容貌的后面，有一种热爱和情感，比我们所知道的种种热爱和情感更不可思议而更有力量。他的眼睛低垂着，但是有一种精神的威力由眼中显露出来，生气勃勃的精力充满他的全身。岁月如流，而佛好像毕竟离我们并不远；他在我们的耳边低声密语，告诉我们不要逃避斗争，而要用冷静的眼光去应付它，并且要注意到人生中愈来愈大的成长和进展的机会。

人格在今天还和以往一样是有价值的，一个人像佛这样，在人类思想上留下如此深刻的印象，就是在今天一想到他就觉得有生气而被感动，他一定是一个了不起的人，他就像巴尔特（Barth）所说：他是一个“完美的模范，安详而温和庄严，有对于有生者无限慈悲，有对于受难大众的怜悯，有完全的精神自由和对各种偏见的超越”。一个国家和种族如果能够产生这样一个极伟大的典范，一定具备着深深蕴藏的智慧和内在的力量。

二一　阿育王

印度与西方世界的接触是孔雀王朝的旃陀罗笈多建立起来的，在他的儿子宾头沙罗在位的时候仍继续着。埃及王托勒密和西部亚洲的塞琉古·尼卡托尔的儿子及继承者安提俄克，都派大使到波吒厘子的宫廷来过。旃陀罗笈多的孙子阿育王扩大了这些接触，在他的时代，印度变成了一个重要的国际中心，主要原因是由于佛教很快地流传起来。

阿育王是大约在公元前273年在这个伟大帝国登极的。他先前是西北省的总督，那大学中心的呾叉始罗，就是他的首都。当时这个帝国已经差不多包括了全印度，而且达到中亚细亚。只有东南和南方一部分不在他的统治之下。阿育王心中燃烧起在一个最高的政府下统一全印度的旧梦——他就立刻开始征服东海边的羯陵伽，这个地方差不多就是现在的奥里萨及安度罗的一部分。尽管受到羯陵伽人民的勇敢和顽强的抵抗，他的军队终于胜利了。在这个战争中有过骇人听闻的屠杀，当这个消息传到阿育王的耳中，他悔恨交集，不能自已，而对战争发生了厌恶。他断然地决定在胜利的高潮中放弃战争，这在历史上胜利的国王和首领中他算是一个特异的人了。全印度承认了他的统治，除了印度的南端，而这个地方是他唾手可得的。但是他抑制自己而不再行侵略，而他的心在佛法的感化下转向其他方面的成就和探讨。

阿育王的思想和行动，我们可以在金石上所刊刻的他自己的话和许多谕旨之中知悉。这些谕旨传遍了全印度，到现在我们还保存着，它们不仅传达他的使命给他的百姓，并且传达到后代。在一篇诰文中，它是这样说的：

神圣仁慈的皇帝即位第八年征服羯陵伽。俘虏十五万人，杀戮十万人，死者数倍。

并吞羯陵伽以后，皇帝陛下热烈维护正法，又宣扬正法之教规。

皇帝陛下因征服羯陵伽而感痛恨。因为征服一个未被征服地方，势必发生杀戮、死亡和俘虏。所以皇帝陛下深感悲痛及悔恨。

那诰文又说，阿育王再也不能容忍杀戮和俘虏了，就是比在羯陵伽所做的百分或千分之一他也不愿意做。真的征服是要以尽责或敬神的法律来收服人心，阿育王以为这个真的胜利他已经得到了，不仅在自己的国土上，并且也在远方的土地上。那诰文再进一步的说：

再者，假如有人做了对不住皇帝陛下的事，皇帝陛下如若可以忍耐的话，总要尽可能忍耐，就是对他本土上的森林居民也是很慈悲，并设法要使他们思想正确。如若没有这样的做，皇帝陛下是要后悔的。皇帝陛下要所有含生之伦都要有安全、自制、心地宁静和快乐。

这位至今在印度和亚洲的很多地方还被爱戴着的特殊统治者专力于传布佛教，提倡道义睦谊和对民众有好处的公共事业。他对于凡事不是消极的旁观者，沉溺于默想之中，只图独善其身。他努力于公共事业的工作，并宣称他总是随时准备好为它出力：“在任何时候和任何地方，不管我在吃饭或在后宫里，在我的卧房里或密室里，在车中或在御花园里，公务报告员们一定要将人民的事务对我详细报告……在任何时间和在任何地方我都要为公益服务。”

他的使者们和大使们到了叙利亚、埃及、马其顿，昔兰尼（北非古国）

和伊庇鲁斯（希腊邻国）传达他的敬意和佛的使命。他们也到了中亚细亚、缅甸和暹罗。他送他的儿子摩哂陀和女儿僧伽蜜多罗到南方的锡兰。所到之处都是诉诸理智，诉诸良心，而不使用暴力和强制。他个人虽是一个热心的佛教徒，他对一切其他的信仰也予以尊敬和重视。他在一道诰文中说：

各教派都有一种或别种理由应受崇敬。照这样做，一个人就把他自己的教派抬高，同时对于别人的宗教也有贡献。

佛教在印度很快地流传，由克什米尔一直到锡兰。它进入了尼泊尔，后来又通过中国西藏地区传到了中国中原地区和蒙古。在印度佛教的影响之一就是培养了素食主义者和戒酒者。在这时候以前，婆罗门和刹帝利都是常常吃肉和饮酒的。牲祭也是禁止的。

因为这个对外接触的进展和传教的积极进行，印度与别国的贸易也就发展起来了。我们的记载上说，印度在和阗（即今新疆，在亚洲中部）有过居留地。印度的各大学特别是呾叉始罗也吸引了许多的外国学生。

阿育王是一位伟大的建筑家，有人猜想他雇过外国的技工来帮助营造某些巨大的建筑物。这个推断是由于那些圆柱的花纹图案联想而得的，因而使人想起波斯波利斯[①]。但就在这些古的雕刻和其他遗迹上，特殊印度艺术的传统也是看得出的。

在波吒厘子的阿育王王宫里著名的许多圆柱的大厅的一部分，在三十年以前被印度考古学家发掘出来了。印度考古部斯蓬纳博士（Dr. Spooner）在他的正式报告中说："保存到如此程度是不可思议的。所用的木材还是光滑和完整的，像新做成的那一天一样，然而已经两千年了。"又说："这些奇异的古木料的保存引起亲身看见的人们的钦慕，棱角如此完善，连接榫处也看不出来。整个是精密而细心地建造起来的，甚至在今天也不可能比

① 波斯波利斯（Persepolis）是古代波斯国的大城。——译者

它造得再好了……总而言之，这建筑是这类工程中最最完美的。”

在国内各地还有其他发掘出来的建筑物，发现出来的木椽，也是保存得极好的。这在别的地方已经是够奇怪的了，但在印度尤为奇怪，因为天气会使它们侵蚀掉，各种虫蚁会把它们蛀坏。一定有一种有特别处理木料的方法，但究竟是什么方法，我想仍是一个神秘。

在波吒厘子（即巴特那）和伽耶中间有那动人的那烂陀大学遗址，它在后来是有名了。没有人知道它在什么时候开始工作的，在阿育王时代并没有它的记载。

阿育王是在公元前232年去世的，他尽心努力地当政41年。H. G. 威尔斯在他所著的《世界史纲》里说：“在历史上充满着几万个国王的名表中，有着陛下、殿下和其他等等的尊号，而阿育王的名字像一颗明星独自一个在放着光芒。由伏尔加河到日本，他的名字还被人崇敬着。中国、甚至于已经脱离了佛教的印度还保留着关于这个伟大人物的传说。在今天还追怀着他的人，比知道君士坦丁或查理曼这两个名字的人要多得多。”

第五章　世世代代的回忆

一　在笈多王朝下的民族主义和帝国主义

孔雀王朝衰微崩溃，巽伽王朝起而代之，它只管辖着一个比以前小得多的区域，在南方许多大的国家正在兴起；在北方大夏人即印度—希腊人正由喀布尔发展到旁遮普。在米南德王统治之下，他们甚至去威胁过波吒厘子，不过他们战败，被逐回了。米南德本人为印度的精神和气氛所感化，成为佛教徒，而且是个有名的佛教徒，以弥兰陀王而著称，在佛教传说中，他很孚众望，差不多被认作是一个圣哲。在印度文化和希腊文化融合为一的基础上产生了健陀罗的希腊—佛教艺术，健陀罗这个区域包括阿富汗和边疆地方。

在印度中部靠近桑吉的柏斯那加尔地方有一个花岗石柱，叫作赫利阿多拉斯柱，它是公元前一世纪造的，上面有梵文的铭刻。这个铭刻使我们对于来到印度边疆的希腊人的印度化的过程，对于他们吸收印度文化的过程略知一二。这个铭刻已经译出如下：

这个金翅鸟柱[①]是赫利阿多拉斯为了纪念万神之神婆薮提婆（毗湿奴）而建立的，赫利阿多拉斯是毗湿奴的崇拜者，是带温的儿子，是呾叉始罗

① 据印度神话记载，毗湿奴（Vishnu）骑在金翅鸟（Garuda）的身上飞行，因此金翅鸟就成为毗湿奴本身的象征。按：毗湿奴是印度神话中三位一体的神之一。——译者

的居民，他奉希腊安提艾尔锡得斯大王派遣，以希腊大使身份来到号称救主的印度王迦尸补多罗·婆伽跋陀罗面前，那时候正是这位印度王登极后的第十四年。

如果好好地遵守实行以下三个永垂不朽的格言，可上天堂：自制，自我牺牲（博爱仁慈），本着良心做事。

塞种人或称西徐亚族（塞伊斯丹亦即沙卡斯丹）在中亚细亚的阿姆河流域建立了根据地。不过由东方更远地方来到此处的月氏人却把它们逐走，迫着他们去到印度北部。这些塞种人变为皈依佛教和印度教的人，在月氏人中有一支叫贵霜族的建立了霸权，然后把他们的势力扩充到了北印度。他们打败了塞种人并迫着他们逃到更南的地方去，塞种人就逃到了加提雅瓦尔和德干。贵霜族于是在北方印度的全部地区和中亚细亚的大部分地区建立了一个广大而有经久性的帝国。他们当中有些人变为印度教信徒，但是大部分的人却都变为佛教信徒，他们最出名的国王迦腻色迦[①]也是佛教传说中英雄人物之一，这种传说曾记载下他的伟大功绩和公共建筑事业。他虽然是一个佛教徒，他们的国教却似乎是一种混合的教，甚至拜火教（袄教）对这个国教也有它的贡献。这个边陲国家叫作贵霜王朝，它的都城邻近现代的白沙瓦，又靠近古老的呾叉始罗大学，所以成为各国人士往来聚会的地方。在这个地方，印度人接触了西徐亚人、月氏人、伊朗人、大夏—希腊人、土耳其人和中国人，各种不同的文化在此地相互交流而受到影响。因此，一个活泼有力的雕刻学派和绘画学派就产生了。按照历史的说法，中国和印度之间最早的一些接触就是在这个时期发生的，中国的使节在公元64年初次来到印度，在那个时候中国送给印度的微小但极受欢迎的礼物是桃树和梨树。这样，紧靠着戈壁沙漠的边沿在吐鲁番和库车就兴

① 迦腻色迦（Kanishka）：（公元125—150年在王位），曾召集五百名僧侣进行佛教经典的第四次结集，以阐扬佛法。——译者

起了一些合人醉心的印度、中国和伊朗的混合文化。

在贵霜时代，佛教中发生一个大分裂，于是分成了两派——大乘和小乘，两派之间展开激烈的争论。于是依照印度的办法，把这个争论交到有全国各地代表参加的大会中去讨论辩驳。克什米尔靠近这个帝国的中心点，所以那里就充满了这样的辩论和各色各样的文化活动。在这个争执中有一个人的名字特别显著，那就是活在公元一世纪的龙树（那伽曷树那）。他是一个巍然杰出的人物，在佛教学术和印度哲学方面都有伟大的成就；主要是由于他，大乘派在印度才得到胜利。大乘教义流传到了中国。而锡兰、缅甸所流行的是小乘。

贵霜族已把自己印度化，并已变成印度文化的保护者。但是反抗他们统治的民族主义的暗流还在继续着，后来新的部落侵入印度，这民族主义的排外运动就在公元四世纪初期具体化了。另一个伟大的统治者也叫作旃陀罗笈多，他逐走了新的侵略者，建立了一个强大广阔的帝国。

笈多王朝就是这样在公元230年开始的，它接连着产生了许多伟大的统治者。他们在战争中、在和平事业中都取得成就，反复上演的侵略产生了一种坚强的排外情绪，在国内旧婆罗门—刹帝利分子的脑海中也不得不有保卫他们的祖国和文化的思想了。被吸收的那些外国分子虽然已被印度承认为本国人，但是，所有新来的人们都受到强烈的抵制；而且本国人还曾有过一种尝试，要依照旧婆罗门教的理想来建立起一个纯一的国家。但是，旧日的自信心已在消失中，而那些理想就已开始发展成为一种与印度人天性不合的严峻的心情。印度在物质和精神两方面似乎都在退缩，仿佛是缩进了蜗壳中一样。

不过，那个蜗壳是够深够宽的。以前，从雅利安人来到他们称为圣地（Aryavarta）或婆罗多之地的许多年代中，印度所面临的问题是要在这新种族、新文化和本国的旧种族、旧文明之间造出一种综合的东西。印度就把它的精神灌注在这个问题上，它获得了一个持久的解决办法；这办法是建筑在一个印度—雅利安共同文化的坚强基础上的。其他外国成分来到了印度，都被印度吸收了，它们对印度没有多大影响。虽然印度在贸易和其他方面跟许多其他国家有过很多接触，但是它主要地只专心致志于自己本国的事情，而不大关心其他地方所发生的事情。可是现在，带着陌生的风俗习惯的异族人民，对印度所做的周期性侵略，使它震醒过来了。这种侵犯不仅破坏了它的政治组织，而且也危及它的文化理想和社会组织，它不能再置之不理了。这个反应主要说来是一个民族主义的，带着民族主义的力量，也有它的褊狭性。那个由宗教和哲学、历史和传统、风俗和社会组织等等混合而成的东西，在它的广泛范围中，包括了当时印度生活的每一方面；这可以称作婆罗门教，或用一个比较近代的词，印度教，它就变成了民族主义的象征。它的确是一种国教，具有唤起种族上和文化上一切强烈的本性的魅力，这种本性是形成现今各处民族主义的基础的。佛教是印度思想的产物，也有民族主义的背景。印度对佛教来说是圣地，佛在这里出生，在这里传教，在这里圆寂，许许多多著名的学者和圣徒都在这里传布教义，但是佛教在本质上是具有国际性的，是一种世界宗教，在它的发展和传布中越来越是如此。因此很自然地，旧的婆罗门教义就一再变为民族主义复兴的象征了。

那种信仰和哲学对于印度境内的各种不同宗教和种族成分是容忍为怀宽宏大度的，印度仍然继续把那些异教外族吸收到它那广大宽敞的组织中去。不过，他们对于外来人的态度却越来越坚强积极，一心要保卫自己而抵抗外来人的冲击。由于这样做而唤起的民族主义精神常常带有一种类似帝国主义的外形，当民族主义的力量增长时往往如此。笈多王朝的时代——一个开明的、精力旺盛的、有高度文化的、生气充沛的时代——很快地助长了这些帝国主义的倾向。这个王朝的伟大统治者之一叫作三谟陀罗笈多的曾被称为印度的拿破仑。从文字和艺术的观点来看，这是一个辉煌灿烂的时代。

从公元四世纪初叶起，笈多王朝在北方统治了一个强盛繁荣的国家，为时约一百五十年。他们的继承者继续统治了差不多一个半世纪的年代，不过，这时他们已处于防守的地位，因为他们的国家已经衰弱而变得越来越小了。新的侵略者从中亚细亚蜂拥而来，攻击印度。他们叫作白匈奴；他们蹂躏印度，正像他们在阿提拉王统率下蹂躏欧洲一样。他们的野蛮行为和恶魔式的残暴终于激起了人民的反抗，在耶萨婆曼领导下的一个联盟曾合力对他们加以打击。匈奴的政权就此被打垮，他们的首领摩醯逻矩罗成为俘虏，但是笈多王的后裔婴罗迭多王依照他们国家的习惯宽大地对待他，让他离开了印度。对于这种宽大的待遇，摩醯逻矩罗后来回到印度，反而对他的恩人加以背信弃义的攻击。

匈奴在印度北方的统治只是一个短时期——大约只有半个世纪。他们的统治结束后，许多匈奴人还留居印度，在各处充当小头目，他们偶然也闹过事，但却总是被广大如汪洋大海般的印度的博爱精神所吞吸了。这些头目中有的在公元七世纪初叶曾起了侵略野心，曲女城的国王曷利沙·伐弹那（即戒日王）就把他们打溃，并在印度北部和中部建立起一个强盛的国家。他是一个虔诚的佛教徒，他所信奉的佛教是大乘派，这在许多方面跟印度教很相似。他对佛教和印度教都给予鼓励。中国著名的取经者玄奘就是在他这个时代来到印度的（公元629年）。戒日王也是一个诗人兼戏剧作家，在他的宫廷中他邀集了许名艺术家和诗人，使他的京城邬阇衍那（优禅尼）成为一个著名的文化活动的中心。戒日王死于公元648年，那时伊斯兰教正从阿拉伯沙漠出现，而迅速地向非洲和亚洲各处传播开来。

二 南印度

在孔雀王朝衰微而终于灭亡之后的一千多年中，印度南方兴起了好几个伟大的国家。安度罗族打败了塞种人，后来和贵霜族同一时代；随后在西方出现了遮娄其帝国，接着是拉喜特拉库塔王国。更往南有帕那瓦族，他们是印度向外殖民的主要负责人。后来出现了注辇国，他们越过了印度半岛并征服了锡兰和缅甸南部。朱罗国最后的一个伟大统治者拉金德拉死于公元1044年。

南部印度特别以优美的产品和海上贸易著名。他们是握有海上权威的国家，他们用商船把商品运往许多遥远的国家。印度南部有希腊人的居留地，罗马钱币也在那里发现过。遮娄其帝国跟波斯的萨桑王朝统治者们交换过大使。

北方印度所受到的那种反复上演的外国侵略没有直接影响南方。它所给予的间接影响是使许多人由北方移往南方，其中包括营造师、手工业者和技工。这样一来，南方就成了古老艺术传统的中心，而北方却比较多地受到了侵略者所带来的新思潮的感染。在以后的几个世纪中，这样的过程曾经加速推进，南方因而就变成了印度正统派的根据地。

三 和平发展与作战方法

要将多次的侵略和接连着的朝代更替作一简短的叙述，是很容易使人对在印度所发生的事情获得一种非常错误的概念。一定要记住：我们所谈到的那个时期有一千年或一千多年之久，在那个时期内，印度曾有过一连串长时间的和平而有秩序的政府。

在北方的孔雀王朝、贵霜、笈多等王朝，在南方的安度罗、遮娄其、拉喜特拉库塔和其他朝代，它们每一朝代都有两三百年——一般地要比大英帝国在印度算到现在为止的统治期间为长。这些朝代几乎都是印度本地人统治的朝代，甚至越过北方边界而来到印度的像贵霜那些朝代，也很快就使他们自己适应于印度的文化传统，并且像印度本土上出生的印度统治者一样地来行使职权。在印度境内，各邻国之间虽亦有过边陲上的骚扰和偶发的冲突，但全国一般的情况是和平的政治；各统治者特别引以为自豪的就是他们奖励各种艺术上和文化上的活动。因为在印度全境内，文化背景和文学背景是相同的，因此这些活动就超越了各国的疆界。每个宗教上的或哲学上的争论都立刻传播开来，而在南北各处加以辩论。

甚至在两国交战的时候，或是在国内发生政治革命的时候，人民群众的各种活动也比较很少受到妨害。有统治权的交战者和自治的农村公社的首领们达成协议，答应一点不损害庄稼收获，并答应如果在无意中损害了土地上的庄稼就给予赔偿，这种协议的记录已经找到了。这当然不能适用于由外国来的侵略军队，恐怕也不能适用于那种真正是为了争取政权的战争。

印度—雅利安人古老的作战理论严格地规定：不得使用非法的作战手段；一个为了正义的战争一定要用正当的手段进行。至于这种理论与实际符合到什么程度，那是另外一个问题。毒箭是禁止使用的，暗藏的武器也是如此，杀害熟睡的人是不许可的，杀害自动前来的逃亡者或请求保护者都是不许可的。不可损坏华美的建筑物也曾经明白宣布过。但是这个观念在阇那迦时代已有改变，他准许使用毁灭性更大和欺骗性更强的作战方法，倘若这样做是为了打败敌人所必需的话。

很有趣的，阇那迦在他的《利论》一书中讨论到作战武器的时候，提到过有一种机械和一种炸药一次就可以毁灭一百个人，他还讲到壕沟战术。这一切所指的是什么？我们在今天不可能知道。也许所指的是传说故事中的幻术事迹。没有理由可以认为它所指的是火药。

印度在它那悠久的历史中有过许多悲惨时期，火灾、兵灾或饥荒破坏了它，使它的内部秩序也因此崩溃。不过，把这个历史概括地检查一下，似乎可以看出，在一段时期内，印度享受过远超于欧洲所享受过的和平而有秩序的生活。在土耳其人和阿富汗人侵入印度以后一直到莫卧儿帝国崩溃时的几个世纪内也是如此。以为印度第一次享受到的和平及秩序是“英国统治下的和平”的那种见解，是最令人惊奇的误解之一。的确，英国在印度建立起统治的时候，正当印度最衰败的年代，正当印度的政治和经济组织在崩溃的时候。的确，这也就是英国统治所以能建立起来的原因之一。

四　印度对自由的要求

东方，在暴风雨之前弯下身子，
默不作声，隐忍地听天由命；
并且它让无数军团通过，
重行埋头于沉思。

诗人这样写着，他的诗节常常有人引用。的确，东方，至少被人称为印度的那部分的东方，一向爱好潜心思索。他们所常常思索的许许多多事情，在一般自命为讲求实际的人看来，是荒唐可笑而毫无意义的。印度一向尊重思想，尊重有思想的人和博学的人，它不承认军人和财主比他们优越。甚至在印度衰落的年代，它还是被思想缠住，并从其中得到一些安慰。

但是如果说印度曾经隐忍地向疾风低过头，或是说它对外国军队的通过漠不关心，那就不正确了。事实上它总是对外来势力加以抵抗的，常常获胜，但有时也遭到失败；不过，即使它一时失败，它总不会忘怀，并且随时准备再起。它的手段是双重的：和他们作战，把他们赶走；赶不出去的，就把他们同化。在抵抗亚历山大王的军队时，印度曾获得相当的成功，在亚历山大王死后，立刻就把北方的希腊驻军赶走。后来，印度—希腊人和印度—西徐亚人都被同化；最后，印度又建立了全国性的政治领导权。

它一连好几代跟匈奴作战，终于把他们赶走了；那些留居印度的匈奴人都被同化了。阿拉伯人东来时，他们停留在靠近印度河的地方。土耳其人和阿富汗人只能逐渐地向前扩张。经过了好几个世纪，他们才能在德里稳固地建立皇位。这是一个继续不断的、拖得很长的斗争；在这个斗争进行中，同时，吸收和印度化的过程也在发生作用，结果那些侵略者们都变得和印度人毫无分别了。印度有一个古老的理想，要把不同的成分合而为一，使他们融合成为一个共同的民族，阿克巴成了这个理想的伟大代表人物。他虽然是一个新来的外人，因为他把自己和印度视为一体，印度也就很喜爱他。因为这个缘故，他建立好了并且奠定了一个光辉灿烂的帝国的基础。在他的后辈继续遵循着这种政策并符合这民族的精神时，他们的帝国就安如磐石；当他们离开了这个方向并违反了整个民族发展的潮流时，他们就变得衰弱，而帝国也就土崩瓦解了。这时候许多新的运动出现了，它们的观点虽然狭隘，却代表着一个复活的民族主义；它们虽然不够强大，不能够成为一个永久的建设力量，但是它们能够打垮莫卧儿王朝。他们取得了一时的胜利。但是他们过分地向往过去，只想复古。他们没有领会到：世界上已经发生了许多他们不能听其自然或置之不理的事情。他们没有领会到，“过去”从不能代替“现在”。他们也没有明白，当时印度的所谓“现在”，正是在停滞不前，衰朽低落的状态中。那个时代的印度已经跟日新月异的世界脱节，印度已大大地落在后面了。他们没有感觉到一个新的生气蓬勃的世界已在西方兴起，它建立在新的观点和新的技术基础之上；而一个新的强国——英国——正代表着印度人茫然无所知的那个新世界。英国胜利了；但是，英国好容易刚在印度北方建立起他们的统治，就发生了一次大规模起义，并演变成为争取独立的战争，几乎结束了英国在印度的统治。要求自由和独立的愿望始终存在着，并且拒绝屈服于外国的统治。

五 进步与安定

我们印度人曾是闭关自守的人民，对我们的过去和我们的遗产都感到骄傲，并且有建筑高墙厚壁以资保存的企图。可是我们尽管具有种族意识和越来越严格的种姓制度，然而我们和其他对自己的血统纯洁感到骄矜的种族一样，也发展成为一个奇怪的（许多种族的）混合种族；这是由雅利安族、达罗毗荼族、图兰族、闪族和蒙古族混合而成的。雅利安人一批一批地涌入印度跟达罗毗荼人混合起来；在以后的几千年中，继他们而一批接着一批前来的有下列许许多多其他的人民和部族，美提亚人、伊朗人、希腊人、大夏人，安息人、塞种人或称西徐亚人、贵霜人或称月氏人、土耳其人、土耳其—蒙古人以及其他种族；他们或结小队或成大群，来到印度安居下来。达德威氏在《论印度》一书中写道："许多凶猛好战的部落接二连三地侵入印度北部平原，推翻了印度的王公，夺取并破坏了城市，建立了他们自己的新国家，建筑了他们自己的新首都，但是，过后他们就消失于博爱精神的洪流中了，遗留给子孙的仅只是一些被迅速冲淡了的异族血液和东一片西一片的外国风习，而这些血液与风习不久也就与那势力足以左右一切的环境变为同种的东西了。"

为什么会有这种势力足以左右一切的环境呢？有一部分是由于地理、

气候和空气的影响；而更大的部分无疑地确是由于一种强有力的冲击，一种惊人的推动力，或是使人生富有意义的一种理想——这种理想在它的清新而生气蓬勃的历史黎明期，就已经深深地印入了印度的潜意识的心理中了。这种感染力坚强到足够持久，并影响所有跟它接触的人们，因而把那些人——不论他们跟印度人有多大的差别——都吸收到印度的怀抱中去。这种冲击，这种理想，岂不是一簇有生命的火花，既照耀着国内壮大的文化，而且在整个历史年代中在不同的程度上还继续影响着印度人民的吗？

说印度文化是在情感冲击或是在人生概念的基础上长成的，那似乎是可笑而鲁莽的说法。就是个人的生活，也要吸取无数的生活资料；至于一个民族或一个文明的生活那就更复杂了。印度外表上有着成千上万的概念，正像船破后漂浮在海面上的无数货物一样；其中很多是互不相容的。要在这些概念中挑出任何一类来证明某个特定理论，那是容易的；要挑出另外一类概念来推翻这个理论也是同样的容易。这种情形在某种程度上是在任何地方都可能发生的；在像印度这样的一个留恋于往事的又老又大的国家，那就更特别容易了。把错综复杂的现象分成单纯的类型，显然也是危险的，因为在实践和思想的进化中，尖锐的对比是极少的；一种思想往往渗入另外一种思想中；就是有些概念的外形虽没有变更，它们的内在本质业已变更了。不然的话，它们就往往落在日新月异的世界之后，而变为一种累赘了。

自古以来，我们就一直在继续不断地改变着，从没有过与前面一个时期同样的情形。在种族上和文化上，我们今天和我们以往已大不相同。在我的四周，在印度，还有在别的地方也是一样，我都看见变动正在大踏步地前进，不过，我不能忽视一个事实，那就是：印度文化和中国文化已经显示出一种特殊的持久力和适应性，不管经历了多少变迁和危机，它们在非常悠久的岁月中还能够成功地保持住它们的基本个性。若不是它们和人生与大自然保持谐和，它们是不可能做到这样的。不管那种使它们在很大程度上保持了古代精神的因素是什么，不管它是好是坏，或是好坏掺杂，它总是一种力量；否则，它不可能经过这样长久的时期还存在着。它的效用可能早已消耗无余了，而从那时候起它已变成了一种累赘或阻碍了；也许后世的新生事物把它的优点都遮没了，剩下来的只是那化石的空壳。

在进步的观念和安全的与固定的观念之间，可能经常有着某种冲突。两者不相协调；前者需要的是变化，后者需要的是一个安全稳定的安身处所和现状的继续维持。进步的观念是近代的产物，甚至在西方，它也是一种比较新的东西；上古和中世纪的文化，却更多这样的想法：过去是黄金时代，后来却变得衰微崩溃了。在印度，过去总是受到推崇赞扬。印度的文明主要是建筑在固定和保守的基础上的；从这个观点来看，它比在西方发生的任何文明要好得多。以种姓制度和大家庭制为基础的社会组织就适应于这目的，而且对集团与以社会保障，对老年人、多病者或任何其他因丧失能力而不能自给的人都给予一种保险，这种种方面都是做得很成功的。这种安排，固然一方面有利于弱者，同时在某种程度上，也妨碍了强者。它支持了一般平常的人，同时却牺牲了突出的人，牺牲了低劣的人或是有天才的人。它把人们拉平了，因而个人主义就只有较小的作用。我们感兴趣地看出来：印度的哲学虽然是高度的个人主义性的，而且是几乎完全致力于使个人发展到心灵至善的境界，但是印度的社会组织却是公共性的，它只注意于集团。个人虽有随意思索、随意信仰的完全自由，但是他却必须严格依照社会和公共的习俗。

就整个集团而言，虽要遵循公共习惯，却也有很大伸缩变通的余地；没有一条法律或社会规章不能用习惯去变更的。新的集团也可以有它们自己的习俗、信仰和惯例，而还是被认为那较大的社会集团中的成员。就是这种伸缩性和适应力帮助了把外来的成分同化了。在这一切的后面，有着一些基本的伦理教义、一种对人生的哲学理解和一种对异族人生活方式加以容忍的宽宏度量。

只要稳定和安全是主要的目的，这个组织就多多少少成功地起着作用；甚至到了经济上的变化对它有损害的时候，它还能靠着适应环境的方法继续下去。对它真正的挑战是从新而有力的社会进步的概念而来的，这种概念则是与那旧而静止的意识不能适合的。正像在西方一样，这个新的概念也正在东方把那个根深蒂固的老制度连根拔除了。在西方，进步虽然仍是主要的特征，但同时它对于安定也有着日益增高的要求。在印度，就是现在的缺乏安定，才逼使人民离开旧的常轨，并使他们想到从而可以提供更大的安全的那种进步。

在上古和中古的印度，并没有这种要求进步的挑战。不过，却认识到变更和不断地适应的必要，因此，就产生了对于综合的热烈要求。这不只是把进入印度的各色各样的外来成分综合起来，而也是企图把个人的外表生活与内心生活，把人与自然结合起来。在以前不像在今天这样似乎存在着很大的鸿沟和裂口。这个共同的文化背景创造了印度，并且使得印度尽管有着它的多种多样性，但也有着一种一致性的印象。政治组织的根基就是自治的农村公社，帝王虽兴衰更迭而它却在底层经久不变。由国外来的新的移民和侵略者仅仅使政治组织表面上略起微波，并没有触动那些根基。国家的权力，外表上无论如何专横强大，总是受到习惯和固有的各式各样的限制；没有一位帝王能够轻易地干涉农村公社的利益和特权。这些习惯上的权利和利益保证着公社和个人的一定限度的自由。

在今天的印度人中，没有一种人能够比拉其普特人更能代表印度人，或者对印度文化与传统更感到骄傲。他们在历史上的英雄事迹已经变成那传说中的活生生的部分了。然而拉其普特人中许多人据说是印度—西徐亚人的后裔，有些甚至是来到印度的匈奴人的后裔。在印度，没有比查特人更为健壮、更为优秀的农民了，这种人死守土地，不让别人干涉他们的土地。他们也有西徐亚人的血统。加提雅瓦尔地方的高大、漂亮的农民加提人也是如此。我们印度人中有许多人的种族来源是可以明确地查出来的，另外一些人的来源可就查不出了。但是，不论他们的血统来源如何，他们都很显著地变成了印度人，和别的人一起共享印度的文化，并把印度过去的传统看作他们自己的传统。

到印度而被印度吸收的每一个外来成分，似乎都给了印度一些东西，也从印度得到了许多东西；对于它自己，对于印度都有贡献。但是如果它和印度分离，或者不能变成一分子来分享印度的人生以及它的丰富多彩的文明，它就不能有持久的影响并且终归消逝；在这过程当中，有时伤害了它自己，也伤害了印度。

六 印度与伊朗

在许多曾经与印度的生活和文化发生过接触而且曾经给予过影响的民族及种族中，最古老的而且最有永续性的要算是伊朗人民了。确确实实，这种关系的发生还在印度—雅利安文明萌芽以前；因为印度—雅利安人和古代的伊朗人原都出自一个共同的祖先，而是后来分别走了不同的道路的。种族上既然有关系，他们旧的宗教和语文自然也有一个共同的背景。吠陀教与拜火教就有许多共同的地方；吠陀梵文与《阿维斯陀》的帕拉维（古波斯语）语文又非常相似。古典的梵文和波斯文是分别演进而来的，但它们的许多词源相同，因为有些词源是一切雅利安语文所共有的。这两种语文受到了各自环境的影响，他们的艺术和文化更加如此。波斯的艺术似乎与伊朗的土地和景色有密切的关系，伊朗艺术传统具有永续性大概也是由于这个原因。印度—雅利安人的艺术传统和理想，也都是由于雪山、蔚茂的森林和北印度的几条大河发生出来的。

像印度一样，伊朗的文化根基也是非常稳固，甚至可以影响征服它的人，而且常常把它们同化了。在公元七世纪征服伊朗的阿拉伯人很快就屈服于这种势力，采用了饱经世故的伊朗文化来代替它们的素朴的沙漠作风。波斯语像法语在欧洲一样，成为亚洲辽阔地区内有文化的民族的语言了。伊朗的艺术和文化从西边的君士坦丁起一直传布到戈壁沙漠的边缘。

在印度，这种伊朗的影响没有断过，在印度的阿富汗及莫卧儿王朝时代，波斯语成为印度宫廷用的语言；这种情形一直继续到英国统治的初期。所有印度现代语言都充满着波斯的词汇。这种情形对于一切由梵文派生出来的语言来说是非常自然的；印度斯坦语更是如此，因为它本身就是一种混合的产物。甚至印度南部的各种达罗毗荼语言也受到了波斯语言的影响。印度在过去曾经产生过一些用波斯语写作而富有才华的诗人，就是现在还有许多擅长波斯文的优秀学者，有印度教徒，也有伊斯兰教徒。

印度河流域的文明与同时期存在的伊朗和美索不达米亚的文明有过一些接触，这似乎是无可怀疑的事。它们有些图案和印度显著地很相像。也有些证据可以证明当阿克梅内斯王朝时代以前，伊朗和印度便有过接触。在《阿维斯陀》古经中，印度会经被提到过，对于北部印度也有过一些记载。印度的古籍《黎俱吠陀》也有几处提到过波斯，那时波斯人称为波尔沙娲人（Parshavas），后来又称为波拉西卡人（Parasikas）；现代的“波尔西人”（Parsi）这个字就是从那个词演变出来的。安息人被叫作波尔塔娲人（Parthavas）。这样看来，伊朗和北部印度从远古时代起，还在阿克梅内斯王朝以前就传统地彼此发生关系了。在那个万王之王居鲁士大帝时代起就有过进一步的接触，他到过印度的边疆，可能到过喀布尔和俾路支。纪元前六世纪时，在大流士王统治下的波斯帝国扩张到了印度的西北部，包括信德，可能还包括西部旁遮普的一部分。那一个时代有时称为印度历史上的拜火教（祆教）时代。它势力之所及，一定是很广的，对太阳的崇拜受到了提倡。

大流士统治下的那个印度地区，在他的帝国中算是最富饶、人口最多的区域了。那时候信德和近代的干燥荒芜一片沙漠的信德一定大不相同。关于印度人民的富足、人口的稠密以及他们对大流士所进的贡赋的情形，历史家希罗多德曾告诉我们说："在我们所知道的一切民族中，印度的人口要比别的民族的人口多得多，他们所进的贡赋也此例上大过一切其他民族的贡赋，数达三百六十泰伦[①]金沙（等于现在的一百万英镑以上）。"希罗多德也提到波斯军队中的印度人，他们有参加步兵、马队和战车队的；后来象也被提到了。

从公元前七世纪之前的一个时期起一直到以后的许多年代中，有些证据证明印度和波斯由于通商而发生了关系；特别是印度和巴比伦之间，早时就通商了。这种通商，据说大部分是经过波斯湾的[②]。从公元前六世纪起，因为经过居鲁士和大流士的历次战役，就发生了直接接触。伊朗被亚历山大王征服后，它有许多世纪处于希腊人的统治之下；可是它和印度的接触还是继续着，据说阿育王的建筑物曾受到了波斯波利斯的建筑术的影响。在印度西北部和阿富汗发展起来的希腊—佛教的艺术也有一些伊朗的风格；公元四五世纪的印度笈多时代以艺术和文化活动著称，那时它和伊朗的接触还在继续不断。

---

① 泰伦（Talent）古希腊重量单位。——译者

② 据贾克逊（A. V. Williams Jackson）教授说，见《剑桥印度史》，第一卷，第329页。（原注）

喀布尔、坎大哈和塞伊斯坦这些边区，在政治上常为印度的一部分，是印度人和伊朗人会聚之处。在后来的安息人时期，它们被称为“白印度”。关于这些地区，法国学者詹姆士·达麦斯退耳（James Darmesteler）曾经说过；“在公元前后两世纪中，实际上以白印度之名见称于世的那些地区盛行的印度文明，一直到伊斯兰教徒征服印度时为止，它还是印度的成分多于伊朗的成分。”

在北方，贸易和旅客都经由陆路来到印度。印度南部则比较多地依靠海洋，海上贸易就把它和其他国家联系起来了。有过记载，一个南方的王国曾经同萨桑王朝的波斯交换过大使。

土耳其人、阿富汗人和莫卧儿人征服了印度的结果，使印度和亚洲的中部及西部的接触迅速地发展起来了。在十五世纪的时候（那差不多正是欧洲的文艺复兴时代），受着伊朗强有力影响的帖木儿时代的文艺复兴，也正在撒马尔罕和布哈拉大放光彩。巴卑尔本人就是帖木儿王系中一个王子，他走出了这个环境，登上了德里的皇位。那是在十六世纪的初期，伊朗在萨法维统治之下，正有着一个光辉灿烂的艺术复兴——这时期被称为波斯艺术的黄金时代，巴卑尔的儿子胡马雍曾逃亡到萨法维王处避难，后来得到了他的帮助才能回到印度。印度的莫卧儿统治者和伊朗保持了最密切的联系，学者们、艺术家们为了求名求利，川流不息地越过国界来到这大莫卧儿的金碧辉煌的宫廷。

一种由印度的理想和波斯的灵感结合而成的新型建筑术在印度发展开了，在德里和亚格拉盖满了豪华美观的高楼大厦。其中最有名的是泰姬陵。法国学者格罗塞说它是“伊朗的灵魂投胎到印度的躯壳中来了”。

就人种来源和整个历史的关系而论，很少民族有比印度民族和伊朗民族更为密切的了。不幸的是，在这个长期的、亲密而可敬的交往中，最后留给我们的记忆，却是纳迪尔沙的侵略，那次侵袭，发生于两百年前，为时虽短，但是非常可怕。

后来英国人来了，他们把我们与亚洲邻居间赖以联系的一切门路与孔道都给封锁住了，海上的新路开辟了，这样就使得我们比较接近了欧洲，尤其是英国；然而我们陆路上与伊朗、中亚细亚和中国的接触中断了，直到现代，航空交通发达起来，才使我们重修旧好。这种与亚洲其余部分的突然隔绝，是英国在印度统治所造成的最突出的也是最不幸的后果之一[①]。

虽然如此，它和古代伊朗的联系是继续不断地存在着的，只不过和现代伊朗的联关，是暂时断了。一千三百年前当伊斯兰教进入伊朗的时候，几百个或者几千个拜火教的信徒流离转徙到了印度。他们受到欢迎，就在沿西边海岸定居下来，仍旧信奉他们自己的宗教，遵守他们自己的习俗；他们不去干涉别人，别人也不去干涉他们。这种情形是非常特别的，那些被称为波尔西的人们，怎样静悄悄地、不动声色地在印度定居下来，把印度当作他们的家乡，而仍然保持着一个个别的小集团，坚守着他们自己古老的风俗习惯，这是一桩令人惊奇的事情。他们和自己集团以外的人，不准互通婚姻，事实上也很少这类例子。这件事的本身在印度倒并不足为奇，因为这里的人们通常是和种姓以内的人结婚的。他们的人口增加得很慢，到现在也差不多只有十万人而已。他们在经营商业方面是成功的，其中很多人是印度工业界的领袖。他们实际上和伊朗已经没有接触，他们完全是印度人了；可是他们还坚守着他们古老的传统，怀念着他们的故土。

在伊朗国内，近来有一种强烈的倾向，要去回想伊斯兰教以前的古代

① 拉普森（E. L.Rapson）教授写道："把一切附属的统治权力结合成为一个伟大政府体系的势力，主要地是靠海军力量；既然它控制了海道，为了安全起见，它曾经被迫把陆路关闭。这是英国对于靠近印度帝国边疆各国——阿富汗、俾路支斯坦及缅甸等的政策目标。这样一来，政治上的孤立就成为政治上统一的一定的结果而跟着发生了。但是必须记住这种政治上的孤立在印度历史上系一种最近的及完全新的景象。它是把现在与过去分隔开来的伟大里程碑。"（《剑桥印度史》，第一卷，第52页。）（原注）

文明。这与宗教无关而是在文化方面和民族方面的；他们追索着伊朗的绵长而有持久性的文化传统并且感到骄傲。

世事的发展以及共同的利益，逼着亚洲各国不得不彼此重相关怀。欧洲人统治的时代已经像噩梦般地消逝了，往昔的回忆使它们想起旧有的友谊和共同的事业了。毫无疑问，在最近的将来，印度要和伊朗更趋接近，正像它现在和中国接近一样。

两个月以前，一个到印度来的伊朗文化代表团的团长在阿拉哈巴说道："按照波斯的传说，伊朗人和印度人像是两弟兄，可是他们互相分开了，一个向东，一个向西。对于彼此间的一切，他们的家族完全忘记了。他们中间还有一样唯一的共同的东西，那就是他们还在笛子上吹的几支老调；由于这些老调，两家还能在几世纪之后，互相认识而重新团结起来。我们现在到印度来也就是要在我们的笛上吹着我们的多年老调，使我们的印度堂兄弟们听了之后，可以把我们认作亲人，而和他们的伊朗堂兄弟们重新团结起来吧。"

七　印度与希腊

一般认为古代希腊是欧洲文明的源泉；关于东方和西方之间的根本不同，已经有过很多的著作。这方面我不了解；在我看来有很多是徜徉迷离的，不科学的，没有多少事实根据的。直到最近，许多欧洲的思想家猜想一切有价值的事物都发源于希腊或罗马。亨利·梅因爵士就曾在某处说过，除开自然界的盲目力量之外，在这个世界上活动着的一切事物，没有不是从希腊发源的。欧洲的古典学者们对于希腊和拉丁方面的学问，钻研很深，可是他们对于印度和中国知道得很少。不过，E. R. 多德斯教授曾强调地说过："希腊文化是以东方为背景而发生的，而且除了在古典学者的头脑中之外，它也从来没有跟东方背景完全隔绝过。"

欧洲的学术，在一个悠久的期间，必然地就局限于希腊文、希伯来文和拉丁文范围之内；从这种学术中产生出来的一幅世界图景就是一幅地中海领域的图景。它的基本观念与古代罗马人的观念并无本质上的不同，虽然不可避免地它也作了许多改变和修正。那种观念不仅支配了历史和地缘政治学的概念，左右了文化和文明的发展，它也妨碍了科学的进步。柏拉图和亚里士多德把他们的头脑控制住了。即使有一些关于亚洲各民族在过去的成就的知识浸润到欧洲人的头脑中间去，这种知识也不是心悦诚服地被接受的。他们对这种知识有一种不知不觉的抗拒，有一种想使之与原有的局面符合的企图。既然学者们作如是想，缺乏学识的群众自然更相信东方与西方之间有着一些本质上的不同了。欧洲的工业化及随之而来的物质进步在一般人的心中更加深了这种不同的印象；再通过一种离奇的解释，古代希腊才成为近代欧洲及美洲的父母。对于古代世界有了更多的了解之后，少数思想家头脑中所有的这些结论发生了动摇；但是就人民大众而论，不论是知识分子或非知识分子，那些几百年来的旧观念还继续存在着，一些空幻的想法仅漂浮在他们意识的上层，不久就消失在他们自己所造成的景象中去了。

我不了解使用东方和西方这些字眼的意义何在，除非说欧美是高度工业化，而亚洲在这方面是落后的。这种工业化在世界历史上是一件新事物，它改变了而且还在继续改变着这个世界，要比任何别的因素更为重要。希腊文明与近代欧美文明之间原没有什么有机的联系。这种以为人生真正重要的事情就在于寻求舒适的现代想法是和希腊或任何古代文学的思想完全不合的。希腊人、印度人、中国人和伊朗人过去总是在追求一种宗教及一种人生哲学，这种原想借以造成一种均衡与和谐意味的宗教和人生哲学，影响了他们的一切活动。这种理想在生活的每一方向都显露出来——在文学艺术以及制度等各方面——它产生了一种匀称和完整的意识。或者这些印象并不是完全合理的，生活上的实际情形也可能大不相同。但即使如此，重要的是要记住：现代的欧美和希腊人的整个理解与见地，距离得多么遥远，而他们在空闲的时候，总对希腊人大加赞美，想找些和希腊人的久远的关系，借以满足他们内心的热望，或者想在现代生活的严酷而火热的沙漠中发现一些绿洲。

不论在东方或是在西方，每一个国家，每一个民族都有它各自的个性和使命，以及依照自己的方式试行解决人生的各种问题。希腊在它自己的方式上有些东西是肯定而优越的；印度、中国、波斯也是如此。古代印度与古代希腊各不相同而又颇为近似，正如古代的印度和古代的中国，尽管有着巨大的差异而思想上仍有相似之处。他们都有同样豁达的、容忍的、不拘于一种宗教的看法，善于享受人生和大自然的美妙与无穷变化的欢乐，他们爱好艺术，他们都有一种从古老种族累积的经验中获得的智慧。他们根据了种族的天才，又受到自然环境的影响而各自发展；各自重视人生的某一方面而不重视其他方面。各种族所重视的并不相同。希腊人作为一个种族而论，可能对于眼前的人生要更会享受，他们见了在自己跟前的以及他们自己所创造的那种美，感到欢欣和谐。印度人对于眼前的人生也感觉到欢欣和谐，但他们同时也把眼光转向更深入的知识，他们的心中交织着一些奇奇怪怪的问题。中国人虽然也充分注意到了这些问题及其不可思议的地方，然而以其聪明智慧，避免跟它们发生纠缠。每一个种族用他们不同的方式共表现出他们人生的丰满和美妙。历史证明印度和中国有着比较强固的根基，比较大的持久力，所以它们至今长存，虽然它们受到过很厉害的打击，因而大大地退化了，前途亦复模糊。古代的希腊，虽极尽光辉灿烂，年华却是很短；除了它那伟大的成就，除了它所给予后世文化上的影响，以及那辉煌的但也是短暂的丰富人生的回忆之外，它没有能够免于死亡。或者因为它过分地关注于眼前的世界，所以结果它成为过去了。

虽然现在的欧洲各民族自命为希腊精神的后裔，其实，印度在精神上和见地上要远比它们更为接近希腊。我们容易忘却这一点，因为我们有着因袭的固定的概念，而这是妨碍推理思考的。据说印度是富于宗教意味的，哲学性的，专事探索的，形而上学的，不关怀现世界的，而且一心一意地在梦想着来世。我们就被人说成这样，也许这样告诉我们的那些人就希望我们一直埋头于思索，被空论纠缠住；这样他们就可以不受到那些思想家的阻碍，任意支配或享受这个世界及其所有的东西了。是的，印度有着这些特点，但是它还有许多较这更多的东西。那种儿童时代的天真烂漫、漫不经心，青年时代的奋激多情、狂放不羁，以及从各色各样忧患欢乐的长期体验中所获得的成年的智慧，它都懂得。它也反复地经历过儿童时代、青年时代和成年时代。悠久的年代和辽阔的地区所产生的那种严重惰性压得它消沉下去；卑鄙的风尚和邪恶的习俗耗蚀了它；许多寄生虫黏附在它的身上吮吸着它的血液；但是在这一切东西的后面却有着一种由于年代悠远所产生出来的力量和一个古老种族的潜在意识的智慧。因为我们是一个很古老的种族，而烟消云散的岁月在我们的耳旁瑟瑟低语；但我们懂得怎样一而再、再而三地去恢复我们的青春，纵然过去年代的记忆和梦想仍长留存。

使印度维持着生命力，使它经历这样悠久的年代的，不是什么秘密的教义，或者秘传的知识；而是一种仁慈的人道主义和它多样性的宽宏大度的文化，以及对于人生及其种种不可思议的方面的深刻了解。它的丰富的生命力一代又一代地在那壮丽的文学艺术中流露出来；虽然我们现在所有的只是一小部分，很多还没有被发掘出来，或者是已被自然界或人们的暴行所毁灭了。艾勒潘达洞窟里的三位一体神像是一个很可以代表印度本身的多面石像；它孔武有力，充满着深邃的智识和理解，目光炯炯地在俯视着我们。阿旃陀石洞的壁画洋溢着优雅柔和的情调，充满着对于美和人生的爱好，但是它总有几分幽深玄妙，有几分属于来世的意味。

就地理和气候而论，希腊与印度是不相同的。希腊没有像印度那样出众的河流，没有森林，没有大树；而这些在印度是很多的。也许除了那些住在近海的印度人们之外，海洋的广大无垠与变幻莫测影响着希腊人是远甚于印度人的。印度的人生是更富于大陆性的，因为这里有一望无际的平原，高耸入云的山峰，滚滚的江河，蔚茂的森林。希腊也有一些高山，希腊人把奥林巴斯当作众神所居之地，正如印度人将他们的神，甚至他们的圣哲安置在喜马拉雅的高峰上一样。这两族人创造出来的神话都是与历史分割不开的，史实与想象难以辨别。古代的希腊人据说既非专门追求快乐之徒，也非禁欲主义者；他们并不把快乐当作一种邪恶和不道德的东西而要逃避它，他们也不像现代人一样惯于处心积虑以求自我享乐。他们没有那种使我们许多人感受痛苦的压抑，他们轻松愉快地处理人生，全副精神贯注在他们所要做的事情上面，因此，他们就好像比较我们更有生气了。从我们古代的文学中也可以得到对于人生看法的一些同样的印象。虽然在印度的人生中是有禁欲的一面的，像后来的希腊人那样，但这只限于少数人，并未影响到一般的生活。在耆那教和佛教影响之下，苦修苦炼的生活要变得比较重要些；但即使如此，它也并没有显著地改变过生活的背景。

在古代的印度和希腊，生活是听其自然的，人们过得很完美；不过他们还相信有一种至高无上的内心生活。这就引起了他们的好奇心和推测；

但是这种探索的精神，针对着客观的体验者少，针对着论理的推究者多，而论理的推究又都是以某几种被认为显然正确的概念为依据的。其实那也是在科学方法没有被应用以前各地所有的一般态度。这种推测可能只限于少数知识分子；不过就是普通公民也曾受到它的影响，在公共集会地方讨论哲学问题，一如讨论其他一切的问题。生活是公社性的，甚至现在的印度还是如此，特别是在乡间，人们会聚在市场上，会聚在庙宇或清真寺的围墙内，在水源上，或者有公共会议室的地方，就在那里讨论当天的新闻和他们的共同需要。舆论就是这样形成并表达出来的。当时空闲的时间很多，可以作这种讨论。

希腊文化在它许多辉煌成就中有一种比较其他的更为突出的成就——那就是实验科学萌芽甚早。这种实验科学在受到希腊文化影响的世界中的那个亚历山大城比较在希腊本土更为发达。从公元前330年到公元前130年的这两个世纪中，在科学发展及机械发明方面，皆有显著的成绩。这种成绩，在印度及任何其他地方是没有可以与之相比拟的；直到从十七世纪起，科学才又向前迈进了一大步。尽管罗马有一个帝国，它在辽阔的地区内维持着罗马式的和平，尽管它和希腊文明有密切的接触，它又有机会向许多民族吸取学识经验，可是它对于科学、发明及机械的发展不会有重大的贡献。古典文化在欧洲崩溃以后，整个中世纪期间阿拉伯人保持着科学知识的光芒。

在亚历山大城内猝然兴起的这种科学活动和发明，无疑是当时的社会产物，这是由于一个正在成长的社会及航海业的需要所引起的，正如在印度的算术及代数方法的进步，“零”这个记号和数字定位的应用也都是由于社会的需要，由于发展中的贸易，由于比较复杂的组织而产生的。但是就全体古代希腊人中而言，他们究竟表现了多少科学精神，这是颇有疑问的。他们的生活一定是遵循传统规范的，而这种规范是以寻求人与大自然的结合和协调，以他们那种古老的哲学理解为根据的。那种理解是古代希腊和印度所共有的。在希腊正像在印度一样，他们把全年分为若干民间节日，从而可以预知季节的变化，并且使人与自然界的时令相协调。在印度我们还有这些春季和收获时期的节日，并且有秋末的灯节、初夏的洒红节，以及对史诗传说的许多英雄的庆祝。在有些节日，我们还有歌唱和舞蹈，许多民间歌舞，例如表演黑天和牧女舞蹈的拉沙—丽拉（rasa-lila）。

在古代的印度，妇女是并不隐避的，只有在皇室或贵族中稍为有些这种情形。那时在希腊，这种两性间隔离的情形，也许要比印度来得厉害。在印度的古书中常常提到有名望有学问的妇女，她们常常参加公开的辩论。希腊古代的婚姻显然完全是一种契约行为；在印度婚姻一向认为是神圣的结合，不过其他的婚姻形式记载中也曾提到过。

希腊妇女显然在印度特别受到欢迎。古代剧本提及的宫女往往是希腊籍。在西印度巴罗治所运入的许多希腊的著名东西和人中间，据说就有“歌童和美女”。麦加斯忒尼描写孔雀王朝旃陀罗笈多王的生活说：“国王的食物是由妇女烹调的，她们还献酒给他，所有印度人都很喜欢喝酒。”有些酒一定是从希腊或其殖民地来的，因为一个老年的泰米尔诗人提到过：“那种清凉芬芳的酒是耶槃那（即希腊人）用他们的好船运来的。”一部希腊的记载说：波吒厘子的国王（大概是阿育王的父亲宾头沙罗）写信给安泰奥卡斯请他买些美酒、干的无花果和一个诡辩学派的哲学家，并给他送来。安泰奥卡斯回信说：“我们寄给你无花果及酒，但是希腊的法律禁止将诡辩学家出售。”

从希腊的文学中可以明白看出，他们对同性恋爱的关系并不嫌弃；的确，他们对之还带着一种浪漫性的赞许。这可能是由于青年时代的两性隔离所造成的结果。在波斯我们也可发现出同样的态度，在波斯文学中就充满了这样的叙述。把所爱慕的人说成是一个男伴侣仿佛已经成为一种确定的文学格式和惯例了。梵文文学中就没有这样的东西；显然，在印度同性恋爱不仅没有得到认可，而且简直就绝未流行过。

从最早有记载的时代起，希腊与印度便互相发生了接触，而后来印度和希腊化了的亚洲西部又有了密切的接触。印度中部邬阇衍那（现在的优禅尼）的大天文台和埃及的亚历山大城就发生过联系。在这长期接触中，这两个古代文明的思想界和文化界必定发生过许多次的交流。希腊的一部书中记载着一个传说，据说曾经有过几个有学问的印度人拜望苏格拉底而且向他提出过问题。毕达哥拉斯特别受到印度哲学的影响，罗灵逊教授说过："毕达哥拉斯的学派中人所教授的宗教、哲学、数学的理论，在印度公元前六世纪就差不多全部知道了。"一位欧洲的古典学者吾珥维克曾经根据印度思想来解释柏拉图所著的《共和国》[①]一书，据推测，诺斯替教[②]就是一个想把希腊柏拉图的学说和印度思想互相融合起来的明确的尝试。提雅那（Tyana）的哲学家阿坡罗尼阿斯大约在公元初期或许曾经拜访过印度西北部的呾叉始罗大学。

生于中亚细亚呼罗珊的一个波斯著名旅行家及学者艾勒·贝鲁尼曾在公元十一世纪来到印度。他已经研究过在伊斯兰教初期的巴格达风行一时的希腊哲学。为了研究印度哲学，他在印度努力学习梵文。两种哲学的许多共同特点引起他的注意，在他所著的关于印度的书籍中，他曾经将这两种哲学作过比较。他还提到过研究希腊天文学和罗马天文学的许多梵文书籍。

印度和希腊的文明虽然不可避免地曾经互相影响过，但是它们都坚强得足够保持住它们自己的东西，并循着它们自己的富有特色的路线发展下

---

① 齐麦恩（Zimmern）在他的《希腊共和国》（The Greek Commonwealth）一书中谈到吾珥维克的《柏拉图的启示》（The Message of Plato），1920年版。我没有看这本书。（原注）

② 诺斯替教是一世纪至六世纪盛行的宗教哲学派。它想用波斯、希腊的神学哲学以说明基督教教理。——译者

去。近年来，对于把一切都归之于希腊及罗马的那种由来已久的倾向，已经有了一种反应；亚洲的，尤其是印度的作用获得了重视。达尔尼教授说过："广泛地看来，亚洲人取自希腊的通常只不过是外表的形式上的事物而已；他很少采纳了实质方面的东西——各种内政制度也许是例外的——从没有采纳过精神方面的东西。因为精神方面的东西，亚洲坚强的自信它能够比希腊人维持得更长久些，实际上它的确如此。"他又说："印度文明是足够坚强的，使它自己不受希腊文明的影响；但是除了在宗教范围以外，印度文明似乎还没有足够强大的力量像巴比伦那样地去影响希腊文明；不过我们有理由相信，在印度与希腊二者之间，印度在某些方面是占优势的。""如果希腊人从没有在历史上出现过，印度的历史，除了它的佛像以外，在一切主要方面，一定还是跟它现在所有的历史毫无不同之处。"

偶像崇拜是从希腊传到印度来的，这是一个有趣的想法。吠陀宗教是反对一切形式的偶像崇拜的。在那时，甚至连供神的庙宇也没有。在印度比较古老的宗教中，可能也有一些偶像崇拜的痕迹，然而一定不普遍。早期的佛教是强烈反对偶像崇拜的，它还特别禁止制造佛的偶像及雕像；但在阿富汗及其边疆一带，希腊艺术的影响却很大，它逐渐就流行了。但纵然如此，在开始时佛像仍没有造过，只有些像阿波罗的菩萨的雕像而已。（这些菩萨是被当作佛的前身的）。随后佛本身的雕像及偶像跟着也有了。这就鼓励了印度教某些宗派的偶像崇拜，不过在吠陀宗教中并不如此，它还没有偶像崇拜。在波斯文、印度文中，偶像或雕像这个字还是"布特"（But），就是从佛陀这个字演化出来的。

人类的心智似乎有一种热情，要在人生、自然和宇宙间寻出一种一致性。那种愿望无论是否有道理，都一定要满足心中的某种根本需要。古代的哲学家们一直在追求着这一致性，就是近代的科学家们也受到这种要求的推动。我们所有的一切谋划和设计，我们的教育观念，我们的社会和政治组织都是有着追求一致和协调的背景。现在据说某些有才能的思想家和哲学家认为这种基本观念是虚妄的，在这个偶然性的宇宙之内并没有秩序或者一致性这类的东西。这也许是如此，但毫无疑问，这个错误的信仰——如果真是一个错误信仰的话——在印度、希腊以及其他地方对于一致性的探求，曾产生过积极的结果，导致了人生的谐和、均衡和丰满。

八 古代印度戏剧

欧洲人在发现古代印度戏剧的时候，随即联想到：它是起源于希腊戏剧或是深深地受到希腊戏剧的影响。这一理论在表面上看来似乎可信，因为直到那个时候为止还不知道有其他的古代戏剧存在着，而且自从亚历山大王入侵以后，许多希腊化的国家就在印度边疆建立起来了。那些国家继续存在着好几个世纪，在那些地方一定有过希腊戏剧的演出。在整个十九世纪中，欧洲学者们对于这个问题曾经详细地研究和辩论过。现在已经普遍承认，印度戏剧在起源上，在支配这戏剧的基本意识上和在发展上，都是完全独立的。它最早的开端可以追溯到多少有些戏剧性的《黎俱吠陀》中的颂歌和对话。《罗摩衍那》和《摩诃婆罗多》这两部史诗都会提到过那吒迦（Nataka）即戏剧。在关于黑天传说[①]的歌曲音乐和舞蹈中，戏剧已经具了形象。公元前

① 黑天传说（Krishna Legends）即印度三位一体神之一毗湿奴第八次化身黑天的故事。——译者

六世纪或七世纪的伟大文法学者波你尼会谈到过戏剧的形式。

《舞论》这本书，据说是公元三世纪的著作，但它显然是根据以前的讨论这个问题的其他许多书籍而写的。这样一本书只有在戏剧艺术充分发展、公开演出十分普遍的情况下，才可以写成。在它以前，一定有过相当多的文章出现，而且一定有几百年的演进做它的背景。近来在卓塔那格普尔省[①]罗摩伽尔山掘出了一个公元前二世纪的戏院。这个戏院和《舞论》中对于戏院的一般描写甚为符合，这是一个重要而耐人寻味的事实。

正规的梵剧在公元前三世纪已完全确立起来，这是足以相信的，虽然有些学者甚至把这个时期推早到公元前五世纪。在今天我们所有的剧本中，常常提到截至现在为止尚未发现的许多作家和剧本。拜沙就是这样一个失传的作家；许多后来的剧作家都对他十分推崇。在二十世纪的初期，曾经发现了他所著作的一部分计十三个剧本，在业已发现的梵文剧本中，恐怕最早的一些剧本是那个恰恰生在公元前后不久的马鸣菩萨（即阿湿缚窭沙）所写的，这些只是写在棕榈叶上的剧本的断简残篇；奇怪的是，它们是在戈壁沙漠的边境吐鲁番发现的。马鸣菩萨是一个虔诚的佛教徒，曾著了一部《佛所行赞》，讲佛的一生，这是很出名的作品，早就流行于印度、中国。一个古代的印度学者已把它译成中文。

这些发现使人们对于古代印度戏剧史有一个新的看法；也许更多的发现和发掘会对印度文化的耐人寻味的发展，给予更多的阐明。席尔凡·烈维的意见也是如此，他在所著的《印度的戏剧》中写道："戏剧是印度所产生的文化的最高度表现。当它要解释或描写真实生活的时候，它总是设法利用一个显著的形态去把生活概括地表演出来，这个形态是把无关紧要的东西去掉而概括成为一个象征的。印度的独创性完全在它的戏剧艺术上表

① 卓塔那格普尔（Chota Nagpur）为印度东南部的一个行政区。——译者

达出来；它把自己的各种信条、学说都联结并凝聚在戏剧中了……”

欧洲是从1789年出版的威廉·琼斯爵士所译的迦梨陀娑的《沙恭达罗》剧本第一次知道印度古代戏剧的。这个发现在欧洲知识分子间产生了一种近于骚动的情形，这个译本曾经连续出版过几次。根据威廉·琼斯爵士译文转译的德文、法文、丹麦文和意大利文译本也出现了。歌德深受感动，而对《沙恭达罗》盛辞赞扬。据说他所著的《浮士德》中的序幕就是模仿着迦梨陀娑的序幕，依照一般传说在梵剧中总是有序幕的。①

迦梨陀娑是梵文文学中最伟大的诗人和剧作家，这是大家所公认的。席尔凡·烈维教授写道：“迦梨陀娑的名字支配了印度的诗，并把它辉煌灿烂地作了综合的表现。戏剧、叙事诗和哀歌，现在仍然都可以拿来证实这个卓越天才的能力和他的多才多艺。在辩才天（司学问和艺术的女神）的门徒中，只有他一人有了写出一部真正古典的杰作的幸运，其中印度受到赞美，而人类得到认识。《沙恭达罗》在邬阇衍那（优禅尼）地方写成

① 印度一部分作家往往有一种倾向，喜欢节录或引用欧洲学者的著述来赞美古代印度文学和哲学，我自己也多少有点如此。但要节录一些恰恰与此相反的意见，也是同样容易的事，而且的确还是更容易的事。十八世纪和十九世纪的欧洲学者们对于印度思想和哲学的发现，引起了热情奔放的赞美和渴慕。有一种感想以为印度思想和哲学弥补了一个缺憾，完成了一些欧洲文化所不能做到的事。但是也有一种反对的态度，由此产生了批评与怀疑。这种态度是由于他们感觉印度哲学太抽象、太散漫并由于厌恶印度社会中严格的种姓制度而产生的。这两种反应——赞成的和反对的——都是基于对古代印度文学的极不全面的认识。歌德本人也是摇摆于这两种意见之间的，他一方面承认印度思想对西方文化是一个非常巨大的鼓舞，但同时却拒绝承认它的远大深厚的影响。这种双重而矛盾的看法，是欧洲人对于印度的见解的特征。近些年来，那位伟大的欧洲人——最好的欧洲文化所产生的代表人物——罗曼·罗兰对于印度思想的根本基础，作了一个比较综合而十分友好的看法：他认为东方和西方代表着人类思想不断斗争的不同方面。关于“西方对于印度思想的反应”这个问题，散提尼克丹的国际大学的爱勒克斯·阿朗森先生（Mr. Alex Aronson of Santiniketan University）曾经以他博学多才的手笔写了一些文章。国际大学位于加尔各答附近的波尔浦地方，系罗宾德罗那特·泰戈尔所创办，他住在散提尼克丹主持这个特殊学校的校政直到1941年逝世时为止。“散提尼克丹”的字义是“和平乡”。（原注）

时所受到的赞扬，在许多世纪以后，就是当威廉·琼斯把它向西方介绍的时候，它又从世界的一端照耀到另一端。迦梨陀娑在那个光辉的古典诗人的星群中确定了他的地位，那个星群中每个人的名字都代表着人类精神的一个时代。这一连串名字就构成了历史，或者不如说，这一连串名字本身就是历史。”

迦梨陀娑也写过别的剧本和长诗。他的年代不详；很可能：他是生于公元四世纪末叶，在笈多王朝旃陀罗笈多二世即超日王的统治下，住在邬阇衍那地方。相传他是这个朝廷中的“九宝”之一。毫无疑问，他的天才是曾受到尊重的，而且在他一生中都充分受到推重。他是那些幸运的人之一，那些人被生活当作一个爱子来抚育，在他们所经历的生活中，优美温暖的一面多于艰难困苦的一面。他的文章充分流露出对人生的热爱和对大自然之美的热情。

迦梨陀娑所写的长篇诗之一叫《云使》。一个情人被囚而和他心爱的人分离了，在雨季里，他请求一片云替他把充满了狂热的相思之情的信息带给她。美国学者赖德（Ryder）给了这篇诗和诗人迦梨陀娑一个极好的赞颂。他在论到这诗的两部分时写道：“前半部是对外界大自然的描写，但却和人类的感情交织着；后半部是一幅人类心情的图画，但又镶嵌着大自然的美。整个诗篇写得如此优美，因此没有人能说哪个半部更好些。那些读到这篇十全十美的诗的原文的人之中，有的人被这半部所感动，有的人被那半部所感动。世界不是为了人创造的，人只有在领悟到超人生活的尊严和可贵时，才算达到了他充分的气度。这些道理迦梨陀娑在公元五世纪就已了解，而欧洲直到十九世纪才开始揣摩，而甚至到了现在，它还仅仅是不全面的认识。迦梨陀娑能了解这个真理，是要归功于他崇高的智慧的；这和完美的文体一样，都是伟大的诗所必不可少的。诗词的流利畅达并不稀奇；智慧的理解力也非十分难得；不过，能将这两者结合起来的，则自开天辟地以来，恐怕还不过十一二人。迦梨陀娑因为具有这种极为融和的结合能力，所以他的地位要在阿那克里翁（Anacreon）、贺拉斯（Horace）、雪莱之上而和索福克勒斯（Sophocles）、维吉尔、密尔顿并驾齐驱。

可能在迦梨陀娑之前很久的时候，另外一出著名的戏剧就已写成——戍陀罗迦的《小泥车》，这是一个温柔但是不免有些做作的戏剧，不过它有一种现实性，很能感动人，并且能使人对于当时的思想和文化略见一斑。在公元四百年左右，也是在旃陀罗笈多二世统治期内，另外一出值得注意的戏写出了：毗沙迦达多的《罗刹娑与印章》或《图章戒指》。这是一出纯粹政治性的戏，既没有爱情又没有神话故事，它描写的是孔雀王朝旃陀罗笈多王时代的事；他的首相就是《利论》的作者阇那迦，是剧中的主人公。就几方面看来，这出戏在今天是一出以时事为题材的戏剧。

在公元七世纪初期建立了新帝国的戒日王也是一个剧作家；他有三个剧本流传下来。大约在公元七百年时，另外一个光辉灿烂的梵文文学作家跋婆蒲提出现了。他的文章不易翻译，因为它的美主要在于语言，他在印度非常出名，只有迦梨陀娑在他之上。牛津大学从前的梵文教授威尔逊谈到过这两位作者："要去想象一种语言和跋婆蒲提与迦梨陀娑的诗那样美好动听，那样庄严伟大，是不可能的。"

梵剧流行了数世纪，到公元九世纪初期的莫拉利之后，在质量方面就有了显著的退步。这种退步和逐渐发生的衰朽，在其他生活活动的方式上也可以看得出来。戏剧退步的原因，据说一部分是由于在印度—阿富汗和莫卧儿各时代缺乏朝廷的奖励，以及伊斯兰教的反对把戏剧当作一种艺术的形式而造成的，这反对的主要理由是认为戏剧和民族宗教有着密切的关系。民间戏剧继续流传，而这种文学性的戏剧却是炫耀才学的矫揉造作，需要贵族来加以扶持奖励的。然而这种论点实在没有多大理由——虽然上层的政治变动可能对戏剧有些间接影响。事实上，在这些政治变动发生以前，梵剧的退步早已显然可见了。而且有几百年，这些变动只局限于印度北部，如果当时的戏剧还留下了任何生气的话，它应该可以在南部继续它那创造性的发展的。印度—阿富汗、土耳其和莫卧儿各统治者的记录，除掉短短的清教徒式的时期外，是一个明确地奖励印度文化的记录，他们有时还对印度文化作了些变更和增加。印度音乐被伊斯兰教徒宫廷和贵族全盘地热烈地采用了，有许多最伟大的印度音乐名家是伊斯兰教徒。文学和诗也受着鼓励，在许多用印地语写作的著名诗人之中也有的是伊斯兰教徒。俾查浦尔的统治者易卜拉欣·阿迭勒沙，还用印地语写了一篇论印度音乐的论文。印度诗和印度音乐中，有提到印度男神和女神的地方很多，但是它们仍被接受，其中许多寓言和比喻也听其继续存在着。我们可以说，除掉实际的塑像这一件事以及其他少数的例外，伊斯兰教统治者并没有禁止过任何艺术形式。

梵剧退步，是因为当时印度境内许多事情都在退步中，创造的精神也正在衰减。早在阿富汗人和土耳其人建皇位于德里之前，戏刚已经在开始退步。此后，梵文作为一种贵族使用的高雅语文，在相当限度上不得不与波斯文作竞赛，所以梵剧衰退的一个很显明的理由，似乎是因为梵剧中的语言跟日常使用的语言之间，有了日益扩大的鸿沟。到公元一千年前后，那些一般的口语也开始具备了文学的形式，我们近代的语文就是从它发展出来的。

尽管有这样的变迁，在整个中世纪一直到近代，梵剧还是继续不断地产生出来，这真是令人惊异的事。1892年曾经出现过一出用梵文改编的莎士比亚的《仲夏夜之梦》。古老戏剧的稿本也继续有发现。1890年，席尔凡·烈维教授编了一个戏剧目录，其中包括189个作家所著的377种剧本。一个比较新的目录则包括650种剧本。

古代剧本（迦梨陀娑和其他作家的）的语言是混合的——梵文和一种或多于一种的俗语，即由梵文变化而成的通俗语言。在同一出戏里，受过教育的人们用梵文说话，没有受过教育的普通人们就说俗语；妇女——虽然也有例外，通常总说俗语。剧本中有很多诗歌，这些诗歌所用的语言都是梵文。这种混合起来的语文或者使戏剧更能接近于普通观众，它是文学用语和民间艺术要求之间的一种折中的东西。不过，主要地说来，古代戏剧代表着一种贵族艺术，是为那些熟悉世故的观众而编写的，那些观众通常是朝廷中及类似的高贵人物的。席尔凡·烈维把它在某些地方和法国的悲剧相提并论，法国悲剧因为所选的主题的性质，使它脱离了群众，而且因为它脱离现实生活，因此就创造了一种拘泥习俗的社会。

除了那些高级的文学戏剧以外，印度还一直有着民间戏剧；这种戏剧是以印度神话中的故事和一般观众所熟知的道德教训为题材的，它较多地注重于外表和排场，而对于戏剧的本质注意较少。它所用的语言是各地方人民所用的语言，因此它的范围只限于那个区域。至于梵文剧本，它所用语言是受过教育的人士所用的全印通用的语言，因此它风行于全印度。

梵剧无疑的是讲究表演的，所以有细致入微的舞台指示，关于观众座位也有详细的规定。不像古代希腊戏剧，梵剧有女演员参加演出。在希腊戏剧和梵剧中，都含有一种对大自然的敏感，都感觉到它是大自然的一部分。它的抒情气氛很浓厚，诗好像是整个人生的一部分，它充满着深长的人情味和意义，它是常常被朗诵的。人们在阅读希腊戏剧时，所看到许许多多的习俗、思想和生活方式，这就会突然间使人回忆到古代印度的习俗。不过，希腊戏剧和梵剧本质上还是有所不同的。

希腊戏剧的主要的基础是悲剧，也就是关于邪恶的问题。人为什么受苦受难？世界上为什么有邪恶？这个宗教的谜、上帝的谜。人是一个何等可怜的东西，人生如朝露，却对操纵一切的命运作盲目而无目的的挣扎，“这命运是那万古长存、一成不变的定律”。人必须在痛苦中吸取教训，如果是幸运的话，他会从挣扎中出头。

在这使人倦乏的海洋上，
躲过那狂风暴雨，安抵了庇身的海港，
他就会感到快慰欢畅！
谁能挣扎出头，自由解放，
谁就将感到快慰欢畅！
人生艺术是奇妙的塑像，
有些人也许超胜他的同胞只在黄金和权势上。
千千万万的人们漂浮动荡，
怀抱着千千万万在发酵酝酿的希望；
他们如愿以偿抑或未能如愿，
他们或已绝望抑仍为之忧伤颓唐；
漫长的岁月流逝而去，
谁能懂得人生快乐，谁就寻到了他的天堂！

人从痛苦中得到教训；他可以学会如何面临人生，但他也认识到最终的神秘仍然存在，他不能对他的问题得到答案，也不能对善恶之谜加以解答。

神秘玄妙，千形万状，
上帝创造的东西，各色各样，
超越了恐惧或希望。
人们所求的目的难达，
明明有路而没人想到。[1]

梵剧中没有可以和希腊悲剧中所含有的力量和庄严相比拟的东西。的

① 上面两首诗是从吉尔柏特·墨累教授所译欧里庇得斯的诗中摘录的。第一首引自《醉神女伴歌》（The Bacchae），第二首引自《阿尔塞斯替》（Alcestis——咏希腊神话中曾代夫死亡并从地府获救的王后的诗。——译者）。（原注）

确，梵文中根本没有悲剧，因为悲惨的结局是不许可的。它们从来就不讨论这些根本问题，因为剧作家接受的是一般人所承认的那种宗教信仰，例如生死轮回、因果报应等等。意外的事或无缘无故的邪恶都不用做戏剧的题材，因为今生发生的事，一定是前生某些事情必然的结果。尽管人类不得不对那盲目势力的干涉作无效的挣扎，其实这种干涉是并不存在的。哲学家和思想家对于这种简单的解释并不满意，他们仍在继续地深入探讨，要寻出最终的原因和更详尽的解释。不过，人生一般的是被上述的那些信仰所支配的，戏剧作家们也没有去辩驳. 戏剧和梵文诗通常是和印度精神一致的，很少看得到对它反抗的痕迹。编写剧本有严格的规则，很难违犯。可是对待命运也并不是软弱的屈服，剧中男主人公总是一个抵抗万难的勇者。阇那迦在《罗刹娑与印章》戏剧中轻蔑地说道："愚昧无知的人靠天保佑，他们不谋自助，只是仰望着星辰，以求援救。"在编剧方面渐渐地掺入了人为的公式：英雄人物老是英雄人物，反面人物几乎总是做得卑鄙下贱，很少有中间人物。

剧中也有强有力的戏剧性情景、动人的场面和人生的背景；这种人生的背景是一幅梦中的图画，又真又假。诗人用幻想通过了华丽的文字把这一切编制成篇。我们几乎觉得——也许事实并不如此——印度的生活在当时是更宁静、更安定，仿佛人生的根源已经发现了，对于人生许多问题的答案已经获得了. 人生平静地度过去，而大风疾雨也不过使它的表面略起微波而已。像希腊悲剧中那种可怕的暴风雨一样的东西是从来没有的。然而它是很合乎人情，并且具有美学上的谐和和逻辑上的一致。席尔凡·烈维说：印度戏剧（"那吒迦"）至今仍旧是印度天才中最使人满足的创作。

基斯教授[1]也说道："梵剧可以很正当地认为是印度诗中最高的产物，它

① 我屡次征引席尔凡·烈维所著的《印度的戏剧》（巴黎，1890年版）和A·贝里得尔·基斯所著的《梵文戏剧》（牛津，1924年版），并且从这两本书中引用了一些别的话。（原注）

本身概括了文学艺术的最终概念，这种文学艺术是那些最富自觉性的印度创作家们的成就。……婆罗门在这方面正像在其他许多方面一样，虽然受到了许多诋毁，他们实在是印度智力上优越的泉源。他们曾产生了印度哲学，由于他们智慧上的另一次的努力，又发展了敏感而有力的戏剧形式。”

一本英译的戍陀罗迦所编的《小泥车》剧本，1924年在纽约演出。《民族》杂志的戏剧评论家约瑟夫·伍德·克鲁支先生当时写了一篇评论如下：“一个看客如果有地方可以看到理论家所谈到的那种‘纯粹艺术之戏剧’的真正例子的话，那么他在这出戏里面可以看到了。这出戏还会使他对于真正的东方智慧加以好好地思索。这种智慧不在于秘传的教义而是在于它的温柔仁慈。传统的基督教中所有的温柔仁慈，远没有它那样的深厚和真实，因为基督教已经被希伯来思想中冷酷苛刻的那种正义所彻底腐化了。……这是一出虽然完全虚构假托，但却深深动人心弦的戏，因为它虽然不是写实的却是逼真的……无论这位作家是谁，也不管他是生在公元四世纪还是生在八世纪，他总是一位又善良又聪明的人，这种善良和智慧不是出之于道德家的口中或流利的笔上，而是发之于内心的。那种非常的同情心带有青春和爱情的新鲜活泼的美，调和了他的沉静气氛；他也有足够的经验使他体会到一篇描述巧妙繁杂事情的轻松愉快的文章，可以当作一种工具来表达仁慈的博爱精神和具有自信心的善良品德……这样的戏剧只有已经达到了成熟境界的文明才能产生出来。当一种文明在已经把它所面临的一切问题考虑过了之后，它一定就要归结于一些宁静而质朴的像这种戏剧一样的东西。麦克白（Macbeth）和奥赛罗（Othello），不管他们是多么伟大而使人兴奋的人物，他们终究是野蛮的英雄人物；因为莎士比亚剧中情绪的骚动是从两种东西的冲突中产生的：一种是新觉醒的情感，另一种是由蛮荒时代就承袭下来的一连串的道德观念。我们这时代的现实主义戏剧也是在同样的混乱中产生的。当问题得到解决，情欲和理智者的判断得到调和的时候，剩下的就只有外表的格式了……在我们欧洲过去的古典作家中我们还找不出一部比印度的更为开明文雅的作品。”

九 梵文的生命力与持久性

梵文是一种非常富丽堂皇、花枝招展、繁茂荣滋的语文，而又精细正确，严格遵守着两千六百年以前波你尼所制订的文法的范围。它扩充了，更丰富了，更充实华丽了，但它始终固守着原来的本源。在梵文文学的衰退时代，它丧失了一部分活力和文体上的质朴性，它变为非常复杂，被许多明喻和暗喻句子纠缠不清。文法规则本来是用以联缀字句的，到了后人的手上竟变成了卖弄聪明的工具，他们把整串的单字结合起来长到许多行。

威廉·琼斯爵士远在公元1784年就说过：“无论梵文多么古老，它具有奇妙的结构；它此希腊文更完善，比拉丁文更丰富，而且比上述两者中任何一种文字更为优雅美妙；在动词词根和文法格式上，它和两者都有强烈的类似，这绝不是偶然发生的现象；它们中间的类似之点如此强烈，没有一个语言学家通盘研究过了这几种文字而不相信它们是同出一源的，虽然这个共同的根源恐怕已经不复存在了……”

在威廉·琼斯之后，欧洲许多其他的学者，英国的、法国的、德国的，还有其他国家的也都研究了梵文，并奠定了一个新的科学的基础——比较语言学。德国的学术在这个领域内渐渐赶过了头，钻研梵文最大的功劳必须归诸于这些十九世纪的德国学者们。差不多每个德国大学都有一个梵文系，有一两个教授主持其事。印度的学术本很可观，但它只有旧的风格，没有批评的精神，除了阿拉伯文和波斯文以外，对于其他外国古典语言很少熟习。在欧洲人的影响之下，一种新派的学术在印度兴起了，许多印度人到欧洲去，通常是到德国去，以新的研究方法和批判与比较的学习方法来训练自己。这些印度人比欧洲人有占便宜的地方，也有吃亏的地方。吃亏的地方是由于他们有先入为主的观念，从古遗传下来的信仰及传统，这些都妨害了心平气和的批判。他们有一个很大的便宜，就是他们能够钻入到作品的精神里去，能够描绘出作品发生时的环境，因此能够和它更为协调。

语言较诸文法及语言学是一种更无限伟大的东西。它是一个种族和一个文化的天才所留下来的诗意的遗产，它也体现着形成种族和文化的那些活泼的思想和想象力。字的意义是随着时代而改变的，旧的意义转变成为新的意义而仍然保留着它们旧的外形。要了解一个古字和古的词句的意义是困难的，要了解它的精神更为困难。如果我们要想窥见那古时的意义和前代使用这语言的人的心理，那就必须具备某种浪漫主义的和诗意的领悟能力。语言愈丰富多彩就愈困难。梵文像其他古典语文一样，有很多的字不仅富于诗意，而且意义深长，并有许多相联属的观念，这些是不能翻译成精神和外貌都与它迥然相异的那种语文的。甚至它的文法、它的哲理也都有着丰富的诗意内容；有一本古代梵文字典就是用诗的形式编成的。

甚至我们这些曾经研究过梵文的人，想要钻进这个古代语文的精神里去，想要重度那许久以前的世界里的生活，也非易事。不过在一些小的限度内我们也许可以做得到，因为我们是古代传统的继承者，而那个古老的世界还存留在我们的幻想当中。我们印度的现代语言都是梵文后裔，它们大部分的词汇和表达方法是得之于梵文的。梵文诗歌和哲学书中的许多丰富而有意义的字，不可能翻译成外国语，它们却仍然还是我们各种民间通用语言中活生生的一部分。梵文本身尽管作为一种民间语文早已死亡了，但它仍有惊人的生命力。但对外国人而论，尽管有很好的学问，困难却更大。不幸的是，学者和博学的人们很少是诗人，然而诠释一种语文是需要学者兼诗人才作得了的。如巴尔特所指出的，我们常常从这些学者得到“不忠实的翻译，因为他们着重直译的缘故”。

因此，虽则比较语言学已经有了进步，而且在梵文的研究方面也做了许多的工作，但是对这个语言若用诗意的和浪漫主义的理解这个观点来说，那么还是颇为贫乏。从梵文翻译成英文或任何其他外国语文的作品中，几乎没有称得上有价值的，或者是忠实于原文的。由于不同的理由，印度人和外国人在这方面的工作都失败了。这是很可惜的事，世界上失去了一件贵重的东西了，这种贵重的东西充满了美丽、想象力和深刻的思想，这种贵重的东西不仅仅是印度的遗产，而且也应该是人类的遗产。

把《圣经》的权威版本译成英文的这种具有艰苦训练、虔诚理解以及锐敏洞察的工作不仅仅产生了一部尊严的书，而且赋予英国语文以一种力量和高贵的品质。好几代的欧洲学者和诗人们，用爱好的心情从事精译希腊和拉丁的古典作品，而产生了各种欧洲文学的优秀译品。甚至因此普通的人们，在某种限度内也能够分享那些文化的利益，而在他们的单调生活中得以瞥见一些真理和美妙。不幸的是，在梵文古典作品上此项工作尚待努力。什么时候会做这种工作呢？究竟将来是否还会做这种工作呢？我不知道。我们学者的人数愈来愈多了，他们的学术愈来愈有了成就，而且我们也有自己的诗人；但是在这两者之间有一条日益增宽的鸿沟存在着。我们的创作倾向转到不同的方面了，今天的世界对我们有很多的要求，几乎不能让我们有从容研究古典作品的闲暇。特别是在印度，我们不得不把眼光朝另一方面看，以弥补那丧失已久的时间：我们在过去曾经过分沉浸在古典著作里，还有由于我们丧失了自己的创作本能，就是我们自称很珍爱的那些经典著作也不再使我们得到灵感了。我想印度经典的译本是要继续出现的，学者们会注意到使梵文的单字和名字拼写正确，具备一切必要的发音符号，有很多的注解、解释及研究比较。事实上，一切应有尽有，而且是按词义忠实地译出，只是生气勃勃的精神消失了。原来很可爱，而且音调谐美、富于想象、带着生命和欢乐的妙文，将变成古旧、平淡、陈腐的东西，既乏青春，又欠美感，只是带一些书斋的灰尘和半夜油灯的臭味而已。

梵文究竟在多久以前就成为死的语文，意思就是说在不再成为口语有多久，我不知道。早在迦梨陀娑的时代，它就已经不是大众的语文了；虽然它是全印度受过教育者的语文。它就这样地维持了许多世纪，甚至还传布到东南亚和中亚细亚的印度人居留地。公元七世纪的柬埔寨就有正式的梵文诗文，可能还有剧本，这是有记载的。在泰国（暹罗）的一些典礼仪式中，至今还用梵文。梵文在印度的生命力是很惊人的。当十三世纪初期阿富汗统治者在德里皇位上登极的时候，波斯语成为大部分印度的宫廷用语，而逐渐地许多受过教育的人们放弃梵文，采用了波斯语文。各种民间的语文，也在成长，而且发展出各种的文体。然而尽管在此种情形之下，梵文还是继续存在，只是品质降低了。1937年在特里凡特伦举行的东方学大会上，托马斯博士（Dr. F. F. Thomas）担任主席，他指出：梵文在印度曾经是一个伟大的统一力量，它的用途还是多么普遍。他实际上还建议用一种简体梵文——一种基本的梵文——作为现在全印度的共同语文!他引用了马克斯·缪勒以前说过的话，并且表示同意道："印度的过去和现在有着这样一种惊人的连续性，尽管有屡次的社会变动，宗教改革，外国侵凌，但在那个伟大国度的整个范围内，梵文可以说仍旧是一种唯一通行的口语……甚至在目前，在英国统治和英语教学了一个世纪之后，我相信梵文在印度被人们了解的程度，要比但丁时代拉丁文在欧洲被人们了解的程度更为广泛。”

我不了解但丁时代欧洲有多少人懂得拉丁文，我也不知道在今天印度有多少人懂得梵文；只是懂得梵文的人数还是很多，特别是在南部。那些深通任何一种印度—雅利安语系现代语言——印地语、孟加拉语、马拉塔语、古吉拉特语等等——的人们要懂得口说的简单梵文不是很难的事。甚至本身纯属印度—雅利安语系的现代乌尔都语大概也有百分之八十的词是从梵文变化出来的。一个词究竟是从波斯文来的还是从梵文来的？这往往很难说，因为两种文字的词源是相同的。南方的各种达罗毗荼系的语言，虽然来源和梵文完全不同，可是也从梵文借用并采用了大量的词，几乎它们的半数词汇是和梵文密切相关的，这是一件很奇怪的事。

在整个中世纪时期中直到近代，各种科目的书，包括剧本在内，还有继续使用梵文写出来的。的确，这类书现在还不时出现，梵文杂志也是这样。水准不高，并且它们也没有增加梵文文学一点价值。但是令人惊异的是梵文的势力，在这样悠久的时期中，会这样地一直维持下来了。有时候在公共集会上还用梵语来致辞，只是那些听众当然或多或少是有些学问的。

这种对于梵文的不断使用无疑地妨碍了各种现代印度语文的正常发展；受过教育的知识分子看不起那些现代印度语，认为它们是粗鄙的，不适宜于创作性或学术性的著作，这类著作本是用梵文，后来是常用波斯文写成的。尽管有这种障碍，各省的重要语文在若干世纪中还是逐渐地形成了，发展了各种文体，建立了他们的文学。

在近代的泰国中，当它需要技术上的、科学上的或政治上的新术语的时候，许多词是从梵文改作而成的，这是一件有趣的事情。

古代的印度人认为语音是很重要的，因此他们的诗和散文都有一种节奏的、音调谐和的风格。他们特别努力要保证词的正确发音，为了这个目的定下了精密的规则。因为古代教学专凭口授，整部的书籍要记在心里，一辈一辈地传下来，所以发音正确就更有必要了。单字发音所含的重大的意义使他们企图把音和义相结合起来，结果有些结合很令人感到愉快，有些就成为拙劣而不自然的混合的东西。庄斯登曾经叙述过这一点："印度的古典诗人们对于语音的变化殊有敏感，其他国家的文学少有和这相似的现象，它们的精巧的结合是无穷快乐的泉源。但是有些人把字音和字义配合得无疑是非常拙劣，他们用有限的辅音或甚至于只用一种辅音来做诗，犯下了真正的大错。"①

虽在今天，吟诵《吠陀》诗篇时，仍然是遵照着古代规定的、谨严的发音规则。

近代的印度语言是从梵文变化出来的，因此称为印度—雅利安语系，计有印地—乌尔都语、孟加拉语、马拉塔语、古吉拉特语、奥里萨语、阿萨密语、拉其斯坦语（印地语文的变体）、旁遮普语、信德语、帕塞托语、克什米尔语。属于达罗毗荼语系的有：泰米尔语、泰卢固语、加那列语、马来雅拉语。全印度所有语文都包括在这十五种之内。在这些语言中印地语及其变体的乌尔都语流行最广，甚至不讲这种语言的地方也都听得懂。除此以外，只有一些方言和文化落后的山林地区的部落在极有限的地城内所讲的尚未成熟的口语而已。那种据说印度有五百种或更多的语言，那种翻来覆去的说法，只是语言学家们心中虚构出来的东西。户籍调查员把它当作独立的语言而予以登记的有方言中的每种变化和阿萨密—孟加拉与缅甸交界地方的山区中每一种土语，其实有的不过是几百人或几千人所说的话而已。这些所谓几百种语言之中大部分只限于印度东方边疆和与缅甸交界的东方边疆。如果依照这些户籍调查员们所用的方法，那么欧洲也有好几百种语言；我想，德国就可以列出大约六十种。

① 引自庄斯登（E. H. Johnstone）的马鸣菩萨所著《佛所行赞》译本（1936年拉合尔版）。（原注）

真正的印度语言问题和这种多种多样性并无关系，问题实际上只限于印地—乌尔都语，它是一种语言而有两种文体、两种字体。在讲的时候，几乎没有任何差别，但是写起来，尤其是在文雅的体裁中差别就大了。过去曾经有人努力过，而现在也还在继续努力要缩小这种差别，要发展一种通常称为印度斯坦语的共同文体。这正在发展成为全印度人民都懂得的一种共同语言。

从梵文变化出来的印度—雅利安语系中之一的普什图托语是印度西北边疆省区和阿富汗的流行语言。它比较我们其他的任何语文受到更多波斯语的影响。这个边区地方在过去曾接连不断的产生过梵文的突出思想家、学者和文法家。

锡兰的语文是僧伽罗语；这也是直接从梵文变化出来的印度—雅利安语系中的一种。僧伽罗种族不但从印度取得了他们的宗教——佛教，而且在种族和语言学上也和印度人有血统关系。

现在大家已经明白承认，梵文和欧洲的古典语文以及近代语言是接近的。甚至斯拉夫体系的各种语言和梵文也有许多共同的形式和词源。在欧洲语言中最接近梵文的要算是立陶宛语了。

十　佛教哲学

据说，佛所用的语言是他居住地方的普通语，是一种从梵文变化出来的俗语。他当然一定了解梵文，不过为了要深入民间，所以他宁愿说民间通行的那种语言。初期佛典用的巴利语，就是从这种俗语发展出来的。佛的谈话和其他记载以及议论是在他死后很久方用巴利语记录下来的，这些文件就成为锡兰、缅甸、暹罗的佛教基础；在这几个国家里盛行的是小乘佛教。

佛灭后几百年梵文在印度曾经有过一度复兴；佛教的学者们也用梵文写着他们的哲学和其他文章。马鸣菩萨的著作和剧本（这是我们有的最早的剧本），原为佛教做宣传用的，都是用梵文写成。这些印度佛教学者的梵文著作传到了中国、日本和中亚细亚，在这些地方通行的是大乘佛教。

佛降生时，正是印度有着一个惊人的精神激动和哲学探索的时代。不仅仅在印度有这种情形，因为那也是老子、孔子、琐罗亚斯德①、毕达哥拉斯的时代。在印度那个时代产生了唯物主义和《薄伽梵歌》，佛教和耆那教还有其他许多的思潮；种种后来都结合在印度哲学的各个体系中去了。

① 祆教（拜火教）始祖。——译者

那思想有不同的层次，一层引到一层，并且有时互相重叠。不同的哲学派别与佛教并肩发展，而佛教本身也有许多的裂痕，因而引起了教内不同宗派的分立。理性的哲学精神逐渐衰退，代之而兴的是些烦琐哲学和好辩论的争执。

佛曾经屡次警告人们不要在形而上学的各种问题上作学究式的争论。据说他曾经讲过“人在说不出所以然的事情上应该不开口”。真理要在人生本身中去寻求，而不是在对人生领域以外的各种事件的争辩中去寻求，因为那些事情不是人类理智所能及的。他又强调人生的伦理方面，显然他认为人们由于全神贯注在形而上学的玄秘微妙上反而使伦理方面没有受到注意而遭受了损失。初期的佛教反映了一些佛的这种哲学的和理性的精神，所以它的探索是根据经验的。在经验世界中，纯然存在的概念是不能理解的，因此置之不论，同样的，造物主的观念也是一个不能用逻辑来证明的假定，所以也置之不论。不过经验仍然存在着，在某种意义上也可说是足够真实的，除非它是单纯演变中的流动，是一种永在演变成为另外一件事物的流动以外，它还能够是什么呢？因此这些中间程度的现实性是获得承认的，进一步的探索，就根据了心理学的基础沿着这些路线进展的。

佛虽是一个反抗者，可是并不曾使他和本土的古代信仰隔绝。黎斯·大卫兹夫人说道：“乔答摩生为印度人，受的是印度人的教养，过的是印度人的生活，死的时候仍然是一个印度人。……乔答摩的形而上学和原理，很少不能在一种或他种正统派的体系中寻找出来的；他的道德伦理有很多可以和早期或晚期的印度教书籍中的东西相媲美。乔答摩的创作力是在于他把旁人已经说过的东西加以修正、扩充、发扬光大，并加以系统化；是在于把一些印度教最著名的思想家所公认的公道和正义的原则，贯彻到它们的论理的结论上面去。他和其他大师的分别主要在于他那恳挚的热情和他那广阔的大慈大悲的精神。”[1]

然而佛已经播下了反抗当日宗教中的因袭陋习的种子。他的遭人反对并不在于他的理论或哲学——因为每一种哲学，只要它仍然是一种理论的话，都可以在正统信仰的范围内加以提倡的——而是在于和人们社会生活和组织的相抵触。那种旧的体系在思想上是自由而可以变通的，听任各种不同意见的存在，但在实践上它是顽固的，不允许违反习俗的。因此，佛教就不可避免地倾向于脱离旧信仰了；佛死之后这裂痕更趋扩大。

初期佛教衰退的时候，佛教的大乘形式发展起来了；较古的一种称为小乘。大乘佛教把佛当作神看待，而且开始把他当作一个具有人性的神来敬奉。佛像也从希腊占领的西北部出现了。大约就在这个时候，印度的婆罗门教和梵文学术又有一度复兴。大乘与小乘之间，争论甚为激烈；并且在此后的全部历史中，还继续着不断的争论和互相反对。小乘佛教的国家（锡兰、缅甸、暹罗）甚至到今天还有些轻视中国及日本通行的佛教，而我想同样的心情在对方也是有的。

小乘佛教多少有些墨守古代的清规，并且把它局限于巴利文经典之内，大乘佛教却向各方面伸张，它差不多对于一切都能容忍，并且能适应每个国家的特殊风尚。在印度，它开始接近民间的宗教。在其他的地区里，如中国、日本，它都有独立的发展。若干初期最伟大的佛教思想家，摈弃了佛对于灵魂的存在所持的不可知论，把灵魂彻底否定了。在大批有大智慧的人们之中，龙树菩萨巍然地成为印度产生的最伟大的人物之一。他生活在迦腻色迦王的时代，约在公元开始的时候，他是制定大乘教义的主要负责人。他的思想之有力和大胆是惊人的，他并不怕他的结论会被大多数人认为惊世骇俗。他用严酷的逻辑一直追踪辩论，甚至于连他自己所信仰的

[1] 这一段和其他许多皆引自拉德哈克里希南爵士（Sir S. Radhakrishnan）的《印度哲学》一书（伦敦乔治爱伦及恩文公司1940年版）。（原注）

都加以否定。思想不能自己知道自己，也不能走出它自己的圈子，也不会知道另一种思想。离开了宇宙没有神，离开了神也没有宇宙，两者同样都是外貌。他就这样地继续推究以至于一切都没有了，真实和错误没有区别，对任何事物的了解或误解都没有可能，因为不论何人怎能对于不真实的事物发生误解呢？没有东西是真实的，这世界只是一种现象的存在；它只是我们所信任而又不能清楚地加以解释的那些性质和关系的概念体系而已。然而在所有这些经验的后面，他暗示着一种东西——绝对性——而这是超越我们思想能力以外的东西，因为就在思想的过程中，它又变为相对性的东西了①。

这“绝对性”在佛教哲学中往往被称为“舜若多”（“空性”），也就是“空”（“舜若”这字就指的是“○”的符号），然而它和我们空虚或无的观念大不相同②。在我们世俗的经验中，我们只得称之为无，因为没有别的词可

① 苏联科学院的斯彻尔巴次基（Th. Stcherbatsky）教授在其1927年列宁格勒出版的《佛教的涅盘概念》一书中认为龙树应该“列入人类伟大哲学家之中。”他说：“龙树的绝妙文体总是令人感到有趣味、豪放，使人无法回答，有时也仿佛带点傲慢。”他把龙树的看法拿来和卜拉德赉（Bradley）与黑格尔的见解相比较说道：“卜拉德赉对于日常世界中差不多一切的概念：如事物和性质、关系、空间与时间、变化、因果、动和自己等，都一一加以非难，与龙树的否定论正相巧合，这是很令人注目的。从印度人的观点看来，卜拉德赉可以认为一个真正的中观派哲学家，然而在这些相同点之外，我们在黑格尔的辩证法和龙树的辩证法之间或者可以发现更要大的亲切的类似。”

斯彻尔巴次基指出有些佛教哲学的宗派与近代科学观点尤其是对于根据热力学函数定律的宇宙最终情况的概念当中有某些类似之点。他提出一个有趣味的故事。当苏联在外贝加尔新成立的布利亚特共和国的教育当局发动反宗教宣传的时候，他们强调说近代科学主张一种唯物主义的宇宙观。那个共和国中的相信大乘佛教的和尚着一本小册子加以反驳，指出他们并非不知道唯物主义，而且指出在事实上，佛教哲学的一派曾经发展了一种唯物主义的学说。（原注）

② 斯彻尔巴次基教授是这一门学科的权威，曾经亲自审核过各种语文的原本，包括西藏文在内，他说舜若多是相对性。每件事物都是相对的，相互依赖的，本身没有绝对性。因此它是舜若。在另一方面，完全超乎现象世界之外还有一些东西存在，但是包括世界在内，是可以认为绝对的。这不能够用可确定的，现象世界的名词加以想象或描述，因此它就被看作是“真如”（tathata）。这种

用；但是用形而上学的现实的名词来说，它意味着某种超越物质世界的而又普遍地存在于一切事物之内的东西。一位有名的佛教学者说道："只因为有了舜若多（空性）一切才成为可能；缺了它，世界上的一切就没有可能性了。"

凡此一切都表现出形而上学把人们引到什么地方去了，由此可见佛的警诫人们不要这样地想入非非是何等的聪明啊！然而人类的理智不肯把自己拘束住，明明知道那种知识的果实抓不到手，还是不断地伸出手去。形而上学在佛教哲学中发展了，不过所用的方法是以心理学上的理解为基础的。还有它的洞察心理状态的能力也是令人惊奇的。现代心理学里下意识的我是被明显地重视而且加以讨论过。有人曾经把一本古书里非常好的一段文章指给我看，这使我不免回忆到俄狄浦斯变态心结的学说，虽然理解的方法是完全不同的。①

佛教中发展出四种明确的哲学派别：两派属于小乘佛教，两派属于大乘佛教。所有这一切的佛教哲学体系皆发源于《奥义书》(邬波尼煞昙)，但是他们并不承认《吠陀》的权威。它们所以区别于大约在同时发展的那些所谓印度教哲学体系的就是由于它们对于《吠陀》的否认。这些印度教体系一般地是接受《吠陀》的，在某种意义上说它们也是在形式上尊敬《吠陀》的，可是并不承认《吠陀》没有错误。实际上它们是自作主张，对《吠陀》并不十分注意。因为《吠陀》和《奥义书》(邬波尼煞昙)是出于许多人的口吻，所以后来的思想家们就可能各据一说畸重畸轻，而在这个

绝对也被称为舜若多。(原注)

① 这段出现于世亲菩萨（婆薮盘豆 Vasubandhu）的《阿毗达磨俱舍论》(Abhidharmakosa)，原书写于公元五世纪初期，搜集了先前的见解及传统。梵文原文已经散失。但中文及藏文译本还存在。中文本是由有名的中国高僧玄奘所译的。法文译本是从中文本重译的（巴黎一鲁文1926年版）。我在监狱的同事和伴侣纳仑德拉·德夫（Acharya Narendra Dev）将此书从法文译成印地文及英文，他向我指出这一段文章。这是在第三章。(原注)

基础上建立起他们的思想体系。

拉德哈克里希南教授就依照了四种学派中所表现的情形去叙述佛教思想的逻辑动态。最初是二元论的形而上学，把知识看作是对物体的直接感受。在第二阶段中，把各种观念作为了解现实所要通过的媒介，因此在精神和物质之间就竖起了一层屏障。这两个阶段代表的是小乘宗派。大乘宗派则向前进了一步，它抛弃了心象后面的事物，把一切体验归结为心中的一系列的观念。相对性的观念和下意识的我也应时而生了。在这最后一个阶段中——这是龙树菩萨的中观派哲学——精神本身分解成为一些单纯的观念，给我们留下来的只是一些我们不能具体地认出来的、散漫的、个别的观念和知觉而已。

于是乎，我们就最后达到了空气般的一无所有的境地了，或者是一种我们有限度的智力所难于领会的事物，以至于不能把它描写出来或给它下一个定义。至多我们只能说那是一种意识——这叫作“识”(Vijyana)。

尽管用心理学和形而上学的分析，得到了这样一个结论，它最后把不可见的世界的概念，或把绝对的概念归结成为纯粹的意识，因而就成空无所有了，就我们所能使用的或理解的字眼而论是这样的，虽然如此，它仍然强调在我们这个有限的世界之中伦理关系是有肯定的价值的。因此在我们的生活中，在我们的人类关系中，我们仍应遵守伦理，过善良的生活。对于这个生活，对于这个现象的世界，我们能够而且也应该应用我们的理智、知识和经验。至于“无限”，或不管将它称作什么，是超越人世以外的；对它而论，理智、知识和经验却都应用不上。

十一　佛教对印度教的影响

佛的教义对于古老的雅利安宗教和印度通行的民众信仰有些什么影响呢？毫无疑义，这些教义对于宗教生活和民族生活的许多方面产生了强大而持久的影响。佛也许未曾想到自己是一个新宗教的开山祖师，可能他仅自视为一个改良家而已。但是他那生机活泼的品格和强有力的教旨，对于许多社会上和宗教上的陋习从事攻击，不可避免地就引起他和固步自封的教徒们的冲突。他并不曾自以为是一个当时通行的社会制度秩序或经济组织的根本推翻者；他接受它们的基本前提，仅仅只攻击它们所滋生出来的罪恶而已。不过，他所起的作用，倒多少有些像一个社会革命家；因此，他就触怒了热心于维持当时社会习俗的婆罗门阶级的人。在佛的教义中，本来没有什么和印度教那种宽大的思想范畴不能协调的地方，不过如果婆罗门的权势遭受到攻击时，那就是另一回事了。

令人注意的是，佛教是首先在印度北部婆罗门教势力薄弱的摩揭陀地方生根的，它逐渐向西方和北方传布，许多婆罗门也加入了佛教。在初期它主要是一个刹帝利的运动，不过它很能够打动一般民众的心。大概是由于后来婆罗门的参加佛教，佛教才比较地更沿着哲学和形而上学的路线上发展了。大乘佛教的发展，可能主要也是由于佛教徒中的婆罗门的关系，因为在某些方面，尤其是它的教规宽大的宗派上，大乘佛教与当时各种形式的雅利安信仰更相接近。

佛教在许多方面影响了印度的生活，这是必然的，因为必须记得，佛教在印度是一种千年以上的、活生生的、有力的、传播广远的宗教。即便在它衰退的一个漫长时间中，也就是后来它实际上已经不成为印度的一种单独的宗教时，它有很多的内容，依然成为印度教的一部分，而在民族方式的生活和思想中存留着。虽然如此，佛教作为宗教终于受到人民的摈弃，然而那不可磨灭的印痕仍然存在，并且强烈地影响了种族的发展。这种持久的影响不在于教条或哲学理论，也不在于宗教信仰，而在于佛的伦理的、社会的和实际的理想主义以及他的宗教。这些东西影响了我们的人民，并在他们身上留下了不可磨灭的烙印，正如基督教的伦理观念影响了欧洲，虽然它对于它的教条并不怎样注意；也正像伊斯兰教中合乎人情的、社会的以及实事求是的认识，影响了许多人，虽然他们对于伊斯兰教的宗教仪式和信仰并不发生兴趣。

印度的雅利安信仰主要是局限于本地的一种民族的宗教，它所发展的社会种姓组织也强调了它的这一方面。它没有传教的企图，没有诱人改变宗教，也不注意到印度国界之外。在印度国度以内，它依照着自己那种谦逊的不太经心的作风进行，因而同化了新来的和旧的人们，经常在他们之中形成了新的种姓。在那些时日中，对外界抱这种态度也是很自然的，因为交通困难并且也几乎没有与国外发生接触的必要。当然为了贸易和其他目的的接触是有的，然而这接触对于印度的生活和方式没有什么影响。印度生活好比一个汪洋大海，是自给自足的，广大而又具多样性的，容纳得下各种潮流并有充分活动的余地，它是自觉的，全心贯注在自己身上，不管国土以外发生些什么事情。但是一股清新的泉水从这海洋的中心喷出来了，一道新鲜澄清的水倾泻而出，在原来的水面上引起了微波，于是泛滥开来；所有人和自然所造成的那些旧的壁垒和障碍物，它一概都不顾了。本来，这个佛的教旨的新源泉是对印度民族而发的，但它也是对印度民族以外的人而发的。它是对美好人生的一种普遍号召，它不承认阶级、种姓或民族的界线。

以它那时候的印度而论，这是一种新奇的看法。阿育王是用伟大的作风在这上面采取行动的第一人；他派遣使节到外国，还派遣教徒到国外活动。于是印度对世界的认识开始发展起来了，公元早期几世纪中的庞大殖民事业多半就是这种认识所导致的。那些远涉重洋的远征队是印度统治者们所组织的，他们随带着婆罗门制度和雅利安文化。就一个独立自足而又正在建立着一个互相排斥的种姓制度的信仰和文化而论，这可以说是意外的发展。只有一种强大的推动力和改变他们基本见解的因素才能够造成这样的情势。那推动力可能是由于很多的原因，最重要的是由于贸易和社会发展中的需要，但见解的改变则是部分地由于佛教和佛教所引起的国际接触。在当时，印度教也是相当活泼而且充满着外溢的潜力，不过它以前对于外国并不多大注意。这新信仰的普遍性所产生的效果之一，就是鼓舞着这活泼的精力向远方国家发展。

许多与《吠陀》有关的教仪和礼节消灭了，许多更流行的宗教形式也消灭了，特别是那种祭牲的行为。非暴力观念在《吠陀》和《奥义书》(邬波尼煞昙）中原本有的，而现在佛教则加以强调，耆那教对此更为重视。这是对于生命的一种新的尊重和对于动物的仁慈。在所有这一切的后面，都是为的是要努力求得人生的美好和提高。

佛曾经否定过严格禁欲主义的道德价值，但他的教义的整个后果还是对于人生的一种悲观主义。这特别是小乘佛教的见地，而耆那教的主张更其如此。它们所着重的是来世，所想望的是解脱，从世间的重荷里解放出来。节制性欲是被提倡的，素食的风尚也增盛了。所有这些思想在佛以前的印度本来就有的，不过重视的程度各有不同。古代雅利安理想所强调的是一种充实而多方面的人生。学道阶段是节欲和锻炼的阶段；家主充分参加生活上的各种活动，性生活也作为其中的一部分。此后就渐次从这些活动中后退，把更多精神集中于公共的服务和个人方面的提高。只有当老景到来，在人生的最后阶段中，才是要从生活的正常工作和对人生的依恋中彻底引退的时候了。

从前居住在森林村落中的小群的偏向苦行的人们往往能吸引弟子。随着佛教的兴起，庞大的庙宇和尼庵到处建筑起来了，经常有人前去参拜。现在的比哈尔（Bihar）省名本身就是从庙宇毗诃罗（Vihara）这个字引申而来的，这表明那个广大的区域内一定有过许许多多的庙宇。这些庙宇同时也是教育机关，或者是与学校有关系的，有时与大学也有关系。

不仅印度如此，就是整个中亚细亚也有为数极多的宏伟佛寺。在巴尔赫地方有一个出名的庙宇，可以容纳僧侣一千人；关于这个，我们现在还有许多记载，它的名字叫作“新庙”（纳婆—毗呵罗，Nava-vihara），在波斯文中叫作诺巴哈尔（Naubahar）。

佛教在中国、日本和缅甸曾经长期盛行，为什么它在印度所造成的那种出世思想要远比上述那些国家为甚呢？我说不出所以然，但是我猜想，每个国家的民族背景都有强大的力量，能够把宗教按照各自的形式来塑铸。例如中国，它有孔子、老子和其他哲学家们所演变出来的强有力的传统。再者，中国和日本崇奉的是大乘佛教，它的人生观要比较小乘佛教少一些悲观的成分。印度也受了耆那教的影响，在所有这一切教义和哲学中耆那教是最具有出世和厌世主义的。

佛教对于印度及其社会组织，还有一种很奇特的影响，这种影响好像是与它的整个见地完全相反的。这就是关于种姓的看法。佛教不赞成种姓，但却承认它原来的基础。在佛的时代，种姓制度很有弹性，还没有发展到后来那样地严格。能力、品格和职业要比较出身受到更大的重视。佛本人常常把婆罗门这个名词当作一个意义，指能干的、认真的、受过锻炼的人。在《歌者奥义书》中有一段有名的故事，告诉我们当时对种姓和性关系的看法。

这是关于萨第亚嘉马的故事。他母亲名叫贾巴拉。他想做贤人乔答摩（这乔答摩并不是佛）的弟子。当他离家的时候，他问母亲道："我是什么家庭出身？"他母亲说："我的孩子，我不知道你的家庭出身。年轻的时候，我忙得像个婢女一样（在我父亲家服侍客人），我怀孕有了你。我不知道你是属于什么家庭。我的名字叫贾巴拉，你的名字叫萨第亚嘉马。因此你就说是萨第亚嘉马·贾巴拉吧（这就是说贾巴拉的儿子萨第亚嘉马）。"

于是萨第亚嘉马去见乔答摩，这位贤人问起他的家庭。他用他母亲的话来回答。大师就说道："除非一个真正的婆罗门，没有别人肯这样说出的。朋友，去取些薪柴来罢。我将传授你。你是一个诚实人。"

大概在佛的时代，婆罗门是唯一的多少严格的种姓。刹帝利或统治阶级是以他们的集团和家庭传统自豪的，但作为一个阶级而论，他们开放门禁，让那些成为统治者们的个人和家庭来参加。就其余的人而论，大多数是吠舍也就是农人们，这是一种受人敬重的行业。此外还有其他职业的种姓。所谓无种姓的人们，不可接触者，似乎为数甚少，大概是一些山林中的人和一些以处理死尸为职业的人们。

耆那教和佛教的强调非暴力，使人们把耕地认为贱业，因为耕地往往造成动物生命的摧残。这种职业本来是印度雅利安人曾经引以为自豪的；到此时，尽管它根本上仍有重要性，它在国家内有些地方都已受到轻视，那些实际在耕种田地的人的社会地位也都降低了。

佛教原来是对祭司的权势和宗教仪式的一种反抗，它本来反对把任何人的地位降低，剥夺他的发展和享受高尚生活的机会，而此时在不知不觉之中造成了为数庞大的农民地位的低落。要把这种责任归咎于佛教那是错误的，因为在别的地方，佛教并没有发生过这类的影响。实在是种姓制度中固有的本质把它引到这个方向来的。耆那教因为热烈倾慕非暴力的缘故，也推它沿着那条道路走去——佛教在无意之间在这种过程中也起了作用。

十二　印度教怎样同化佛教

八九年前我在巴黎的时候，安得烈·马尔罗和我有一次谈话。一开始他就向我提出了一个奇怪的问题。他问我，一千多年以前，印度教不经过任何巨大冲突就把有组织的佛教排挤出了印度，那是什么缘故呢？印度教怎么能够不经过那曾使多少国家历史丑恶化的常见的宗教战争就把一种伟大而传布甚广的民间宗教吸收了呢？那时候的印度教拥有些什么内在的生命力或势力使它能完成这样一个伟大功绩呢？今天的印度是否还拥有此种内在的生命力和势力呢？如其有的话，那么它的自由和伟大就有保证了。

这个问题也许是一个法国知识分子而又是一个行动家的典型问题。然而欧美人士很少会为这类问题忧心的；他们心里充满了太多的现代的问题。那些现代世界问题也充满了马尔罗的心中并使他感到烦心。凭着他那强有力的善于分析的智力，他在各处追寻光明，不论在过去或是在现在的事情中，不论在思想方面、在言辞方面、在著作方面或是最好的在行动当中，在生死存亡的孤注当中他都在找。

这在马尔罗显然并不仅是一个理论问题，他心中本就装满了这问题，所以我们一见面他就脱口而出了。这正是我心中的问题，或者可以说正是我心中常在思量着的那种问题。但我还没得到对他和我都满意的回答。回答和解释当然是有的，只是好像都没有打中问题的核心。

显然佛教在印度并没受到过广泛的或强暴的摧残。在印度的统治者和势力雄厚的僧伽团体之间偶尔也有过局部的纠纷或冲突。这些冲突通常是由于政治上的原因，并没有任何根本上的分歧。必须记住，印度教从来不曾完全被佛教所代替过，甚至当佛教势力在印度极盛的时候，印度教仍然普遍地流行着。佛教在印度是寿终正寝的，或者也可以说是衰朽凋谢下去而转变为一种别的东西。基斯说道："印度有一种奇怪的天才，能够把别人的东西，加以改变，使其同化。"既然外国借来的事物真的可以使其转变同化，那么它自己头脑和思想中所生出来的东西就更不消说了。佛教不但完全是印度的产物，它的哲学和以前的印度思想以及吠檀多（《奥义书》）哲学是一气相连的。《奥义书》还讥刺过祭司权势和礼拜仪式，并且轻视过种姓的重要性。

婆罗门教和佛教彼此互有影响，尽管它们有着辩证上的冲突，或者正因为他们有这样的冲突，所以它们在哲学领域内，在民众信仰范围内，就更是互相接近了。大乘佛教和婆罗门教的体系及形式尤其接近。只要能够保持它的伦理的背景，大乘佛教是愿意和几乎任何事物妥协的。婆罗门教把佛当作阿跋多罗（"垂迹"，"神的化身"），也就是神。佛教也是如此。大乘教义传布迅速，但是它的范围虽获扩张，它的品质和特色却有了损失。寺院变得很富有而成为既得权利者的中心，教规也松弛了，巫术和迷信潜入到民众崇拜的仪式中来了。佛教在印度存在了一千年之后，就有逐渐衰退的现象。黎斯·大卫兹夫人指出它在那时期的病态说："……在这些病态幻想的难以抗拒的影响之下，乔答摩的道德教义几乎都隐藏不见了。理论在成长壮大，每一种新的措施和新的假定都要引出另外一种措施和假定，一直弄到满天都是些脑筋里所伪造的事物，而佛教始祖的崇高而平易的教训，反被一堆炫人的形而上学的玄妙所掩蔽了。”①

这一段描写也很可以适用于那时折磨着婆罗门教及其分派的许多“病态幻想”和“脑筋里所伪造的事物”上面。

佛教开始是在印度社会和精神复兴及改革的时候。它灌输一种新生命的气息到人民中间，它开辟了民众力量的新泉源，解放领导作用的新的天才和能力。在阿育王的皇家维护下，它传布得很快，成为印度最有势力的宗教。它还传布到别的国家，有修养的佛教学者川流不息地往来于印度及其他国家之间，这种情形继续了好几世纪之久。在佛降世一千年后，公元五世纪时，中国求法高僧法显来到印度，他见到佛教在它的祖国还是非常兴盛。在公元七世纪一位更出名的求法高僧玄奘来到印度，那时他已看到衰败的征兆，虽然甚至那时在某一些区域中，佛教还是很强大的。此后相当多的佛教学者和僧人就逐渐地从印度转徙到中国去了。

另一方面，在公元四、五世纪笈多王朝统治之下，婆罗门教一度复活，而且还有一个伟大的文化复兴。这丝毫没有反抗佛教的意义，但是它当然是增加了婆罗门教的重要性和势力，并且也是对于佛教的出世思想的一种反感。后期的笈多王朝对于匈奴的侵袭作过长期的抗拒，虽然终于把他们逐走，可是国家削弱了，衰退的历程也自此开始。后来有过几度光辉的时期，也涌现了许多杰出的人物，但是婆罗门教和佛教都退化了，两种宗教中都产生了种种陋习；因此，要区别它们就不很容易。如果说婆罗门教同化了佛教，那么这种历程在很多方面也改变了婆罗门教本身。

在八世纪，印度最伟大哲学家之一商羯罗大师（Shankar ā chavya）

① 拉德哈克里希南著：《印度哲学》，爱伦及恩文公司1927年版。（原注）

开始为印度教僧人组织教派，这是采用旧时佛教的僧伽组织。以前，婆罗门教内没有这样的僧侣组织，虽说僧侣的小集团是存在的。

在孟加拉省东部及印度西北部信德地方还存留着一些退化了的佛教形式；除此以外佛教在印度已经逐渐消失下去而不复成为传布辽阔的宗教了。

十三　印度的哲学看法

虽然一种思想会启发出另一种思想，而每种思想通常与人生中变化着的气质有关，虽然人类智力的合乎逻辑的动态也有时可以辨识，但是各种思想是错综交叠的，新旧思想平行发展，不相调和而且常常互相冲突。即便是个人的智力也是充满着一大堆矛盾，要把他的许多行动调和一致是困难的。一个包括文化发展的所有阶段的民族，在他们本身上，在他们的思想、信仰和活动当中，代表着那所以导致“现在”的那些各个过去时代。可能，他们的活动比较地更能适应现代文化的现状，不然的话，就会搁浅，而且也会与人生中动荡的潮流隔绝，但是在这些活动的后面还有些原始的信仰和盲目的崇信。令人惊奇的是，在工业先进的国家中，每一个人都在自动地使用或利用最新的近代发明或器械，而偏偏还有那理性所否定的和理智所不能接受的许多信仰和顽固的想法。当然，一个功成名就的政客，不见得在理性上或智力上就必定是出众的人。一位律师可能是光芒四射的辩护士兼法学家，而在其他事情上特别茫昧无知。甚至一个现代典型代表的科学家，当他走出研究室或实验室的时候，也常会遗忘了科学的方法和看法。

即使是对我们日常生活有物质方面影响的那些问题也是如此。在哲学和形而上学中，问题就比较间接，它与我们的日常工作的关系也比较少。除非我们在智力方面经过严格的陶冶训练，否则大多数是完全不理解这些问题的。不过我们大家都有某种自觉的或不自觉的人生哲学，如果不是自己想出来的，那就是承袭而来，或是从别人接受过来而认作当然。再不然，我们为了避免思想的冒险就去相信某种宗教的主人或信条，或者去相信国运，或者去相信一种模糊而能自慰的人道主义。所有这些和还有其他是常常并存在一起的，不过很少有可以把它们联系起来的，于是乎我们就发展出一些分裂的个性，它们各在它自己的领域内，分别起着作用。

在那些古代的岁月里，人的个性可能有着较大的协调和一致性，虽然它的水准要比今天的为低；至于某些显然属于很高类型的个人，当然是例外。当人类在经历这漫长的过渡时期之中，我们把那旧的一致性摧毁了，然而还未能找到另外一种新的。我们依然墨守着独断主义的宗教，依附着老朽不堪的习俗和信仰，但偏要用科学方法的说法，冒称是依据科学方法生活的。或者科学对于理解人生这方面是太狭隘了，它忽略了人生的许多重要方面，因此它不能安排下适当的基础来达成一种新的一致和协调。可能科学现在正在逐渐放宽这个基础，我们将为人类的个性获得一种比以前的水准还更高超的新的协调。

但在今日，这个问题是更艰难复杂了，因为它已经出了人的个性范围。在远古和中世纪那有限制的范围之内，要培养一种协调的个性或者是比较容易些。在那市镇和乡村的小天地内对于社会组织和行为只有着固定的概念，个人和集团度着他们自给自足的生活，一般是不受外界风云的影响的。在今天，就是个人的范围也是变为世界性的了，社会组织的各种不同概念互相冲突，而在它们后面还有不同的人生哲学。某一地方发生的大风可能在这里造成旋风，而在别处引起反旋风。因此，如果个人要获得协调，就必须全世界有一种社会性的协调来予以支援。

在印度远甚于其他各处，关于社会组织的那种旧的概念以及造成那种概念的人生哲学，还多少有些流传到现在。若非那概念和那人生哲学具有一些优点能使社会安定，并且能使社会适合于生活的条件，它们是不可能如此的。它们中的劣点若非已经胜过了那优点，它们也不会终归失败而成为一种累赘和障碍，而与人生脱节。但无论如何，这种概念和人生哲学在今天不能认为是孤立的现象；我们一定要从世界的关系联系上来观察它们，并要设法使它们和世界协调。

哈斐尔说："宗教在印度不能算是一种教条，而是适应于各个不同阶级的精神发展并适应于不同的生活条件的一种人类行为中可行的假定。"人们可能继续相信与人生无关的教条，但是人类行为中可行的假定就必须能起作用，能和人生取得一致，不然它就会阻碍人生了。这种假定所以能存在的真正理由，实在就是它在实行上的可能性，它能和人生取得一致，和使它自己能适应在变化中的环境。只要它能够这样做，它就尽了它的功用，完成了分配给它的任务。当它从人生的曲线上越出常轨而和社会的需要失去联系，而使它与人生的距离加大，它就丧失了它所有的一切生命力和意义了。

形而上学的理论和推测并不涉及人生中总在变化着的那些东西，而是那些东西后面的永久性的现实，如果永久性的现实真是有的话。因此它们具有某种的永久性，是不受外界变迁的影响的。然而无可避免地，这种理论和推测也是它本身环境中的产物，也是怀着这种理论和揣测的人类思想发展状态中的产物。假使它们的势力扩大了，它们就会影响一个民族的一般人生哲学。在印度，哲学在它的高级领域中虽然局限于少数特定的人士，但是它的普及性较其他任何地方为大；在形成民族的见地和培养某种特殊心情上，它一直有过强有力的影响。

佛教哲学在这过程中发挥了重要的作用。在中世纪时代，伊斯兰教为了想弥合印度教与伊斯兰教的社会和宗教组织间的裂痕，通过发展出来的许多新教派直接、间接地在民族见地上留下了它的痕迹。但大体上，最有势力的还是印度的六派哲学，也就是所谓的“见”。这些学派中间有几派本身就大大受到了佛教思想的影响。它们都被认为是正统派。虽然它们具有许多共同的观念，不过它们的理解和结论不同。有多神论，有相信人格化的神（上帝）的有神论，有纯粹的一元论，也有根本不承认神而以进化论为依据的学派。唯心主义和现实主义两者都有。在这复杂而包容的印度精神的各个不同的多面体上就表示出了它们的一致性和多样性。马克斯·缪勒把这两种因素提出来叫人注意：“……这种真相使我获得了更深的印象……就是，在这六派哲学的多样性的背后，有一种可称为民族的和人民大众的哲学的共同宝库……每一位思想家都可以为了自己的目的而从中汲取。”

它们中间都有一个共同的假定：那就是认为宇宙是有秩序的，而且是根据规律来发生作用的，它当中存在着伟大的节奏。类似这样的一些假定是有其必要的，否则就难于用任何方式来解释它了。虽然因果关系的定律发生着作用，个人还是有操纵自己命运的相当自由。他们相信转世，强调不自私的仁爱和公正无私的活动。他们信赖逻辑和理智，有效地用之从事辩论，只是认为直觉往往比较两者更为伟大。只要理智可以应用于往往超过它的范围以外的问题，一般的辩论都是在理性的基础上进行的。基斯教授曾经指出道：“这些学派的确是正统派，它们承认神圣经典的权威，但是它们用世间的方法来处理万有存在的问题。神圣经典的实际应用为了给所得的结论加上一种神圣的气派，其实得到那种结论不但未经过经典的帮助，而且是否和经典的教义一致也是很可怀疑的。”

十四　哲学的六大派别

谈到印度哲学各派别的初期萌芽，我们就得追溯到佛教前的时期。婆罗门教各派哲学与佛教哲学是并肩逐渐地发展起来的，它们往往彼此互相批评又往往彼此互相援用。在耶稣纪元开始以前，从许多类似的杂糅分歧的派别中婆罗门教哲学六派已经形成而且固定下来了。它们之中的每一派各代表着一种独立的理解、独特的论证，然而它们并非各自孤立，而宁可说是一个大图案中的组成部分。

六派哲学的名称为：（1）正理派；（2）胜论派；（3）数论派（即僧佉派）；（4）瑜伽派；（5）弥曼差派；（6）吠檀多派。

正理（尼也耶）派所采用的方法是分析的、合于逻辑的。实际上，“正理”的意义就是逻辑，也就是正确推理的科学。它有多方面与亚里士多德的三段论法相仿佛，虽然这两者之间也存在着基本上的差别。正理派所包含的逻辑的原理为其他的一切哲学各派所接受，而且在整个远古和中世纪时期直到今天，在印度学校和大学中都把教授正理派哲学当作一种智力锻炼。现代的教育把它废弃了，可是凡是用旧式方法教授梵文的地方，正理派哲学还是课程中间的主要成分。人们不唯把它当作哲学研究必不可少的准备工夫，而且也是每一个受过教育的人必需的智力训练。它在旧式印度教育中所占地位的重要性，至少与亚里士多德的逻辑在欧洲教育中相等。

当然，它的方法与现代客观研究的科学方法是很不相同的。不过它也具备自己特有的批判性及科学性，它不依赖信仰，而是竭力用批判的精神来检讨知识对象，采用逻辑论证的方法一步一步地向前推进。它里面也隐藏着一些信仰和不能用推理方法来处理的某些假定前提。既经接受若干假定以后，体系就建立在那些基础上了。它的假定认为在人生和自然界之间存在着一种协调和一致性。这种学派相信有具人性的神，有各自的灵魂，有原子的宇宙。人并不单是一个灵魂，也不单是一副躯壳，而是两者结合的产物。这种学派将现实认作是灵魂和大自然的综合物。

胜论派的哲学有许多方面是与正理派相类似的。它强调个别小我及事物的分立性，并且发挥了宇宙的原子学说。它认为宇宙为“达磨”（法）也就是道德律所主宰，整个的系统就是围绕着这“达磨”运行。神的假定并未被明白地承认。在正理派和胜论派以及初期佛教哲学之间有许多接近之点。整个说来，它们采用的皆是现实的看法。

在公元前七世纪左右，据说迦毗罗曾从早期的和佛教以前的许多思潮中将数论派哲学整理出来。这种哲学体系是值得注意的。根据理查·加尔倍的说法：“迦毗罗的学说在世界史上第一次表现出人类理智的完全独立自由及其对于本身能力的充分自信。”

数论派成为一个内部调和一致的体系是在佛教兴起之后。它的学说是从人的理智中发生出来的纯哲学的和形而上学的概念，很少涉及客观的观察。的确，这样的观察在力所不逮的事物上是无可为力的。和佛教相似，数论派是沿着合乎理性主义的探索途径而进行的，它和佛教论战，是用佛教自己的根据，即凭借推理辩论而不依靠引证权威的原则。由于这种根据理性的认识方法，神就不得不被排除出去了。所以在数论派哲学中既无具人性的神，也无无人性的神，既非一神论的，又非一无论的。它的理解完全是无神论的，它摧毁了超自然的宗教的基础。它不相信世界为神所创造，而认为乃是由于不断进化所演成，乃是精神或者说多种精神，与物质的交互反应的结果，虽然那种物质本身是带有活力的性质的。这演进是一种持续不断的过程。

数论被称为二元论哲学，因为它的结构建立在两种主要根源之上：一种叫“自性”，即永远活跃而在变化着的性能或活力；一种叫“神我”，即不变的精神。精神或灵魂，或意识性质的事物为数无限。在这本体不动的精神的影响下，活力发了出来，而造成了不断地在演变的世界。因果关系是被承认的，不过它认为实际上果是潜伏在因之中的。因和果成为同一事物的未经演变和已经演变的两种状态。虽然从我们的实践的观点而论，因果是迥然不同的，各具一格的，但基本上两者之间有一种一致性。

这样地继续推论下去，便显出了这极为错综复杂而因素繁多的自然界由于这隐而未显的“自性”或活力，通过“神我”或意识的影响以及因果原理，是怎样地已在演变而且仍在继续不断地变化和发展。宇宙中最低级和最高级事物之间是有着连续性和一致性的。这整个概念是形而上学的，这种依据某些假定而进行的论证是冗长的、复杂的、依靠推理的。

波丹阇利的瑜伽派本质上是一种导致心灵和精神的训练所采取的锻炼身心的方法。波丹阇利不唯将这个古老学派固定下来，而且还为波你尼的梵文文法作了有名的注释。这本称为“大疏”的注释与波你尼氏的原著同样地成为经典著作。列宁格勒的斯彻尔巴次基教授曾经写道，“在印度的理想的科学著作就是附有波丹阇利注释的波你尼文法。”①

“瑜伽”目前在欧美是一个大家熟悉的名词，然而了解的人很少。它是

---

① 文法学者波丹阇利和《瑜伽经》的作者是否一人还未能确定。这位文法家的生死年代是肯定知道的——公元前第二世纪。有些人的意见认为《瑜伽经》的作者另是一人，生于二三百年以后。(原注)

与一些奇特的实行方法联系在一起的，主要的是像佛像那样端坐，注视着脐穴或鼻尖[①]。在西方，有些人学得操练身体的特殊离奇动作而自命为这一门的专家，使得轻信而好奇的人们敬服而被利用。其实这派哲学并不止于这些法术，它所根据的是一种心理上的概念，认为适当地训练智力可以达到某种较高的意识水平。它意味着一种为自己本身去发现事物的方法而并非一种预先拟定的对于现实或宇宙的形而上学的理论。因此它是实验性的，而且也指示出施行实验最合适的条件。方法既然如此，所以，这方法是任何哲学流派无论其理论上的说法如何，都能采用的。因此无神主义的数论派哲学也可以使用这种方法。佛教发展了它自己的“瑜伽”训练方式，部分和这相似，部分又不相同。这样看来波丹阇利的瑜伽派中理论部分是无足重轻的，重要的还在方法。对于神的信仰并非该派的一个主要部分，但有人以为对于具人性的神的信仰和虔奉是有助于精神的集中的，因而也切于实用。

“瑜伽”的后期各阶段据说能达到某种直觉的视力，或者达到一种有如神秘主义者所说的“最高欢乐”的境界。这是否是一种导向更远的知识门径的高级心理状态呢？抑或仅为一种自我催眠呢？我不得而知。即使假定前者有可能，而且后者也确实发生过，但是就人的心理方面说，没有调节好的“瑜伽”曾经有时造成不幸的后果。

但是在达到这些沉思冥想的最后阶段以前，须得要实行身心的锻炼。身体要健康合适，柔软而端庄，结实而强壮。它规定着一套体操和呼吸方法，为的是要控制着身体而且正常地实行深呼吸。体操的“操”字是一个错误字眼，因为并没有剧烈运动在内。它们只是身体所采取的一些姿势——叫做“坐”——若是做得恰到好处可以令人轻松愉快，身体变强，毫不疲倦。

---

① “瑜伽”有结合的意义。可能它与英文中的“yoke”——联接、结合的意思——同一字源。（原注）

普通体操方法是冲来冲去、急扭急动、独脚跳跃和跳动，把人弄得气喘吁吁，疲惫不堪的，把它与印度古老而典型的保持身体的方法来比较，这种老方法就值得注意了。其他的体操方法在印度也很普遍，如角斗、游泳、骑马、剑术、射箭、舞杵，一种类似日本“柔术”的运动以及许多其他的消遣和游戏。但这种古老的“坐”的方法或者更能代表印度，而且更能与印度的哲学精神相配合。其中保持着一种平衡，即使当运动身体的时候，还保持着一种从容不迫。气力和适当健康的获得并不需耗费任何精力或使心绪不安。正由于这样，这些“坐”法适用于任何年龄的人，有几种甚至老年人都做得来。

“坐”法种类甚多。许多年来我常常生活在不利于身心的环境中，只要一有机会，我就操练一些简单的选择过的“坐”法。无疑地，我曾经大获共益。这些和若干练习呼吸的运动是我练习“瑜伽”体系的身体运动的范围。我从未超越锻炼身体上的初级阶段，而我的心依然是难于驾驭的，不就范的次数太多了。

身体的锻炼包括饮食合宜的食物，和摈弃不合宜者，同时还要有瑜伽派所认为修身的准备工夫。这种准备包括非暴力、信实、节制等等。非暴力或戒杀生（“不害”）这个词的涵义远超过戒用有形武力的意思。它是要避免恶意和怀恨。

瑜伽派认为凡此一切都是导致官能的控制的，随后用沉思默想的功夫，最后再把精神高度贯注起来，这就能够引起各种直觉了。

辨喜，即维帷卡南达，是最伟大的近代瑜伽派及吠檀多派的代表人物之一，他反复强调“瑜伽”的实验性质并主张“瑜伽”应该以理性为基础。“这些瑜伽中没有一种宗派是扬弃理智的，没有一个人要你把眼睛蒙住，或者把你的理性交付给任何派系的僧侣手中。……每一种瑜伽都教你把握住理性，坚牢守住勿令失坠”。虽然“瑜伽”和吠檀多的精神也许与科学的精神接近，但他们所处理的实在是不同的媒介，因此里面就藏着重大的分歧了。根据“瑜伽”之说，精神不限于智慧，并且“思想即是行动，而只有行动才能使思想有任何价值。”灵感和直觉是被承认的，然而它们不至于引入迷途吗？辨喜回答说灵感万不可以与理智相抵触，他说：“我们所称为灵感的东西是理性的发展。到直觉的路径是要通过理智的……真正灵感绝不会与理智相矛盾。有了矛盾就不是真灵感。”他又说：“灵感必定是对个人和全体有益的；不是为了虚名或荣誉，或是为了个人利益。它应当总是为了世界的利益，完全是不自私的。”

他又说：“经验是知识的唯一泉源。”我们使用于科学和外界知识上的研究方法应该应用到宗教上去。“一种宗教若经这样的研究而被推翻，那它就不过是一种无用的、无价值的迷信，不如愈早消灭愈好。……为什么宗教会主张它们不必受理智论点的拘束呢，这没有人知道……因为人类服从理性成为无神论者要比较依据任何人的意见而盲目地相信两亿天神还来得好些……也许有先知者，他们超越了感官的限制，能够瞥见到另一个世界去。只有等到我们也能照样做到的时候，我们才肯相信，否则是不会的。”有人说理性不够有力，常常也犯错误。如果理性是软弱无力的，那么为什么要认为一群僧侣是较优良的导师呢？“我一定要依从我的理智”，辨喜继续说道：“因为尽管它软弱无力，透过它我能够有一些获致真理的机会。……我们因此应该随从理性，而且也应该同情于那些没有达到任何信仰而仍在随从理性的人们……研究这种‘罗阇瑜伽’（Raja yoga）没有信仰的必要。在你自己还没发现之前，不要相信任何东西。”[1]

辨喜对于理性的不断强调和他的拒绝因徒凭信任而接受任何主张，其来源乃是由于他热烈相信智力的自由，而且也因为他曾经在他的本国中见到

---

① 辨喜的著作的大多数摘录采摘自罗曼·罗兰所著《维帷卡南达传》。（原注）

过权威的危害。他说道：“因为在我降生的国度中，他们极端地利用权力。”因此他根据所信的来解释——他有权利来解释——古老的瑜伽学派和吠檀多。但不管在它们里面包藏着若干实验和理性，他们所涉及的领域却非普通人所能达到的，甚至非普通人所能了解的——这是属于心灵和心理的体验范围，与我们所知的及所习惯的世界完全不相同。那些实验和体验当然不仅限于印度，在基督教的神秘主义者、波斯的苏非派，以及其他人的记录中也有许多关于他们的证据。这些体验是如何的相互类似真是奇怪。正如罗曼·罗兰所说：“这些体验指示出宗教体验的伟大事实的普遍性及不断发生，在民族与时间的不同面貌之下，它们的密切类似，证明出人类精神的持久的一致性——或者更恰当一点说，证明出人类所含的要素成分的同一性。因为宗教体验比精神还要深邃些，精神本身还得要搜求宗教经验。”

那么，“瑜伽”是一种探究个人心灵背景的实验学派，因此它就是一种发展某种知觉力和控制心灵的实验学派了。现代心理学能够利用此种实验学派到多大的程度我不得而知，但稍微尝试作一下似乎是值得的。奥罗宾多·高斯对于“瑜伽”所下的定义如下：“整个罗阇瑜伽依赖这种知觉力和体验：我们的内心成分、配合、官能、力量是可以分离或分解的，能够从新配合的，可以施之于新奇而从前以为不可能的用途，或者可能经过一定的内在过程而转变和归并入一种新的大综合。”

其次一种哲学派别称为弥曼差（声论）派。这是一种仪式主义，并且倾向于多神教。现在流传的印度教与印度法律大受这一派及其中主张的达磨（法，也就是正当生活方式）的那些规条的影响。值得注意的是，印度的多神教是一种奇特的多神教，提婆（“天”），即一些辉煌发光者或天神们，尽管具有特殊的威力，而在造物界中还被认为低于人类一等。印度教徒与佛教徒两者均相信人的出生是“存在”在“亲证”（“自我实现”）的途程中所达到的最高阶段。甚至“天”们也只有降生为人才能够获致此种自由与“实现”。这种观念显然是与通常的多神教和去甚远。佛教徒主张只有人够达到佛性的无上正觉（The supreme consummation of Buddhahood）。

第六，也就是这些学派中的最后一个是吠檀多派。这一派发源于《奥义书》，发展而形成多种多样的形态，但是总以一元论的宇宙哲学为基础的。它不认为数论派的“神我”与“自性”是独立的本体，而认为都是一个单一实体——“绝对”的变相。在早期吠檀多的基础之上，商羯罗大师创立了一种体系，称作不二论的吠檀多。代表今日印度教的占优势的哲学观点的就是这派哲学。

它根据着纯粹的一元论，在形而上学的意义上的唯一终极的现实体就是“阿特玛”（“自我”），也就是绝对灵魂。那是主体，其余的皆是客体。至于那个绝对灵魂如何渗透一切，个体如何显示为众体，而又因为那“绝对”是不可分割、不可分开的缘故，依然保持其整体性，所有这一切都非逻辑推理的方法所能解释，因为我们的智力是受到这个有限的世界的限制的。《奥义书》曾描述过这“绝对”，如果这可以称为描述的话：“此为整体，彼亦为整体；整体自整体中来；自整体中取出整体之后，而整体依然为整体。”

商羯罗创建一种微妙错综的知识论，从某一些假设出发，用逻辑论证的手段一步接着一步地引导到不二论的完整体系。个体灵魂不是一个分立的实体，而是那个绝对灵魂的本身，虽然在某些方面受到限制。它好比是封闭在瓶中的空间一般，而“阿特玛”（“自我”）则为宇宙的大空。为了便于实用，可以把它们当作实际上截然有所区别的，但是这种区别只是表面上的，并非真正如此。自由就包含着实现这种一致性，就是个体与绝对灵魂的一体。

我们在周围所看见的现象世界仅是那个现实的反映，或是它在经验的面上所投的阴影而已。它曾经被叫作“摩耶”（“幻”），被误译成“幻觉”了。但它并不是无。它是有无之间的居间形态。它是一种相对的有，因此，或者相对性的概念能使我们了解“摩耶”的含义更接近些。那么这个世界内的善恶是什么呢？它们也仅仅是没有实体的反映和阴影么？不管在究极的分析中它们是些什么，这些伦理的区别在我们这个经验的世界中是有用和重要的。当个人作为个人而发生作用的时候，它们是有用的。

这些有限的个人们对于无穷无边的事物若不加以限制是无法想象的。对于它，他们只能够做成有限的和客观的概念。但甚至这些有限的形式和概念归根结底还是根据无限与绝对。因此宗教的形式就成为相对的东西了，每一个人都可以随意去做出自己所能做的各种概念。

商羯罗赞成婆罗门教的根据种姓基础的社会生活制度。因为它所代表的是种族的集体经验和智慧。然而他主张任何种姓的任何人皆可获得最高的知识。

在商羯罗的态度和哲学中，为了追求在他认为是每个人的最后目标的个人自由，有一种否定世界和退避人世间正常活动的意味。他也不断坚持自我牺牲和超脱的态度。

然而商羯罗还是一个精力惊人、非常积极的人物。他并不是一个退缩到他的蜗壳内或森林深处的逃避主义者，只求独善其身，而遗忘了他人的遭遇。他生长于远在印度南方的马拉巴，他不停地旅行全印度，与不计其数的人会面，辩驳着、争论着、推论着、说服着，以他自己的热心和伟大精力的一部分灌输给他们。显然可见，他是一个强烈地意识到自己的使命的人，他把从科摩林角起到喜马拉雅山为止整个印度看作是他的行动范围，他认为整个印度文化上是团结一致的，为一致的精神所鼓舞着，虽然这种精神可能采取多种外表形式。他竭力想把他那当时使印度精神烦恼的各种思潮综合起来，从那分歧复杂中，建立起一致的看法。在短短的三十二年的生命中，他做了许多位长寿的人的工作，而在印度遗留下他那直到今天还是很显著的强大智力和丰满人格的印记。他是一个奇特的混合物——一位哲学家、一位学者、一位不可知论者、一位神秘主义者、一位诗人、一位圣人，还要加上他是一位实际的改良家和能干的组织者。他第一次在婆罗门教中创立起十种宗教组织，其中四个到今天还大有势力。他建立了四个大修道院，彼此相互远隔，差不多在印度的四角上。一座在南方迈索尔的斯伦吉利地方，另一座在东海岸的浦里地方，第三座在西海岸的加提雅瓦尔的德瓦拉卡地方，第四座在喜马拉雅山的中心巴德里那特地方。在三十二岁的时候，这位来自南方热带地区的婆罗门教徒死在喜马拉雅山的白雪覆盖的区域中的基达那特。

当时印度区域辽阔，旅行困难，运输工具甚为迟缓而且是原始式的，因此商羯罗通过印度做这些长距离旅行是有意义的。要去做这些旅行的思想本身以及他到各处与同类的人们会见，用那种全印度有学问的人们的共同语言梵文来向他们讲话，这些就表现出甚至在那种久远的日子当中就存在的印度的基本的一致性。在那时候或较早些的时候，这样的旅行不会是不普通的；尽管有着政治上的割据，人们仍能来来往往，新书籍流播甚远，每一种新思想或新理论在全国之内传播迅速而成为兴奋的谈话和经常热烈辩论的主题。不唯在受过教育的人们中间有一种共同的知识和文化生活，而且大量的人民不断地旅行到无数地方去朝山拜神，这些圣地遍布全国，从史诗的时代起已经有名了。所有这一切来来往往，与来自全国各处的人们会面，一定加强了共同国土共同文化的观念。这种旅行不限于上层种姓；香客中有的是各种姓各阶层的男男女女。不管在老百姓的心目中这些朝山会有些什么宗教意义，人们当时都如同今天似的将它们当作休假的时间，作乐和观光全国各处的机会。每一朝拜之处都能看出印度人民种种很大差异的风俗、服装和语言的横剖面，而人民也很能够觉察到他们的共同特征和那把他们团结起来又把大家吸引到一个地方相会的那些联系力。甚至南北语言的殊异对于这种交际往返也不成其为难以克服的障碍。

这就是当时的情形，无疑地，商羯罗也充分了解这些情形。似乎商羯罗还想再加上这种民族一致和共同觉悟的意识。他在知识、哲学和宗教上发生着作用，他竭力想在全国范围内造成更大的思想一致性。他也在民众的水准上做了多方面的工作，推翻了许多教条，对于一切有能力进入他的哲学神殿的人，他大开方便之门。他把他的四座修道院安排在印度的东西南北，他显然想提倡印度在文化上是有一致性的这个概念。这四座修道院的所在地原来就是全国各地人去朝拜的地方，现在更是了。

古代的印度人是多么恰当地选择出他们朝拜的圣地啊!它们差不多总是位于美好的天然环境的可爱地点。在克什米尔有亚马拉那特的冰洞，在印度的南端接近科摩林角的拉美锡瓦拉门地方有童贞女神的庙宇。圣地之中当然有贝拿勒斯与哈德瓦，靠着喜马拉雅山的山麓，在那儿恒河从它的弯弯曲曲的山谷流到下面的平原去；有普拉雅嘉（即阿拉哈巴），恒河在此地与朱木拿河汇合；还有朱木拿河边的马都拉及布林达班纳，它的周围聚集着关于黑天的一些传说；还有菩提伽耶，据说是佛成道的地方；而在南部还有许多的地方。许多的古庙，尤其是南印度的庙宇，都有许多的雕刻及古代艺术品的遗迹。到许多这些地方去游历就可因而洞察到古代的印度艺术。

商羯罗据说有助于结束了佛教这种在印度传布广远的宗教，此后，婆罗门教就把它吸收到兄弟般的友爱拥抱中去了。其实，即在商羯罗时代以前，印度的佛教早已经凋零了。婆罗门教中反对商羯罗的人都称他为乔装的佛教徒。的确佛教对他影响是很大的。

十五 印度与中国

中国与印度互相接近，并开展了很多接触，这是得力于佛教的。在阿育王朝以前，是否已经有过这样的接触，不得而知；但是可能已经有过海上贸易，因为丝一向是中国输入的。不过在更早些时期，一定还有过陆路上的接触和民族的移动，因为蒙古人种面貌的特征，在印度东部各边区时常见到；在尼泊尔更为显著；在阿萨密（旧称迦摩缕波）和孟加拉也很明显。按照历史的说法，阿育王的教徒是开路先锋，自从佛教在中国开始传布以来，一千年的悠长岁月中，拜佛求经的香客和学者们络绎不绝地往来于中印之间。他们越过戈壁沙漠，中央亚细亚的平原和高山，翻过喜马拉雅山，这是一条漫长、艰苦、充满危险的旅程。很多印度人和中国人死在途中，据说这些香客的死亡率最高曾达百分之九十。很多人幸而到达了目的地之后，并没回去，而是选定新的土地安居下来了。还有另外一条道路，虽不见得更安全，但是可能稍近些。这条路就是经过印度支那、爪哇、苏门答腊、马来亚和尼科巴群岛的海道，也是经常有人走的。拜佛求经的香客也有由陆路出去而由海道回家的。佛教和印度文化当时已传遍中央亚细亚和印度尼西亚的某些区域。无数的庙宇和学术中心罗布于这些广大区域之内，因此往来中印间的旅客们，无论在陆路上，或是在海道上，都可受到招待而得到投宿之所。从中国来的学者们，有时在半路上停留在印度尼西亚境内印度人聚居之所达数月之久，先学梵文，然后再来印度。

印度学者访问中国的第一篇记载，是关于摄摩腾的，他在公元67年、汉明帝时代到达中国，可能是被邀请而去的。摄摩腾住在洛水旁边的洛阳。竺法护就是伴同他去的，在此后的一些岁月中，到中国的印度著名学者还有佛驮跋陀罗（觉贤），佛藏（Jinabhadra），鸠摩罗什，真谛，阇那崛多和达摩大师等。这些学者们每人都带有一群僧徒同行。据说某一时期（六世纪），单在洛阳境内就曾经有过三千以上的印度僧人和一万户印度家庭。

这些去到中国的印度学者们不仅随身带有许多梵文写本，并把它们译成中文，其中有些人还能用中文来著书。他们对于中国文学包括诗词都有相当的贡献。鸠摩罗什在公元401年去到中国，他是一位多产的作家，传留下来各种不同的书籍，多达四十七种。他的中文风格，据说是很优美的。他把印度大师《龙树菩萨传》译成中文。阇那崛多是六世纪下半期去到中国的。梵文著作由他译成中文的有三十七种。他的博学宏才受到很大的敬仰，连唐朝某一个皇帝，也成为他的信徒。

中印之间的关系是相互交流的，许多中国学者也来到了印度。在最著名的学者之中，遗留有旅程记录的是法显、宋云、玄奘和义净。法显在五世纪到达印度，他是鸠摩罗什在中国时所收的门徒。当他在去往印度的前夕向他的师父辞行的时候，曾有过一段有趣的记载。鸠摩罗什嘱咐他不要把全部时间都用在只是寻求宗教知识上面，而应该详细地研究印度人民的生活和习惯，这样才能够了解整个的印度人民和他们的国家。法显曾留在波吒厘子城佛教寺院里求学。

在到印度的中国旅客中最著名的是玄奘，他是在七世纪唐朝极盛时代，也正是戒日王统治印度北部的时候来到印度的。玄奘是由陆路横过戈壁沙漠、吐鲁番、库车、塔什干、撒马尔罕、巴尔赫、和阗和叶尔羌（莎车县），越过喜马拉雅山来到印度。他告诉我们途中许多惊险的经过和他所克服的危险，有关中央亚细亚的佛教统治者和寺院以及热诚皈依佛教的突厥人。他游遍印度各地，到处受到款待和崇敬。他对这些地方和人民作了精确的观察，并记载下他所听到的一些令人快乐的和奇幻的故事。他在距离波吒厘子城不远的伟大的那烂陀佛教寺院度过许多年。这个寺院是以有多种学科著名的，它吸引了穷乡僻壤的印度学生来就学。据说多至一万个学生和僧徒曾住在寺中。玄奘在那里得到学位，最后成为这个寺院的副院长。

玄奘所著的《大唐西域记》，是一本引人入胜的书。玄奘来自一个具有高度文明并历经变迁的国家，它的首都长安是当时艺术和学术的中心，所以他对印度情形的评论和记载是可宝贵的。关于当时的教育制度，他说道："开蒙诱进，先遵十二章。七岁之后，渐授五明大论：一曰声明，释诂训字，诠目流别。二曰巧明，技术机关，阴阳历数。三医方明，禁咒闲邪，药石针艾。四谓因明，考定正邪，研核真伪。五曰内明，究畅五乘因果，妙理其婆罗门学。"他特别为印度人民的好学不倦所感动。初等一类的教育普遍发展，因为和尚和僧徒都是教师。关于印度人民，他说道："性虽狷急，志甚贞质。于财无苟得，于义有余让……诡谲不行，盟誓为信。政教尚质，风俗犹和。凶悖群小，时亏国宪，谋危君上，事迹彰明，则常幽囹圄，无所刑戮，任其生死，不齿人伦。"他又说："政教既宽，机务亦简。户不籍书，人无徭课……商贾逐利来往，贸迁津路，关防轻税后过。国家营建，不虚劳役，据其成功，酬之价直。"

玄奘由原路回国，途中经过中央亚细亚，随身带了许多佛教著作的写本。从他的记载上可以得到一个生动的印象，就是说从呼罗珊、伊拉克、摩苏尔直到叙利亚的边境为止，佛教仍占着很大的势力。不过实际上正在这个时候，佛教在那些地方已经渐趋没落，而阿拉伯已经开始奉行的伊斯兰教正在发展，很快地就传布到上述各地了。谈到伊朗人民，玄奘作了一个有趣的观察，他说道："人性燥暴，俗无礼义。文字语言，异于诸国。无学艺，多工伎。凡诸造作，邻境所重。"

伊朗在当时和过去及后来一样，都集中力量于增加生活上的美好和优雅方面，它的影响广泛地传布于亚细亚。玄奘告诉了我们，在戈壁沙漠边缘一个奇异的小王国吐鲁番的情况，而这情况我们近年来从考古学家的考证中知道得更多了。在这个国家里，各种文化传入以后，互相融合，结成了一个丰富的混合体，这个混合体从中国、印度、波斯甚至希腊方面吸取灵感。吐鲁番的语言是印欧语系的，是由印度、伊朗来的，在某些地方类似欧洲的凯尔特（Celtic）语言。宗教来自印度，生活方式来自中国，他们所有的许多艺术作品来自伊朗。他们所塑造的精美的佛身和男女神的雕像和壁画上，往往有印度的帷幕和希腊的冠戴首饰。格罗塞说道："这些女神的神像代表了印度的温柔，希腊的流丽和中国的秀美，而集其大成。"

玄奘返国后，受到皇帝和人民的欢迎，于是安居下来著书立说，翻译他从印度带回去的经典写本。有一个故事上说，当多年以前玄奘要启程的时候，唐太宗拾了一撮尘土弹入酒杯中说："日久年深，山遥路远。御弟可进此酒：宁恋本乡一捻土，莫爱他乡万两金。"

玄奘的访问印度，受到了中印两国人民极大的尊崇而导致两国君主发生了政治上的接触。曲女城的戒日王和唐朝的皇帝交换了使节。玄奘本人仍和印度保持接触，与印度朋友互相通信，并接受经典写本。有两封原来是用梵文写的有趣的信还在中国保存着。一封信是一个印度佛教学者慧天尊者在公元654年写给玄奘的。在问候和报告朋友近况，以及他们的文学作品之外，他说："今共寄白氎毛一双，示不空心。路远莫怪其少，愿领彼。须经论，录名附来，当为抄送。"玄奘在他的复信上说："又往年使还，承戒贤法师无常。奉问摧割，不能已已……玄奘所将经论，已翻《瑜伽师地论》等大小三十余部……又前渡信渡河失经一驮，今录名如后，有信请为附来。并有片物供养，愿垂纳。路远不得多，莫嫌鲜薄。”[①]

玄奘告诉我们不少有关那烂陀佛教寺院的事，而且在别的记载上也提到这个寺院。几年前，当我去看已发掘出来的那烂陀废墟的时候，使我对这个寺院设计规模的宏大感到惊奇。已经发掘出来的只是其中的一部分，其余部分的上面现已成为住宅区。单单掘出来的这一部分，就包括许多大院子——周围环绕着用石头建筑的堂皇大厦。

玄奘在中国示寂不久后，另一位著名的求经者来到印度，他名叫义净。他在公元671年从中国启程，两年以后才到达耽摩栗底——胡格里河口的印度口岸。他是由海道来的，在室利佛逝、现在苏门答腊的巨港（Palembang）停留了几个月学习梵文。他所以取道海上是有某种意义的，因为那时候中央亚细亚可能有不安情况和政治变动正在发生。许多星罗棋布在中央亚细亚的友善的佛寺，也许已不存在。另一个取道海上的可能缘由是海道较为方便，因为在印度尼西亚侨居的印度人增多了，而且印度和这些国家间的经常贸易及其他接触都有了发展。从他和别人的记载上可以看出，那时在波斯（伊朗）、印度、马来亚、苏门答腊和中国之间已经有了定期的航线。义净是搭波斯船从广东先到苏门答腊的。

义净也在那烂陀佛教寺院研究过一个长时期，带回了数百种梵文经典。他最关心的是佛教典礼和仪式的细节，对这些事情，他叙述得很详细。关于风俗习惯、衣服和食品他也说得很多。小麦和现在一样是印度北部的主要食物，在南部和东部则是食米。间或也吃肉，不过很少见。（义净所说大概关于佛徒的多而其他方面较少。）澄清过的牛酪油、油、牛乳和乳酪到处都有。糕饼和水果也都很多。义净又观察到印度人对于某些仪文上的纯洁性非常重视。“然五天之地云与诸国有别异者，以此净触为初基耳。”“然而

① 见《印度与中国》（“India and China”）一书所引，师觉月博士（Dr.P.C.Bagchi）著，加尔各答1944年版。（原注）

神州斋法，与西国不同，所食残余，主还自取。”

义净提到印度时，总称它为西方，但他说西方又名“阿离耶提舍”（Aryadesha）；“阿离耶”是“圣”的意思，“提舍”是“方”的意思。因为这个地方不断地产生圣哲，所以人们都用这个名字称赞西方。这个地方又称为“末睇提舍”，就是指居于百亿国家中间的中天竺大国。这是人们都熟谙的名字。只有北方部落（胡人或蒙古人或突厥人）称这“圣方”为“呬度”。然而这并不是通用的名字，只是地方的土语，并无特殊意义可言。印度人并不知道这个称呼，对印度最恰当的名字还是“圣方”。

义净的论述“印度”是有趣味的，他说：“或有传云：印度译之为月，虽有斯理，未是通称。且如西国名大周（唐）为支那者，直是其名，更无别义。”他也提到梵文中的高丽和其他国家的名字。

虽然义净对于印度及许多印度事物赞扬万分，但他明白表示他的家乡——中国——应居第一位；印度也许是“圣方”，而中国则是“神州”。“五天之地，自恃清高也，然其风流儒雅，礼节逢迎，食啖淳浓，仁义丰赡，其唯东夏，余莫能加。”至于“针灸之医，诊脉之术，瞻部州中，无以加也。长年之药，唯东夏焉。……故体人像物，号曰‘神州’，五天之内，谁不加尚？四海之中，孰不钦奉？”

在古梵文内，中国皇帝这个字是“提婆弗呾椤”（Deva-putra），“提婆”是天，“弗呾椤”是子，正确的译文是天子。[①]

义净本人是一个精通梵文的学者，他赞美梵文，说这种文字在远方的南北各国尚且都受人敬重，“岂况天府神州，而不谈其本说。”梵文的研究在中国一定相当普遍。令人感兴趣的是有些中国学者曾试图将梵文的语音学介绍到中国语文方面去。人所共知的一个例子，就是唐朝的守温和尚曾

① 这些摘录引自高楠顺次郎（J. Takakusu）氏的义净所著《南海寄归内法传》的译本。牛津1896年版。（原注）（译者按：引文依据影印宋碛砂藏经第479册《南海寄归内法传》）

经按照梵文字母的方式创造了中文字母。

佛教在印度的没落几乎使中印两国学者的往来完全间断，虽说中国的香客仍偶然有来印度访问佛教圣地的。从十一世纪发生政治革命以来，成群的佛教徒捆载着大批的经典到尼泊尔，或越过喜马拉雅山到西藏。有大部分古老的印度文学就是这样地或在此以前传到了中国。近年来在那些地方重新发现不少原文，而译本更为常见。很多印度古典文学保存在中文和藏文的译本中，这些书籍不仅是关于佛教的，也有关于婆罗门教、天文学、数学、医书等等的。据说中国的松坡图书馆①曾经收藏大约有八千种之多。中国西藏也充满了这类书籍。中国、印度的学者们经常合作，著名的例子是他们用梵文、藏文、中文三种文字编成的佛学专门名词字典，那时是在九至十世纪。这本字典叫作《翻译名义集》。

从八世纪起，在中国所发现的最古的印刷品就是梵文的书籍，这些书是用木版印刷的，在十世纪中国成立了官书局，以后一直到宋朝，印刷的技术更是突飞猛进。令人不解的是：中印两国虽然往还密切，学者们互相交换书籍和写本达数百年之久，但是没有迹象可以证明印度在那个时期也曾有过印刷的书籍。木版印刷很早就由中国中原地区传到了中国西藏地区，我相信目前仍在西藏地区实行着。中国的印刷技术传到欧洲是在元朝（1260—1368年），最初传到德国，到十五世纪才传到其他各国。

甚至在印度被印度—阿富汗人和被蒙古人侵占的时代，印度偶然和中国仍有外交上的往还。穆罕默德·宾·突格拉格——德里的苏丹（1326—1351年），曾派了一个著名的阿拉伯旅行家伊本·白图泰为驻中国朝廷的使节。孟加拉那时已经摆脱了德里的宗主权，成为一个独立的苏丹王国。在十四世纪的中叶，中国朝廷派遣了侯显与费信两个使节到孟加拉。这样就

① 松坡图书馆过去在北京曾购存杨守敬收藏的大藏经及多种佛学书籍。——译者

导致孟加拉国王厄雅素丁在位时不断地派遣使节去中国。这是在明朝时代。后来由国王赛福丁于1414年派遣的一个使臣，带了一些名贵礼物前去，其中还有一只活麒麟。这个麒麟如何到达印度是一个谜。大概是非洲运来，而又把它转送给明朝皇帝作为一件珍贵稀有的礼物的。麒麟在中国的确大受赞美，因为儒教门徒认为麒麟是祥瑞的征兆。无疑地，这个奇兽是麒麟，因为除见于记载者外，中国还将麒麟画在绢本之上。这位画麒麟的宫廷画师并且写了一个长篇文章来赞美这麒麟和它所带来的祥瑞。“朝臣和庶民都聚集来看它，他们看得快乐无比。”①

中印间的贸易在佛教时代曾经盛极一时，在印度北部先后被印度—阿富汗人和蒙古人侵占时代仍然继续着，不断地交换商品。这个贸易在陆上是越过北部喜马拉雅山各口，并沿着中央亚细亚旧骆驼道路而进行的。海运贸易亦复不少，主要的是经过南洋群岛直达印度南部各海港。

在千年以上的中印两国的交往中，彼此相互地学习了不少知识，这不仅在思想上和哲学上，并且在艺术上和实用科学上。中国受到印度的影响也许比印度受到中国的影响为多。这是很令人惋惜的事，因为印度若是得了中国人的健全常识，用之来制止自己过分的幻想，是对自己很有益的。中国曾向印度学到了许多东西，可是由于中国人经常有充分的坚强性格和自信心，能以自己的方式吸取所学，并把它运用到自己的生活体系中去。甚至佛教和佛教的高深哲学在中国也染有孔子和老子的色彩。佛教哲学的消极看法未能改变或是抑制中国人对于人生的爱好和愉快的情怀。过去中国有句谚语说：“碰着官，要挨打；碰着和尚，要饿死。”

十六世纪中国著名小说《西游记》是吴承恩所著（曾由阿特尔·威莱译成英文）。书中叙述着玄奘赴印度取经途中的神怪和荒诞的故事。在书后

① 孟加拉旧名榜葛剌。贡麒麟事在《明史·侯显传》中和明朝严从简的《殊域周咨录》中都有记载。——译者

题了一个给印度的献词，说道："愿以此功德，庄严佛净土。上报四重恩，下济三途苦。若有见闻者，悉发菩提心。同生极乐国，尽报此一身。"

中印两国在隔绝了若干世纪以后，又被一种新奇的厄运所支配。因为英国东印度公司的影响，印度曾经在长时期中，不得不含辛茹苦，而中国与东印度公司的接触虽然不多，但也带来了鸦片和战争。

世运巨轮，周而复始，印度与中国彼此互相瞻望着，引起满怀的忆旧心情。新的香客正越过或飞过两国分界的高山，带着欢欣友好的使命，正在创造着新的持久友谊。

十六　在东南亚的印度殖民地和印度文化

要知道并了解印度，就必须在时间方面和空间方面多所阅历；必须暂时忘掉它那种穷困、浅陋和恐怖的现状，而来看看它以前是什么情形的，会经做过些什么事情。"要知道我的国家"，泰戈尔写过，"人们必须追溯到那一个时代：就是当它实现了自己的灵魂，越过它那物质的边界的时候；就是当它在照耀了东方地平线的无限灿烂中显身出来，使那些突然间被惊醒而发觉人生意义的异邦人，也把它认为是自己人的时候；可是不能靠现在来认识印度，现在它已退缩到了一个幽暗狭小的藩篱之内，孤高自负，智虑贫乏，死兜圈子，无意义地重复着那已经丧失了它的光辉的过去，而不能对未来的人有什么启发。"

不但要在时间上追溯过去，并且要游历亚洲各国，即使不是身体去，也该用思想去；在那些地方，印度曾在许多方面有所传播而遗留下了它的精神，它的力量和它的爱美性的不朽证据。我们之间知道我们过去有这种伟大成就的是多么少啊！而且在我们之间认识到印度在思想和哲学方面和它在行动方面同样伟大的又是多么有限啊！关于印度的男男女女在远离祖国的地方所创造的历史，尚有待于编纂。大多数西方人士还以为古代历史主要是关于地中海的几个国家，还以为中世纪和近代的历史是由性好争论的小小欧洲大陆所支配。他们在做未来的计划时，还好像只有欧洲才应受重视，而其余的可以随意安排似的。

查理·艾利奥特爵士曾经这样写道："那些欧洲史不惮繁琐地叙述一些侵略者在印度的开拓事业，而给人家一种印象以为印度本国人民软弱懵懂，而以高山海洋为边界和其余人类相隔绝；就印度在世界上的地位说来，这是欠公正的。这种描述没有注意到印度人知识方面的成就，甚至他们政治方面的成就，其实也不能轻视。它所占领的土地即使不甚广阔，但就和印度的距离来说，这种成就也是非常显著的……然而这种军事上或商业上的侵略比起印度思想的传播是微不足道的。"[①]

当艾利奥特写那篇文章的时候，他可能没有知道在东南亚有许多新的发现，这些发现把关于印度过去和亚洲过去的那种旧观念完全洗刷一新。从这些发现中所获得的知识应该可以加强他的论据，和证明出印度在国外的各种活动，除了传播它的思想以外都远不是不重要的。我记得大概在十五年以前，我初次读到一种关于东南亚历史的详细记载时，我是多么的惊诧，多么兴奋。在我眼前展开的是新的景象，是历史的新的看法，是关于过去印度的新的概念，于是我不得不把我所有的想法和以前的观念，加以纠正。占婆、

① 见艾利奥特：《印度教与佛教》(Hinduism and Buddhism)，第一卷，第42页。(原注)

真腊（柬埔寨）、吴哥、室利佛逝、满者伯夷突然从空虚中浮现出来，以栩栩如生的形象加上本能的情感，来使它们的过去和现在联系起来。

夏莲特拉在作战军功和别的成就方面，都是一个伟大的人物。关于他，查利支·韦尔斯博士曾经写过："这一个伟大的战胜者的成就只有西方历史上知名的那些最伟大的军人可以相比；当时，他的声名从波斯一直传播到中国。他在一二十年间，建立起一个很大的海权帝国，并维持了五百年之久，他使印度的艺术和文化在爪哇和柬埔寨灿烂地发展起来。然而在我们的百科全书和历史中……关于这个广大的帝国和它的高贵的创立者竟连一个字也没有提到……甚至连这个帝国曾经存在的事实，除了少数东方学者外，也几乎就没有人知道。"①早期的这些印度殖民者们的这些军事上的功绩是重要的，因为这使得人们认识出到这时为止还未被认识到的印度人在某些方面的品质和天才，但是更重要的是他们在殖民地和居留地上所建立起来的丰富的文明，这种文明曾维持了一千多年。

在最近的二十五年中，关于东南亚，即有时亦称之为大印度的这个广大地区的历史已经弄清楚多了。但是还存在着许多残缺和矛盾，学者们也继续在提出许多互相颉颃的学说。不过大体纲领是够清楚的，而且有时细节也很丰富，资料并不缺乏，在印度书籍中常常有得提到，还有，阿拉伯旅行家的记述，尤其重要的是中国历史的记载。此外，还有许多古时的碑文、铜版等等。在爪哇和巴厘岛，那里有根据印度的资料而来的很丰富的文学，并且还常常有印度史诗和印度神话的节译。希腊和拉丁方面也提供了一些材料。但尤其重要的是古代文物的壮丽遗迹，特别是在吴哥和婆罗浮图（Borobudur）地方的那些东西。②

---

① 参见《走向吴哥》（Towards Angkor），哈拉勃（Harrap）1937年版。（原注）

② 参考马章达博士所著《古代印度在东南亚的殖民地》，加尔各答1927年版；《金岛》（Svarnadvipa），加尔各答1937年版，又参考大印度协会发行的有关各种刊物，加尔各答版。（原注）

从公元一世纪起，印度殖民者一批又一批地向东方和东南方移殖，到达了锡兰、缅甸、马来亚、爪哇、苏门答腊、婆罗洲、暹罗、柬埔寨和印度支那，有些人还设法到达了中国台湾、菲律宾群岛和西里伯斯岛。甚至远在西边的马达加斯加岛，那里现在通行的语言还是印度尼西亚语夹用些梵文的词。他们一定费了好几百年的工夫才散布到这样广大地区的，可能其中有些地方，不是从印度直接去的，而是从一些中间的居留地再过去的。从公元一世纪起到公元九百年左右的一个时期中，似乎有过四次主要的移殖；在这个漫长时期内，一定还有许多人川流不息地向东移去。这些冒险事业有一个最显著的特点，那就是它们显然都是由国家组织起的。分散得很远的许多殖民地，差不多均同时开始建立，而且这些居留地几乎总是设在战略要冲，或是设在贸易要道上。它们的名字也是取的旧印度名字，像现在大家知道的柬埔寨，从前就叫柬埔查，它是古时印度健陀罗或称喀布尔流域地方的一个有名的城市。这本身就表示出那次移殖的大概年代，因为在那时健陀罗（阿富汗）一定是雅利安印度的一个重要部分。

是什么东西引起了这种非常的越过惊涛骇浪的重洋远征呢？是什么巨大的推动力在促使他们呢？除非前几代或前几世纪曾经有个别的人或小团体为了贸易而渡过海洋，这种大规模的移殖是不会想得到，也不会组织起来的。在最古的梵文书中，这些东方的国家曾被含糊地提到过；要辨认出书中所提到的名字，往往不很容易；但有时也并不困难。爪哇这个地名很清楚是从“Yava dvipa”就是产粟的岛（Island of Millet）这一名字来的。在印度，甚至到现在，爪哇一字还是作大麦或粟解。那些古书里提到的其他名字，也常常和矿产、金属或和一些工业或农业产品有关。这种命名方法本身就叫人联想到贸易。马章达博士曾经指出：“如果文学可以认为是群众思想的公正的反映，那么在公元前和公元后的最初几个世纪中，印度人最热烈的爱好就是贸易和经商。”所有这些都表明经济在扩展，也表明他们时常在追求远方的市场。

在公元前三世纪和二世纪中，贸易逐渐增加，跟着这些冒险的贸易商之后，可能就有僧侣参加，因为那正是阿育王朝以后的一个时期。梵文所写的古代故事中就有很多关于危险的海上航行和船只遭难的记载。希腊和阿拉伯的记载都证明至少在公元一世纪那样早的时候，印度和远东之间已有定期的海上来往。马来半岛和印度尼西亚群岛正处在中国和印度、波斯、阿拉伯以及地中海的直接的贸易航线上。这些国家除了它们地理上的重要性以外，还有贵重的矿物、金属、香料和木材。马来亚从前是，现在还是以锡矿著名。最早的几次航行，大概是沿着印度的东海岸——羯陵伽、奥里萨、孟加拉、缅甸，一直到马来半岛。后来，从印度东部和南部起的直接航路也发展了。很多中国香客就是通过这一条航路来到印度的。公元五世纪时，法显曾路过爪哇，他抱怨那时爪哇有很多异教徒，这是指那些信婆罗门教而不信佛教的人而言的。

很明显，在古代印度造船业是一行很发达兴盛的工业。我们有一些关于那时船舶建造的详细记载。很多印度港口的名字曾被提到过。公元二世纪和三世纪的印度南部安度罗货币，上面印有双桅船的纹样。阿旃陀壁画绘有战胜锡兰的情形，还可以看到战船上装有大象。那些原来是印度居留地而后来发展成为庞大的土邦和帝国，它们主要是重视贸易的海军国家，因此它们控制了海上航线。它们在海上互相争雄；至少有过一次，它们中间的一个曾向印度南部注辇国挑衅。可是注辇人在海上也是强有力的，他们派遣了一支海军远征队，把夏莲特拉帝国征服了一个时期。

一段公元1088年的泰米尔碑文是很有趣的，它涉及一个一千五百人的行会。显然这是一个贸易商的团体；他们被描述成为“勇敢的人，生来就是为的游历各国，从克立塔（Krita）时代开始，他们由水陆两路到过六大洲的许多地方，买卖各色各样的东西，例如马、象、宝石、香料、药材，不论批发或是零售，他们都做。”

这就是印度人民早时开拓殖民地的冒险事业的背景。贸易和爱好冒险以及扩展欲把他们吸引到了那些东方的土地上去；古老的梵文书籍给那些地方起了一个容易意会的名字，叫做斯瓦那不米，即黄金国的意思，或称为斯瓦那维帕，即黄金岛。这名字本身就含有诱惑性。早时期的殖民者定居了下来而更多的人跟着前往，这样，一种和平的渗入就继续下去。印度人和他们所发现的别的种族融合起来，混合的文化也就发展了。可能等到了这个时候，政治成分才从印度方面前来，就是有些刹帝利王子和贵族子弟的来到，他们来的目的，在乎追求奇遇和统治。有的人根据名字的相似，认为前往各处的人，很多是从在印度分布很广的马尔瓦族人（Malva）中而来，所以称为马来族（Malay），他们在整个印度尼西亚占着极重要的地位。中印度的一部分，至今还叫作马尔瓦（Malwa）。人们以为早期的殖民者是从东海岸奥里萨的羯陵伽移过去的；但为移殖事业做过有组织的努力的倒是南部的印度帕那瓦王国。在东南亚成为极有名的夏莲特拉王朝就据说是从奥里萨移过来的。那时奥里萨是佛教的一个堡垒，徂统治的王朝却是婆罗门教徒。

所有这些印度殖民地均位于印度和中国这两大国和两大文化之间。其中有些在亚洲大陆上的，实际上就和中华帝国的边疆为邻；其他殖民地是在中印之间的直接贸易通道上。因此，它们都受到这两个国家的影响，而一种混合的印中文化亦由此成长起来了。这两种文化又具有这样的性质：它们之间并无冲突，由各种不同形式、不同内容形成的混合式样的文化就成长起来了。在大陆上的国家——缅甸、暹罗、印度支那它们受中国的影响比较多；而许多岛和马来半岛就多一些印度的特征。关于政治方式和人生哲学这些东西通常来自中国；宗教和艺术就来自印度。大陆各国的贸易大部依赖中国，因此他们常有使节交换。但是甚至在柬埔寨，在吴哥的伟大的遗迹中，到现在为止所发现的艺术方面的影响，只有来自印度的一种。印度艺术是具有极性和适应性的，在各国内它重新花枝怒放，而且有着很多新的式样，但从印度传来的基本特征却总保留着。约翰·马绍尔爵士曾提到过这种“有着非常的生命力和韧性的印度艺术”，并指出印度和希腊这两种艺术是怎样地有一种共同的力量，那就是“它们自己能灵活地去适应那些与之接触的每一个国家、种族和宗教的需要”。

印度艺术的基本特性来自和印度的宗教与哲学见地有关联的某些理想。宗教从印度传播到所有这些东方地区，因之艺术的基本观念也就传播过去。可能早时的殖民地确实都信奉婆罗门教，佛教传布则较迟。这两种宗教就像朋友一样并存着，从而各种形式的混合的民间信仰也兴起了。这种佛教主要是一种容易适应环境的大乘教，不过在当地习俗与传统的影响下，无论是婆罗门教或是佛教可能都已失去原来教义的纯粹性。在后来的年代中，一个佛教国家和一个婆罗门教国家之间，曾有过许多次激烈的冲突，然而这些主要是为的控制贸易和航海线的政治的和经济的战争。

这些印度殖民地的历史足有一千三百年之久或者还要更长一些，从公元一世纪或二世纪之初一直到十五世纪末期为止。最初几世纪的情形不很清楚，除了知道有过许多小的国家之外，别的就不大晓得了。这些小国家逐渐地把他们自己的地位巩固了，到五世纪就形成了许多大的城市。到八世纪，从事航海业的帝国就兴起了，其中一部分是中央集权的，但同时也是在很多地方行使一种不巩固的宗主权。有时这些属地独立了，甚至敢于攻击中央政权，这就使我们对于那些年代的情形混淆不清。

这些国家之中最大者是夏莲特拉帝国，或称室利佛逝帝国；到公元八世纪，它成为整个马来群岛中海陆两方最有力的国家。直到晚近，还以为它的起源和它的首都是在苏门答腊；但据后来的研究，它是在马来半岛开始的。在它极盛时代，它包括马来亚、锡兰、苏门答腊、爪哇的一部分、婆罗洲、西里伯斯、菲律宾和中国台湾的一部分，它可能还在柬埔寨和占婆（安南）行使过宗主权。它是一个佛教帝国。

但是，在夏莲特拉王朝成立并巩固这个帝国很久以前，就已经有了几个强有力的国家在马来亚、柬埔寨和爪哇兴起了。在马来半岛的北部，靠近暹罗的边界，那里有非常多的遗迹。惠更生说道："这些遗迹指明在那些地方以前存在过强有力的国家，并且有过一种高度水平的财富和豪华。"在占婆（安南）公元三世纪时，就有一个城叫判度兰甘；在五世纪，柬埔查变成了一个大城市。到九世纪，有一个伟大的统治者叫做阇耶跋摩，他统一了比较小的几个土邦，建立了这个柬埔寨帝国，建都于吴哥。柬埔寨大概时常是属于夏莲特拉宗主权下的国家，但这一定只是名义上如此，因为在公元九世纪，柬埔寨就恢复了它的独立。它在一连串伟大的统治者和伟大的建设者之下继续了差不多四百年的统治，这些大人物是阇耶跋摩、耶萨婆曼、因陀罗跋摩和苏耳雅凡门。它的首都，在亚洲变得很出名，被称为"壮丽的吴哥"，有一百万人口，比恺撒时代的罗马还大还辉煌。靠近城市有一座巨庙叫做吴哥殿。这个柬埔寨帝国一直繁荣到十三世纪末。在1297年访问过该地的一位中国使节写过一篇记录，叙述这首都的富有和华丽。但是突然间它崩溃了，突然到这样程度，甚至有些建筑工程就一直停留着没有完工，当时那里有外来的侵袭，也有内部的纷乱，但主要的灾难可能是湄公河的淤塞，使该城入口变成一片湿地，因此才把它放弃。

在公元九世纪的时候，爪哇也跟夏莲特拉帝国脱离关系，但即便如此，夏莲特拉直到十一世纪仍旧继续是印度尼西亚的领导力量，当它们和印度南部的注辇国发生冲突时为止。注辇战胜了，并且在印度尼西亚的一大部分土地上统治了五十多年。注辇人撤退后，夏莲特拉又恢复过来，继续成为一个独立国家，再维持了近三百年。但它不再是东方海上最强的国家了。十三世纪时，帝国开始瓦解，从中兴起的是爪哇和泰国（暹罗）。到十四世纪的下半世起，爪哇就完全征服了室利佛逝的夏莲特拉帝国。

那个时候已经变得卓越显著的爪哇国家，有过一段长的历史。它是一个婆罗门教的国家，虽有佛教传入，它仍然继续信奉那更古老的宗教。它对室利佛逝的夏莲特拉帝国的政治经济势力，加以抗拒，甚至在它本身已被夏莲特拉占领了一半以上的土地的时侯，还是如此。组成这个爪哇国家的是一些习于航海的人群，他们志在贸易，它们酷好兴造巨大的石头建筑物。本来，这个国叫作新加萨利王国；到1292年，一个叫作满者伯夷的新城市建立起来了，从这个城的基础上再加以发展就成为满者伯夷帝国；它继室利佛逝而为东南亚的最有力量的国家。满者伯夷侮辱了忽必烈派去的几个中国使节，因此受到了中国远征军的惩处。可能爪哇人就从中国人那里学会了使用火药，这也帮助了他们自己最后去战胜夏莲特拉。

满者伯夷是一个高度中央集权和不断扩张的帝国。据据它的税收制度很健全，它特别注重贸易和它的殖民地。政府组织有商业部、殖民部、公共卫生部、军务部、内政部，等等；还有一个最高法院，里边有好些法官。这个帝国组织得这样好，真是一件令人惊奇的事。它主要的事务是从印度到中国的贸易。苏希塔皇后就是它们的有名执政者里边的一人。

满者伯夷和室利佛逝之间的战争是非常残酷的。虽然满者伯夷获得了完全胜利，可是新的冲突的种子已经播下了。在夏莲特拉国的废墟上与许多分子，特别是阿拉伯人和伊斯兰教徒的转教的分子联结起来，马来亚的势力就在苏门答腊和马六甲地方兴起了。很久以来一向为印度南部或印度殖民地所掌握的东方海上霸权现在转入了阿拉伯人手中。马六甲作为贸易的伟大中心和政权的所在地，变得很有名了。伊斯兰教也传遍了马来半岛和其他各岛屿。就是这个新兴势力在十五世纪末最后结束了满者伯夷帝国。但几年之内，到1511年，在阿布奎基率领下的葡萄牙人前来占领了马六甲。欧洲人利用了它的新发展着的海上势力到达了远东。

十七　印度艺术在国外的影响

这些古代帝国和古代王朝的记载，对于好古者固然有益，但对文化史和艺术史方面更为有用。从印度的观点来说，这些史料特别重要，因为在那里发生作用的和在各种不同方面显示出生命力与天才的正是印度。我们看见它生气勃勃地在多方面发挥它的饱满精力，不仅把它的思想，并且把它的别种理想，把它的艺术、贸易、语言、文学和政治方式传播到遥远的地方。那时，它不停滞，不超然，也不因高山海洋的阻隔而孤立起来。它的人民越过了那些崇高的大山、凶险的海洋，建立了像累内·格罗塞所说的“一个在政治方面和大希腊一样缺少组织，但在道义方面却和大希腊同样的和谐调协的大印度”。事实上，甚至这些马来国家的政治组织，也是高度的组织，虽然它并不是印度政治机构的一部分。格罗塞提到了印度文化所传播到的较广的地区道：“在伊朗东部的高原，在塞林岱雅沙漠中的绿洲，在西藏、蒙古和满洲的不毛之地，在中国和日本这许多开化很早的地区，在印度支那的许多原始的蒙人和吉蔑人以及其他部落居住的地方，在马来亚—坡里内西亚人的许多国家内，在印度尼西亚和马来亚，都留着印度那种高超文化的不可磨灭的特征，不仅是在宗教方面如此，在艺术和文学方面也是如此；总之，在所有精神方面的各种比较高级的东西方面，莫不如此。”①

印度文明，特别在东南亚各国生了根，关于这种证据，今天在那里遍地都可以找到。在占婆、吴哥、室利佛逝、马查帕亦提以及其他地方，都有学习梵文的主要中心。在那里建设起来的各个国家和帝国的统治者所用

① 累内·格罗塞：《东方的文化》，第二卷，第276页。（原注）

的名字就是纯粹的印度和梵文名字。这并不是说他们都是纯粹印度人，但这意味着他们都印度化了。国家典礼是印度式典礼，举行典礼时所用的是梵文。所有国家官吏都用的是旧时的梵文官衔；不仅在泰国，就是在马来亚的许多伊斯兰教国家内，有一些这样的官衔和名称，一直沿用到现在。在印度尼西亚许多地方的旧文学中，充满了印度的神话稗史。有名的爪哇和巴厘[①]舞是由印度传来的，巴厘这个小岛，直到近代还的确大部保持着它旧时的印度文化，甚至印度教还继续存在。写字的艺术从印度传到了菲律宾群岛。

在柬埔寨，它们用的字母是从南印度吸取来的，很多略为变体的梵文的词也被采用。他们的民法和刑法系根据印度古代立法者摩奴所立的法律。在受了些佛教影响而略加变化后，已被编成柬埔寨近代法制中的法典。[②]

但超乎一切，受到印度影响最显著的，是在那些旧印度殖民地的壮丽的艺术和建筑方面。原来的风格有了一些改变，使它和当地的特征相适应相融合，由于这种融合，吴哥和婆罗浮屠[③]的文物和奇妙的庙宇建造起来了。在爪哇的婆罗浮屠，它们把释迦的一生事迹刻在石上。在其他地方，毗湿奴、罗摩、黑天的许多故事传说，都用半浮雕予以记载。关于吴哥，奥士伯特·席特威尔先生曾经这样写道："必须立即予以肯定的是：照吴哥现在情况来说，它应该算是今日世界上最伟大的奇迹；它是人类的天才在石器方面所已到达的最高峰之一，比起在中国所能见到的任何东西，要更为动人可爱而离奇……它是一种文明的遗物，这种文明曾飞腾远跃达到了

---

① 巴厘岛（Bali）东印度群岛中巽他群岛之一，位于爪哇岛之东。——译者

② 雷克拉（A. Leclè ie）："柬埔寨法律中的婆罗门来源的研究"（Rechcrches sur les orlgines brahmaniques des lois Combodgiennes），转引自查特吉（B. R. Chatterji）所著《印度文化在柬埔寨的影响》（Indian Cultural Influence in Cambodia）一书。（原注）

③ 婆罗浮屠（Borobudur）在爪哇岛内，有宏伟的伽蓝寺遗迹。——译者

辉煌灿烂的极点，经历了六个世纪之久然后消灭得这样彻底，连它的名字也无人提起了。”①

在吴哥殿大庙附近的一个广大地区内，都是些伟大的遗迹，有人造湖沼和运河，其上有桥，还有一座大门，上面突出着“一个巨大的雕刻的人头，一张春风满面笑容可掬、可是有点神秘难解的一个柬埔寨人的面孔，但已具有神的力量和神的美丽了”。这个面庞上露着不可思议的魅惑和乱人心意的微笑——吴哥的笑——一再在那里显露着。这座门通到大庙。这“邻近的巴壤可以说是世界上最富于想象力、最奇妙的东西了。它比吴哥殿还要可爱，因为它具有超俗的概念，仿佛是别的遥远星球上的一个城市里的一座庙宇……它感染着一种和经常孕育于伟大诗篇的字里行间里一样的不易捉摸的美”。

吴哥得了印度方面的启发，但它的发展须归功于吉蔑人的天才，或者是由于两者的融合而才产生出这种奇迹。那个柬埔寨的国王据说是建造这大庙的人名叫阇耶跋摩七世，这是一个典型的印度名字。查利支·韦尔斯博士说：“当印度的领导势力移开以后，印度的启发却并未被遗忘，但是吉蔑人的天才已经发挥出来，它从印度启发的基础上造出许多伟大的具有惊人活力的新观念，这与纯粹从印度环境中成长出来的东西不同，而且也无法作适当地比拟的……的确，吉蔑人的文化主要是根据印度的启发，如果没有这种启发，吉蔑人最多不会比中美洲的玛雅人所产生的那种野蛮粗俗的文彩高明多少；不过也该承认，这种启发正落在大印度区域内比其他地方都好的一块肥沃的土地上。”②

这令人联想到：在印度本土原有的那种启发力，由于新的潮流和思想，

① 这一段连同下面两段引文都是从奥士伯特·席特威尔（Osbert Sitwell）著、1941年版的《与我偕逃——东方见闻录》（Escape with me——An Oriental Sketch Book）一书中节录来的。（原注）

② 录自韦尔斯（Quaritch Wales）著：《走向吴哥》（哈拉勒1933年版）。（原注）

使精神和土地都使用过度和营养不足了。其实只要印度虚心坦怀，把它的文化宝藏给予人家，也从人家那里取得它所缺乏的东西，它就会依然精神抖擞、强壮有力、生气勃勃的。但是，当它愈是一意想保全自己不受外界的坏影响，而退缩到它的蜗壳里面，它就更失掉那种启发力，它的生活就越发变成一种麻痹而无意义的活动。一切集中于已死的过去，它的后裔丧失了创造美的艺术，甚至连认识美的能力也失掉了。

这些在爪哇、吴哥和大印度其他地方的发掘和发现，要归功于欧洲的学者和考古学家，特别是那些法国和荷兰的学者。恐怕还有许多大的城市和文物埋葬在地下有待发现。同时据说在马来亚的一些有古代遗迹的重要地点由于开矿或由于采取筑路材料，已被毁坏。战争无疑地也会增加这种毁坏。

几年前，我收到一个泰国（暹罗）学生给我的一封信。他是来到泰戈尔的国际大学而正要回泰国去的。他写道："我常自以为非常荣幸，能到这伟大而古老的雅利安人之地（圣地）来，拜倒在恩深如祖先的印度的足下以表示我的敬意。我的祖国经过印度亲切的抚养并被教导着去欣赏和爱好文化以及宗教中的崇高和美丽。"这封信也许不足以作为代表，但它确乎表达了一些对于印度的一般情感。虽然它有些模糊，并且还有很多别的东西掺杂在内，但它在东南亚许多国家内，至今还继续存在着。现在各地都兴起了一种强烈的狭隘的民族主义，只顾自己而不信任别人。对欧洲人的统治又怕又恨，但仍想模仿欧美，赶上欧美；由于印度不是独立自主，人们对它往往有些轻视，然而对印度隐隐地总还有一种尊敬和友好的情绪，因为旧日的记忆长存，人们还没忘掉印度曾经是这些国家的母国，曾经用它自己宝藏里的丰富食粮来培养过它们的。正如希腊精神从希腊传播到了地中海各国以及亚洲西部各国一样，印度的文化影响也传播到了很多国家，并在那些国家留下了强有力的烙印。

席尔凡·烈维写道："从波斯到中国海，从西伯利亚的冰冻地区到爪哇和婆罗洲群岛，从大洋洲到索哥德拉岛[①]，印度一直在传播着它的信仰、它的故事和它的文化。在接连不断长久的世纪中，它给四分之一的人类留下了不可磨灭的痕迹。它有权索回那由于愚昧而长期拒绝给它的在人类历史中应有的席位，并有权保持它在象征和集人道精神之大成的那些伟大国家间应有的地位。"[②]

十八　古代印度艺术

由于印度的文化和艺术惊人地发展到了国外，所以有一部分最优秀的艺术品在印度境外出现了。不幸的是，我们古代的文物和雕刻，特别是在印度北部的，很多因年久而受到毁损。约翰·马绍尔爵士说道："如果只知道在印度本地的印度艺术，那就只知道了事情的一半。要理解全部，我们一定要跟着佛教的足迹，一直到中亚、中国和日本；我们一定要看它在传布到中国西藏、缅甸和暹罗时所呈现的新的面貌和新的美丽东西；我们看了它在柬埔寨和爪哇那种无与伦比的伟大创造一定会肃然起敬。在这些每一个国家内，印度艺术都遭遇到一种不同的种族天才，一种不同的当地环

① 索哥德拉（Socotra）非洲东部之岛。——译者

② 哥萨尔（U. N. Ghosal）所著。《1917—1942年大印度研究的进历》（Progress of Greater Indian Research，1917—1942），加尔各答1943年版，书中曾引述这段话。（原注）

境，而就在那些改造的影响之下，使它披上了新的外衣。”①

印度艺术、印度宗教和哲学的关系是如此密切地联系着，所以如果对于支配印度人头脑的各种概念没有一些认识，就不容易彻底理解它。在艺术方面，和在音乐方面一样，东方和西方的观念之间有着一条鸿沟。可能欧洲中古时代的大艺术家和大建筑师比现代的那些欧洲艺术家更要感到和印度艺术与雕刻来得合调；现代的欧洲艺术家们至少有一部分灵感是由文艺复兴时期或文艺复兴以后的年代中得来的。在印度艺术中总含有一种宗教的冲动，一种看到来世的心思，大概正像那些建筑欧洲大教堂的人所具有的灵感一样。美被认为是主观的而非客观的；它是属于精神的，虽然它也可以用美好可爱的形象或品质来表现。希腊人是为了美的本身而爱美，他们不但在美中找到愉快，并且也找到真理；古代的印度人也爱美，但他们总设法在作品中加上一些更深远的意义，加上一些他们所见得到的内在的真理。在有创作性的艺术作品的最优秀的范例中，他们博得了赞赏，虽然看的人也许还不理解他们的目的所在以及支配他们的是些什么思想。在有些比较逊色的艺术作品的实例中，这种缺乏了解，由于不能跟艺术家的思想相融合，就阻碍了人们对那些艺术品的欣赏。人们对于一些不能领悟的东西总会有一种模糊不安的感觉，甚至于会有些焦躁；这样就引到了一种结论，认为那艺术家不懂艺术而完全失败了。有时甚至会有厌恶的感觉。

我对于艺术，不论是东方的或是西方的，一点也不懂得，所以我不配谈论艺术方面的事情。我对它的反应和任何门外汉一样。有些绘画、雕刻或建筑物使我满心欢喜，使我感动，使我发生奇异的感情；但有的只不过教我有一点点高兴；有的对我简直不发生影响，有如过眼云烟，几乎视而不见；有的使我望而生厌。我不能解释何以会行这些反应，我也不能对艺

① 哥萨尔（Ghosal）在《大印度研究的进展》（加尔各答1943年版）中节录利给拿特·勒·梅伊（Reginald Le May）在《暹罗的佛教艺术》中的序（剑桥1938年版）。（原注）

术品的优点或缺点有什么适当的论断。在锡兰的阿纽拉德哈浦拉地方有一座佛像，它使我非常感动，许多年来我一直把它的写真当作我的伴侣。但在另一方面，在印度南部的几座出名的庙宇，尽是些烦琐笨重的雕刻，它使我烦恼，使我满怀不安。

受希腊传统熏陶的欧洲人，最初是用希腊的观点来研究印度艺术的。在健陀罗地方和边省的希腊—佛教艺术中他们看到了一些他们所懂得的东西，而对于印度其他式样的艺术却都认为是比较次等的类型。逐渐地他们获得了一种新的看法，于是指出：印度艺术是一种独创的有活力的东西，并非从希腊—佛教艺术中汲取而来的，后者不过是印度艺术的一种暗淡的反映而已。这种新的看法来自欧洲大陆，较来自英国者为多。奇怪的是：印度艺术在大陆上比在英国受到更多的欣赏，梵文文学也是如此。我常自忖度，印度和英国之间存在着的那种不幸的政治关系，对于这种情形有多大的影响。虽然也许这种想法是有点理由的；除此以外，一定还有别的和更基本的原因存在。当然有不少的英国艺术家、学者和其他人士已经比较了解一些印度精神和印度见解，还帮助发现我们的古代宝藏，并将它们向全世界介绍解释。此外，还有许多人对印度有种温暖的友谊，并曾为它服务过，印度对他们是感激的。可是事实上，在印度人和英国人之间，还是存在着一条鸿沟，一条日益扩大着的鸿沟。在印度这方面，这种心情是比较容易了解的，至少对于我是如此，因为近年来发生过的不少事情使我们的心灵受到了深刻的创伤。在英国方面，由于不同的原因恐怕也曾发生过类似的反感，其原因之一是世界公论认为他们的行为不当，这使他们恼怒，因为他们以为过失并不在他们一方。但这种感觉比起政治还要深刻，因为它是在不知不觉的场合发生出来的，最受影响的似乎是英国的知识分子。在他们看来，印度人好像是原始罪孽的一种特别现形，因而他的一切作品都烙印着这种标记。有一位有名的英国作家，虽然他几乎不能算是英国的思想或智慧方面的代表人物，最近写过一本书，几乎对每一样印度的东西都充满了恶意的仇恨和憎恶。另外一位较更杰出而具代表性的英国作家奥士伯特·席特威尔先生，在他的一本《与我偕逃》(1941年版）里说道："印度这一个观念，尽管它有多种多样的惊人事物在内，还是令人厌恶的。"他也提到；"那种讨人厌的亵鄙下贱的品质，往往毁损了印度的艺术作品。"

对于一般的印度艺术或对于一般的印度讲来，席特威尔先生所抱的那种见解是完全有理由的。我相信他是那样想法。我自己对于印度的很多东西，也觉得讨厌，但对整个印度，我就不这样感觉。当然，我是一个印度人，不管我是怎样的不肖，我也不能轻易恨我自己。但这不是一个对于艺术的见解或看法的问题，这是一个重大得多的问题，这是一种对整个民族有意识的或无意识的厌恶和不友好的问题，难道果真我们对于那些曾被我们伤害了的人们就一定要憎恶和仇恨吗?

能够欣赏印度艺术并采用新的水平来判断印度艺术的英国人中间，有一位名罗伦斯·秉养，另一位名哈斐尔。哈斐尔对于印度艺术的理想和基本精神特别热心。他强调认为一个伟大的民族艺术足以真切地表现出民族思想和性格；但是只有在了解蕴藏于艺术背后的理想之后，才能够有这种体会。一个外来的统治民族误解并轻视这些理想，这就播下了思想上生反感的种子。他认为印度艺术不是把一个狭小的学者阶层作为对象的。他的本意是要使群众都能了解宗教和哲学的中心意义。"印度艺术在教育功用上是成功的，这可以从熟悉印度生活的人们所周知的一个事实中推论出来，那就是说印度的农民，按照西方的意义来说，虽然是文盲；但在世界上任何地方的农民阶级中，他们是属于文化最高的一种人。"①

在艺术方面，正像在梵文诗和印度音乐方面一样，艺术家是应该将他

① 哈斐尔：《印度艺术的理想》，1920年版，第19页。(原注)

自己和大自然的各种气质融合起来，表现出人和大自然以及宇宙间的基本和谐的。这是一切亚洲艺术的主要性格；正因为这样，所以亚洲的艺术都有一定程度的一致性，尽管它们的种类很多，而民族的差别又这样的明显。在印度，除了在阿旃陀的那些美丽的壁画以外，古代的画并不多。恐怕有很多已经遭到毁灭了。印度是在雕刻和建筑方面最为突出，正像中国和日本是以绘画见称。

印度的音乐和欧洲的音乐大不相同，它按照它自己的方式获得高度的发展，在这方面印度也是突出的，它并且还大大地影响了亚洲的音乐，只有中国和远东是例外。因此音乐就成了印度和波斯、阿富汗、阿拉伯、土耳其斯坦之间的另一桥梁。在印度和阿拉伯文化盛行的地区，例如北非洲之间，音乐多少也是桥梁之一。在所有这些国家内，印度的古典音乐大概都是受欢迎的。

宗教方面对雕塑偶像的偏见也是在印度艺术发展中的一种重大影响；在亚洲别的地方也是如此。吠陀就反对偶像崇拜，佛教中只在较后的时期才把佛的形象在雕刻和绘画上表现出来。在马都拉博物馆中，有一座显出充分饱满精力的巨大的石头菩萨像。这是公元初期贵霜时代的东西。

早期的印度艺术充满了自然主义的气氛，这可能是部分地受了中国的影响。在印度艺术史的各个阶段中都可以看得出中国的影响，尤其是在自然主义发展方面，这正像印度的理想主义传布到中国和日本之后，在许多伟大时期中曾发生过强有力的影响一样。

在公元四世纪到六世纪的笈多时代，就是所谓印度的黄金时代，阿旃陀的岩洞掘开了，壁画也被描绘出来了。巴格（Bagh）和巴大米也属于这时期。阿旃陀的壁画虽然非常美丽，而且自从被发现以来就一直强烈地影响着我们今日的艺术家们，可是这样就使得他们与人生脱节，一心只想模仿阿旃陀的式样，结果是很不好的。

阿旃陀壁画把我们带回到一个遥远的、梦幻一般的，然而也是非常真实的世界里去。那些壁画是佛教僧侣画的。他们的大师早就说过：不要接近女人，连看也不要去看她们，因为她们是危险的。然而这些画中有的是女人，漂亮的女人们，公主们，歌女们，舞女们；有坐的，有站的，还有在打扮的，也有在游行行列中的。阿旃陀的妇女造像已享大名。可见那些僧侣画家一定是如何透彻地认识尘世和那动荡中的人生戏剧，他们绘画得如何富于情感，就像他们绘画菩萨的肃穆超尘的妙相一样。

在七世纪、八世纪中，爱罗拉石窟在坚固的岩石中雕刻出来了。中央有一座巨大的盖拉沙神庙。那时的人们怎样设想得出，或者想出了又怎样将他们的概念雕出一个形体来，这真是难于想象的。具有一座精巧雄壮的三位一体神像（trimurti）的艾勒潘达洞窟也是这时期的产物。还有在印度南部马马那坡兰地方的一批建筑也是这时期的成绩。

在艾勒潘达洞窟中有一座破了的舞王湿婆石像，湿婆作正在跳舞状。哈斐尔认为它就是庄严的概念和伟大力量的化身："虽然这块石头本身似乎跟着跳舞的节奏在动荡，可是那个尊严的头颅还带着那种闪耀于佛的面容上的恬静安详的神气。"

在英国博物馆里边也有一座湿婆像。关于这个石像，艾伯斯坦曾经写道："湿婆跳着舞，创造了世界也毁灭了世界，他那奔放的节奏具有魔力地唤起了无穷尽的时代，他那动作也带着咒语的魔力。英国博物馆中的一小组，陈列着一本我们所见过的最为悲惨的男女殉情的画集，它显示了其他作品所无的人类情感中宿命的成分的缩影。许多我们的欧洲讽刺画若与这些奥妙的作品相比，就成为庸俗而无意义了，因为那奥妙的作品上没有象征派的虚饰，而是集中精力于主要方面，主要的造型方面。"[①]

① 艾伯斯坦（Epstein）：《让雕刻存在》（Let There be Sculpture），1942年版，第193页。（原注）

爪哇的婆罗浮屠地方有一个菩萨的头已经运到哥本哈根的戈洛贝都德克。就形象之美而言，这个头很美；但是，正如哈斐尔所说的，这里有着更深的意义，如同由镜子里透露出来的一样，它还显出了菩萨的纯洁灵魂，“那面容显示出大洋深处的宁静，蔚蓝的晴空的爽朗，也显示了不可思议的妙境。”

哈斐尔继续说道：“在爪哇的印度艺术，有它自己的风格，这风格就将它和它所自来的那种大陆上的艺术区别开了。虽然两者都具有同样深沉而晴朗的气质，但在爪哇的神的概念内，我们找不到和艾勒潘达洞窟与马马那坡兰等印度雕刻所具有的那种严肃感觉的特质。在印度—爪哇艺术中，表现得比较多的是人类的满足和欢乐，这是在他们的祖先们在大陆上经历过好几世纪的风暴和斗争以后，这些印度移民在他们的快乐岛上家庭中享受着和平安全的表现。”[①]

① 哈斐尔：《印度艺术的理想》，1920年版，第169页。（原注）

十九 印度的国外贸易

公元后的最初一千年中，印度的贸易所及甚广，印度商人控制了很多国外市场。在东方海面印度贸易是占优势的，它还达到了地中海。胡椒和别的香料往往用印度船只或中国船只从印度或经过印度装运到西方。据说哥特人阿拉列[①]曾从罗马取去三千磅胡椒。罗马作家们曾为了黄金从罗马流入印度和东方以交换各种奢侈品的事实感到悲痛惋惜。

当时在印度或在其他地方，这种贸易大部分是将当地所找到的和所生产的物资作物物交换。印度的土地肥沃，有些别国所缺乏的东西，它却出产得非常丰富，海运开通后它就将这些物资运往国外。它自己也从东方岛屿方面取得物资，而从商业运输中博得利润。它还有其他占便宜之处。从最早的年代起，远在别的国家开始织布以前，它就从事织布，纺织工业就已发展了。印度的纺织品运销到远方国家。缫丝也开始得非常早，虽然它可能不及中国丝那样精巧，中国丝早在公元前四世纪就起始运入印度。后来印度制丝工业可能有了一些发展，但发展得未见怎样好。在布匹的染色方面，曾有过重要的成就，曾发明过特别方法来配制不褪色的染料。其中

① 哥特人（Goth）是三四世纪时打平罗马帝国的一支条顿民族；阿拉列（Alaric）是哥特族的一个领袖。——译者

一种是靛青，靛青这名词本来是从印度文演变而来，以后希腊文也加以采用①。可能就是染色这类知识大大地推动了印度和国外的贸易。

在公元后最初几世纪里，印度的化学大概要比别的国家进步得多。我对于化学不很了解，我们有一本由印度化学家和科学家的领袖莱易爵士所写的书《印度化学史》，莱易曾训练过几代的印度科学家。那时化学是和炼金术与冶金学紧密相关联的。那伽曷树那是一位著名的印度化学家和冶金家，他的名字和公元一世纪的那位大哲学家（龙树）的名字相同，因此就使人们推想他们是同一个人。但这一点是很可怀疑的。

炼钢术在印度很早就知道了。印度的钢与铁在国外很受重视，特别是在作战用途上。此外，印度人还知道了并使用了很多别的金属，用于医药目的的金属化合物也配制出来了。蒸馏法和煅烧法都已为人所知，医药科学亦有相当发展。虽然主要系根据自古就有的教本，但到了中世纪时代在实验方面已有很大的进步。解剖学和生理学也曾被研究过，血液循环的理论远在哈维以前就被提出过了。

科学中最古老的天文学从前就是大学里的一项正规课程，和天文学掺杂在一起的是星相学。一种非常精确的日历安排出来了，而这种日历至今还在通用。它是以太阳计算的阳历，但月份根据月亮，因此要按时加以调整。和其他地方一样，祭司们，即婆罗门，对于这个日历特别关心，因为他们是据此以定节日，预知日食和月食的正确时间，这日食和月食也有一种节日的性质。他们利用了这知识，在群众之中鼓励着那种连他们自己也明知是属于迷信的信念和仪式，以便增加他们自己的威信。在实际方面，天文学的知识对于航海的人们是大有帮助的。古代的印度人对于他们在天文学知识方面所获得的进步是非常自豪的。他们和大部分以亚历山大城为

---

① 靛青（Indigo）希腊字为‘Indikon”，拉丁字为“Iadicum”，都出自印度（“Indian”）一字。——译者。

基础的阿拉伯人的天文学也有接触。

那时机械应用究竟发展到什么程度，是很难说的；但造船业是一种兴盛的工业，旧书中也时常提到各种“机器”，特别是为作战用的那些机器。这就使得一些热心而轻于置信的印度人幻想到各种复杂的机器。可是那时的印度，在制造和使用工具方面，在化学和冶金的知识方面，看起来的确并不落后于任何国家。就是这样，才使它在贸易方面占了优势，并在若干世纪中一直控制着许多国外市场。

可能它还有一种优点——它没有那曾妨害了希腊文化和其他早期文明并阻挡了它们的进步的奴隶劳动，种姓制度固然有它的弊病，而且这种弊病还一天多似一天，但它比奴隶劳动制度要好上不知多少；就是对社会中那些最低阶级的人来说，也是如此。因为在同一种姓中，人们是平等的，而且还有一定程度的自由，每一种姓都是职业性质的，各自从事于特定的工作。这样一来，在手工和技艺方面，就有了高度的专业化和高度的技术。

二十　古代印度的数学

古代印度人既然具有高度的智慧又热爱抽象的思想，人们自然能够期望他们在数学上有卓越的成就。欧洲从阿拉伯人学得初期的算术和代数——所以有“阿拉伯数字”的名称——但是，阿拉伯人实在是先从印度人那里学来的。印度人在数学方面的惊人进步，现在已为众所周知；人们承认现代算术和代数学的基础很早以前在印度就奠定了。用计算架的呆笨方法和用罗马数字那一类的数字来做计算，长期地阻碍了进步。一直等到包括“零”（○）的符号在内的十个印度数字才把人类的智力从这些束缚中解放出来，并在数字的功用上大放光明。这十个数字符号是独特无双的，与别国所曾使用过的一切符号完全不同。它们在今天是很普通而视为当然的了；不过在那时，它们之中确实孕育着带有革命性的进步萌芽。经过若干世纪后，它们才从印度经由巴格达传到了西方各国。

一百五十年前在拿破仑时代，拉普拉斯写道：“印度赋予我们一种用十个数字符号来表达所有数目的巧妙方法，每个符号有它所占位置上的价值，也有它本身的绝对价值。这是一个深奥而重要的概念，但是现在看来，它表面上这样简单，以致我们忽视了它那真正的好处。正因为它是这样的简单并使得一切计算非常容易，所以使得我们的算术在有用的发明之中居了第一流的地位。若想到古代最伟大的天才中的两个人物阿基米德和阿坡罗尼阿斯并没有这种发明，我们就更感到那个成就的伟大了。”①

几何、算术、代数在印度是起源自遥远的时代的。可能最初开始时是一种建造吠陀祭坛时制图所用的几何代数。在最古老的书中曾经提到过用几何方法把一个正方形改为一个已知一边的长方形；ax=c。在今天的印度仪式中，这种几何图形还是极普遍地被使用着。几何在印度虽有进步，但希腊和亚历山大城在这方面的进步超过了印度。在算术和代数方面印度保持了领导地位。究竟哪一个人或哪几个人发明了这十进位制和符号“零”（○），还不知道。就现在已经发现的来说，“零”这个符号的最早使用是在公元前约二百年的一部经典中发现的。人们认为很可能，进位制发明于大约耶稣纪元初期。“零”叫作“舜若”（shunya）或空无所有，本来是写成一点的，后来

① 引自郝格本（Hogben）所著《大众数学》（Mathematics of the Million），伦敦1942年版。（原注）

才变成一个小圈。它和其他的数字一样也是一个数字。贺尔斯特德教授曾强调这个发明的非常重要性，他说道："创造零的符号的重要性，绝不是夸大的。对于这个空虚无物的东西，不仅给予一个地位、一个名称、一个形象、一个符号，并且还给予一个有用的权能，这正是它的发明者印度种族的特点，这简直好像是把涅槃造成了发动机。没有任何数学上的一种创造发明对于智慧和才能的一般进步能比这种发明有重大的后果。"[①]

另外一位现代数学家对于这历史性的大事，极为称颂。谭济克在他所著的《论数》一书中写道："在五千年左右的悠久时期中，许多文明先后兴起和崩溃，而每种文明都将自己的文学、艺术、哲学和宗教传给后世。但是人类在计算上，即最早实用艺术上，究竟有什么实在成就呢？呆板的命数方法是如此粗糙浅薄，以致进步几于不可能，计算的方法范围之狭隘使粗浅的计算甚至也要专家来服务……几千年来，人类使用这些方法，一点也没有作过有价值的改善，一点也没有在运算法中贡献过重要的概念……甚至与中世纪黑暗时代思想发展迟滞的情形相比，计算方面的历史还是特别显得毫无生气。照这种情形看来，那些印度无名英雄在公元初期几世纪中所发明的定位算法原理实在具有世界大事的重要性。"[②]

许多伟大的希腊数学家为什么没有发明这个原理，这是谭济克深感迷惑不解的。他说："是不是希腊人对于实用科学如此轻视，以致把教育子女的事情都交给奴隶了呢？如果是这样的话，那么希腊既发明了几何学并且在这门科学上有过高度进步，为什么连初步的代数学也创造不出来呢？现代的数学的基石——代数学，也是在印度创造出来的，并且是和定位法约

① 见贺尔斯特德著《算术的基础与技巧》(On the foundation and technique of Arithmetic)，芝加哥1912年版，第20页。这段话在大达和辛格所著的《印度数学发展史》("History of Hindu Mathematics", by B. Datta and A. N. Singh)(1935年版)中引用过。(原注)

② 引自郝格本著《大众数学》，伦敦1942年版。(原注)

在同时发明的；这岂不是也同样奇怪吗？

这个问题的答案可以在郝格本教授下面一段话中找到："为什么那个方法是印度人想出来的呢？为什么欧洲古代数学家没有想到呢？为什么最先想到的是注重实际工作的人们呢？这是难于理解的。如果我们只在少数天才人物的智慧进步中求解答，而忽视那左右着最伟大的天才的整个社会机构中的习惯和思想，要解释这些问题就有不可克服的障碍。公元一百年左右印度所发生的事情，以前也发生过。可能现在苏联也正在发生。……若要接受这个真理，就是要承认每一种文化之中都包含着有它自己的毁灭，除非那种文化对于教育人类群众和教育特殊天才同样地重视和关怀。"①

我们必须认定，这些重要的发明并非单纯地由于一个怪杰的一时灵感而作的超时代的行为，它们本质上是社会环境的产物，而且是适应时代的坚决要求的。要找出这种需要，要满足这种要求当然要有高等的天才；不过假使没有这种要求，就不会有促使寻求出路的推动力。即使有了发明，如果适合于应用这种发明的环境还未到临，它也会被遗忘或抛弃的。从早期梵文数学书中可以看出，那种要求是存在着的，因为这些书中尽是些涉及复杂计算的通商和社会关系的问题。例如租税、债务及利息问题；合伙、实物交换、兑换和黄金成色的计算问题。社会日见复杂，大量人员参加政府工作或从事于广泛的贸易。如果没有简捷的计算方法，他们是不可能继续他们的工作的。

印度采用的"零"和十进位制打开了智力的大门，使算术和代数学可以迅速进步。随之而来的是分数，分数的乘法和除法；比例法的发现与完成；平方和平方根（连同平方根符号√）；立方和立方根；减号；三角的正弦表；圆周率（π）定为3. 1416；代数中使用字母来表示未知数；一次

① 见郝格本著《大众数学》，伦敦1942年版，第285页。（原注）

方程式和二次方程式的研究；零的数学意义的研讨。“零”是这样解释的：a减a等于零（a−a=0）；a加零等于a（a+0=a）；a减零等于a（a−0=a）；a乘以零等于零（a×0=0）；a除以零得无限。负数的概念也发明了；所以4的平方根是正2或负2，它是这样：$\sqrt{4}=\pm 2$。

以上和其他许多数学上的进步，可以在公元五世纪到十二世纪时代一连串卓越的数学家所著的书籍中看到。有些更早期的书籍（公元前八世纪左右的蒲达耶那、公元前五世纪左右的阿帕斯坦巴和迦旃衍那）也曾讨论过几何学上的问题，尤其是三角形、长方形和正方形。现存的一本最早的讨论代数学的书是著名天文学家亚雅巴达所著。他生于公元476年。他只有二十三岁时就著了这部关于天文和数学的书。有时人们称他为代数学的发明人。在写作中他至少有一部分是依靠前人的著作。在印度数学上第二位伟大人物是巴斯卡拉一世（公元522年）；继他而起的是婆罗摩笈多（公元628年）。婆罗摩笈多也是一位出名的天文家，他写出了关于“舜若”或“零”的定律并作出了其他有名的贡献。此后还有许多数学家相继而起，写了些关于算术和代数学的著作。最后一位伟大的名人是生于公元114年的巴斯卡拉二世，他写了三本书——天文、代数学和算术。他那本算术书叫作《利拉瓦提》。对于一本讨论数学的书来说，这倒是一个奇怪的名字，因为它是一个女人的名字。书中常常提到一个幼女，她常常被呼为“啊，利拉瓦提！”而书中的问题就是向她讲的。人们相信利拉瓦提是巴斯卡拉的女儿，不过并无确切的证据。这书的文体清楚简单，幼年人读书易于了解。在梵文学校中，这本书现在还是被采用着，部分理由是为了它的浅易清楚的文体。

数学书籍继续出现（公元1150年的那罗衍那；公元1545年的加涅沙），可是这些只是重复前人的著作而已。从公元十二世纪直到近代，在印度很少有关于数学的有创造性的著作。

公元八世纪哈里发曼苏尔（公元753—774年，在位的时期中，许多印度学者前往巴格达，在他们所带的书籍中有关于数学和天文学的著述。印度数字可能在更早的时期就已到了巴格达，不过第一次有系统的传播是在这个时期。亚雅巴达和别人所著的书也译成了阿拉伯文。这些书对于阿拉伯世界的数学和天文发展影响极大；印度数字也传入了阿拉伯。在当时，巴格达是一个大的学术中心，希腊和犹太学者带了希腊哲学、几何学和科学聚汇于此。整个伊斯兰教势力圈从中部亚细亚到西班牙都受到了巴格达文化的影响；用阿拉伯文译出的印度数学方面的知识也传遍了这个广大的区域。阿拉伯人把数字叫作“印度数字”（“Figures of Hind”），阿拉伯文字中的数字是“兴德萨”（Hindsah），意思就是“从印度来的”（From Hind）。

新的数学就从阿拉伯势力圈、也许是通过西班牙摩尔人的大学（Moorish Universities of Spain）传入欧洲，为欧洲数学打下了基础。使用新的数字在欧洲曾遭到反对，因为它们被认作异教徒的数字；经过数百年之后，这些新数字才得到普遍的使用。据现在知道的，最早是在1134年的西西里货币上用过；英国最早的使用是在1490年。

这点似乎是很清楚的，关于印度数学的一些知识，特别是关于数字位值的知识，甚至在正式使节将书带到巴格达之前就已深入西部亚细亚。一位叙利亚的僧侣学者，因希腊学者傲慢自大、轻视叙利亚人而深为不悦，作了不平之鸣；其中有一段很有趣味的记载。塞弗拉斯·塞柏克特是他的名字，他住在幼发拉底河畔的寺院中。在公元662年所写的那篇文章中，他企图指出，不论在哪方面，叙利亚人并不在希腊人之下。为了要举出实例，他提到了印度人；他说道：“我将避免讨论印度人的科学，他们和叙利亚人不同。我不去讨论他们在天文科学中的微妙的发现，那要比希腊人和巴比伦人的发现更为巧妙；他们的难于形容的计算方法我也不加讨论。我只想指出：这种计算方法是用九个符号来做的。如果有一般人认为他们能说希腊话就自以为达到了科学的顶点，假如他们知道了印度人的计算法，他们就会确信还有别的人也懂得一些东西的。”[①]

谈到印度的数学就不能不令人想到近代的一个非凡的人物——斯里尼瓦萨·罗摩努占。他出生于印度南部一个贫穷的婆罗门家庭，没有机会去受适当的教育，只得在马德拉斯商埠企业联合所充当书记。但他那无可抑制的本能天才随时流露，在空闲时间他总在玩着数字和方程式。由于一个幸运的机会，他引起了一位数学家的注意，这位数学家就把他的一部分业余作品寄往英国剑桥大学。大学方面对他的印象很好，为他安排一笔奖学金。于是，他离开书记工作而入剑桥大学。在一个很短的期间内，他做出了有很大价值和惊人创造性的成绩。英国皇家学会破例任他为会员。可惜两年后，当他三十三岁时，大约是由于肺病而死去了。我记得，朱里安·赫胥黎教授曾在某处称他为本世纪最伟大的数学家。

罗摩努占的短促的一生和过早的死亡正可以代表印度的情况。在我们广大人民之中能受到一点教育的何其少，因饥饿而在死亡边缘上挣扎的何其多；就是在那些受到一点教育的人们中，除充当薪金远比英国失业人员救济金为少的机关小职员外，别无其他指望的人为数又何其多。倘若生活向他们开门，给予他们粮食、教育、健康的生活条件和成长发展的机会，那么在这庞大群众中，将会出现多少卓越的科学家、教育家、技术员、实业家、作家和艺术家来协助建设新印度和新世界啊！

① 大达、辛格（B. Datta and A. N. Singh）所著《印度数学发历史》（1933年版），曾引述这段话。我从此露中得了不少关于数学方面的材料，附此致谢。（原注）

二一　发展与衰微

在公元最初一千年中，印度经过若干次盛衰、成败，与外来的侵略成分有过多次的斗争冲突，也遭遇过不少内部的荆棘灾难，然而这仍不失为一个民族生活活泼旺盛的时期，它精力焕发地直朝着各方面发展。文化发展成为一种丰富的文明，在哲学、文学、戏剧、艺术、科学和数学各方面百花齐放。印度的经济发展了，印度的眼界开阔了，别的国家也在它视线之内了。它和伊朗、中国、希腊世界及中亚的接触增加了，尤其是它对东方海面有着一种强有力的欲望，这就导致印度殖民地的建立，也使印度文化传布远及国外。在这一千年的中叶，即从公元四世纪初到公元六世纪的这期间，笈多王朝繁荣兴盛而成为这广泛的知识和艺术活动的保护者和标志。那就是称为印度的黄金时代或全盛时代。这时代的作品就成为经典的梵文文学，它显露着恬静沉着的气质、自信心和一种自豪的热情——这是由于幸而生在这样一个文化的全盛时代而感到的自豪。这样就驱使着他们要将他们伟大的智慧和艺术方面的能力发挥到顶点。

然而甚至在这黄金时代结束之前，软弱和衰微的征象已经显然可见了。从西北来的白匈奴接连着分批侵入；他们虽然一次又一次地被击退，可是他们仍旧一再重来，逐步蚕食而慢慢地到达了印度北部。他们甚至在整个北部建立了他们的统治势力达半世纪之久。直到那伟大的笈多王朝的最后一代尽了很大的努力和印度中部的统治者耶萨婆曼结成同盟，才把匈奴驱逐出去。这个拖得很久的冲突在政治上和军事上都把印度削弱了，也许就是因为印度北部遍地都有了很多匈奴人的居留地，才逐渐在印度人民中间产生了内部的变化。固然匈奴和其他的外国人一样都曾被吸收同化，但他们留下了他们的特征，使印度—雅利安民族旧有的理想冲淡了。关于匈奴的古代记载中充满了他们那些与印度作战和政治标准迥然不同的极端残暴和野蛮行为。

到公元七世纪戒日王执政时代，在政治和文化都有一种复活和复兴的气象。邬阇衍那（现代的优禅尼）从前曾经是笈多王朝的辉煌的首都，如今又变成艺术和文化的中心，并且是一个强盛王国的重镇了。但在以后的几世纪中，这种复兴气象又复衰退消逝。在公元九世纪，古吉拉特的米喜拉·波阇在印度的北部和中部使一个统一的国家巩固起来，并建都于曲女城。这时候又有过一次文学复活现象，中心人物是拉家舍加拉。到公元十一世纪初，另一个波阇（Bhoja）露了头角，他是一位精明强干而有吸引力的人物，邬阇衍那就再度成为伟大的首都。这位波阇是非常有能力的，在许多方面都有特出之处。他是一位文法学家兼辞典编纂者，并且对医学和天文学感兴趣。他又是一位艺术和文学的建立者和奖励者，他本人也是一位诗人和作家，据说曾经写过很多作品。他的名字已经成为民间的神话和传奇的一部分，象征着伟大、渊博和宽厚。

但尽管有这些光明的外貌，好像总有一种内在的弱点在腐蚀着印度，这不但影响它的政治地位，而且也影响了它的创造性的活动。这是何时的事无法确定，因为这是迟缓而不知不觉地发展的过程，影响印度北部较早于南部。的确，不论在政治方面或是文化方面，南部都变得更重要些。也许这是由于南部避免了那因侵略者的战争风波而造成的继续不断的紧张情况；也许那时有很多作家、艺术家和营造师都移居到南方来躲避北方那种不安定的情况。南方的许多强大王国和它们的辉煌宫廷一定曾吸引了那些人，一定给了他们以做创造性工作的机会，这种机会，是他们在别处得不到的。

虽然北方没有像过去那样屡次统治着全印度而且它还分裂成为几个小国家，可是在那里生活仍很丰富，也还拥有许多文化和哲学活动的中心。贝拿勒斯像过去一样，仍旧是宗教和哲学思想的中心，凡是有人提出了新的学说或是对旧学说提出了新解释，就必须到贝拿勒斯来证明他的主张是否正确。克什米尔长久以来就是佛教和婆罗门教的伟大的梵文中心。许多伟大的大学发达起来了，其中最著名的一个叫那烂陀，它的学术地位在整个印度受到尊重。到过那烂陀就是有文化的标志。进这所大学不是容易的，入学资格限于那些达到一定水平的人们。它是专门注重高深的研究工作的，中国、日本，甚至据说朝鲜、蒙古和布哈拉都有学生被吸引到这里来求学。除了宗教和哲学科目（佛教、婆罗门教都有）外，非宗教性的和实用的科目亦予传授。大学内有一个艺术学院、一个建筑系、一个医学院、一个农业系，还有牛奶场和家畜场。大学里的文化生活据说就是些生动的辩论和讨论。印度文化的传布到国外，大部就是那烂陀大学里出来的学者们所做的事业。

在比哈尔地方靠近近代的巴伽尔浦尔，有一所毗讫罗摩尸罗大学，在加提雅瓦尔地方有一所伐拉彼大学。邬阇衍那大学在笈多王朝时代也享有盛名。在南方还有安拉瓦提大学。

然而，在这一千年终了的时候，一切都好像是一个文明的午后景象，红光焕发的早晨热情早已消逝，如日方中的全盛也已成为过去了。但在南方却依然精气横溢，并且还继续了好几世纪。至于那些印度的国外殖民地，一直到公元1500年左右，它们的生活还是积极而旺盛的。然而心脏似乎已经硬化了，脉息也跳得慢了，这种硬化和衰弱还逐渐蔓延到了四肢。自公元八世纪的商羯罗以后，哲学方面就没有产生过伟大的人物，虽然有过一连串的评论家和辩证学者先后出现；甚至连商羯罗也是来自南方。那种好奇的意识和智力上的进取精神都让位于生硬的形式逻辑和缺乏生气的辩证法了。婆罗门教和佛教都退步了，各种低级的崇拜方式倒随之兴起，特别是一些神秘宗派以及对于瑜伽学派的曲解。

在文学方面，跋婆蒲提（公元八世纪）是最后一个伟大人物。许多书籍继续在写作着，只是文体变得愈来愈错综复杂了，既没有新鲜的思想，也缺乏新颖的辞藻。在数学方面，巴斯卡拉二世（公元十二世纪）是最后一个伟大人物的名字。在艺术方面，哈斐尔却把我们引得有点超过这个时期了。他说表现的形式直到公元七世纪、八世纪在艺术上才达到尽善尽美的境界，那正是印度产生出大部分伟大的雕刻和绘画的时期。照他说来，从公元七世纪、八世纪到十四世纪才是印度艺术的伟大时代，相当于欧洲哥特式艺术发展的最高峰。他还补充说，到了公元十六世纪古代印度艺术创造性的冲动才开始显著地减弱下来。我不知道他这种判断的正确性有多大，但是我想象甚至在艺术的田园里对于旧的传统而论，也是印度南部比印度北部保持得长久。

最后一次的主要对外移殖是在公元九世纪发生于印度南部，但此后南部的注辇王朝一直到公元十一世纪为止还继续是一个强大的海权国，那时他们还战败并征服了室利佛逝。

我们由此可见，印度是正在逐渐枯竭，正在逐渐丧失着它的创造天才和生命力。这个过程很慢，它延续了好几世纪，是由北方开始，最后才转到南方的。这种政治的衰退和文化的停滞不前，究竟是些什么原因呢？是不是纯粹因为年代长久了会对文明有所侵害，像人一样地会衰老呢？还是因为一种浪潮作用，前前后后地推动着的关系呢？或者还是外来的侵袭和客观的原因应该负责呢？拉德哈克里希南认为由于政治自主的丧失，印度哲学也失掉了它的生命力。席尔凡·烈维写道：“梵文文化随着印度的自由一齐丧失；一些新的语言，新的文学侵入了雅利安人的土地，并把梵文文化从这些地方赶走，使它只得在大学中避难而沾染了学府中的迂腐学究气味。”

所有这些看法都是正确的，由于政治自主的丧失就不可避免地会引起文化的衰败。但是，除非已经先有了某种衰败现象，政治自主怎样会丧失呢？一个小国可能易于为一个比较强大的国家所征服，但一个像印度这样大、这样发达并且具有高度文化的国家是不会屈服于外来的攻击的，除非它内部先自衰败，或是侵略者拥有一种较高明的作战技术。印度自己内部的衰败在这一千年的末期是已经看得很清楚的了。

在每一种文明生活中，总会有反复的衰败和分崩离析的时代，在印度从前的历史中也有过这种时代。但是它曾渡过难关并使它自己重新获得青春，有时它暂时退缩到蜗壳之内，随后又带着新鲜饱满精力浮现出来了。总还保持着一个具有动力的核心，一有新的接触它就重新振作而发展起来；和旧的虽有些不同，可是还与它保持着亲密的联系。那么，这种适应环境的能力，这种曾经这样时常把印度拯救出来的灵活运用的精神，是不是已经没有了呢？是不是印度的那种呆板的信仰和日益僵化的社会组织使它的思想也变成僵硬了呢？因为生活如果不改善、不进化，那么思想的进化也要停止了。印度长时期以来就是一个把实际行动上的保守和思想上的激发二者奇妙地结合起来的国家。那种思想必然影响了实际行动，虽然这种影响是很自然的，并无轻视过去的意思。“但是，他们的眼睛所阅读的虽是旧文字，而他们的智慧在旧文字中所看到的却是新思想。印度在不自知不自觉中自己已转变了。”然而如果思想丧失了它的激发性和创造力而成了腐朽而无意义的行动的驯服的随从者，含含糊糊地喃喃着一套陈腔旧调，并且害怕一切新的事物，那么生活就变得停滞不动而且被束缚住而困于自己所造的牢监里了。

我们有着很多关于文明崩溃的例证，其中最显著的恐怕要算欧洲的古典文明——它在罗马败亡时也就完结。远在罗马亡于来自北方的侵略者之前，由于它自己内部的弱点，它已经濒于崩溃的边缘了。一度曾经扩张的经济，早就萎缩而带来了一系列的困难。城市工业衰败了，原来很繁荣的许多城市一步一步地变得微小而贫穷了，甚至连土壤的肥沃性也迅速地失去了。帝王们试用了很多应急的方法来克服他们的不断增加的困难。他们对商人、手艺人和工人施行过强制的国家管理办法，使这些人固定于特定的职业。有很多种职业甚至是禁止某些团体以外的工人参加的。这样有些行业事实上就变成了种姓。农民变成了农奴。但所有这些表面上的努力并没有能够制止衰败，相反地，甚至使情况更坏下去，于是罗马帝国就崩溃了。

印度文明并没有这种戏剧性的崩溃，尽管有那么些坏的情况发生，它还是表现出了惊人的持久力；但是逐渐增加的衰退情景还是看得出来的。我们很难列举详尽的记载以说明在公元后一千年的尽头时印度的社会情况究竟怎样。但是我们可以相当确切地说，印度在扩展中的经济已告结束，而且已经有了萎缩的强烈的趋势。这可能是由于印度社会组织——以种姓制度为主要代表——日益顽固化和闭关主义的必然的结果。那些到过国外的例如到东南亚去的印度人，他们的思想、习惯或在他们的经济方面就不是这样生硬呆板，他们就有发展和扩张的机会。因此他们在那些殖民地内，继续兴盛了四五百年，表现出他们的精力和创造力；而在印度它自己，那种闭关主义的精神破坏了它的创造能力，而养成了一种狭隘的、小集团的和地方性的眼光。生活变成了定型，每个人的职业是固定而永久的，和别人很少关系。至于为了保卫国家而作战，那是刹帝利的事情，别人不感兴趣，或者甚至不准参与。婆罗门和刹帝利对于贸易和经商是轻视的。下级种姓的人没有受教育和发展的机会，但他们却被教育去服从那些地位较高的人。城市经济和城市工业虽然极其发达，而国家的组织在许多方面却是封建式的。就是在作战技术方面，恐怕印度也已经落后了。如果不将社会组织改变，不将才能和精力的新泉源解放出来，那么在那种情况之下是不可能有什么显著的进步的。种姓制度就是这种改变的障碍。尽管它曾经把它所有的优点和稳定性都给予了印度社会，可是它本身就带着毁灭的种子。

印度的社会组织（我以后将在本书中作更详细的讨论）曾经给予印度文明以一种惊人的稳定性。它将力量和团结力给予了集团，但这样就阻碍了扩展和更大的团结。它曾发展了手工业、技艺、贸易和商业，但往往只限于个别的团体之内。这样，特种类型的活动就成了世袭的，此外，还有一种要避免新式工作和新活动的倾向，将自己局限于旧的规范内，限制进取和限制革新的精神。在某种有限的范围内，它给予一定程度的自由，但这牺牲了比较大的自由的成长，并且付出了非常大的代价，因为它把多数的人永远关在社会阶梯的底层，剥夺了他们成长的机会。只要那种组织留得有发展和扩张的路径，它是带着进步性的；但当它到了可以发展的最高限度的时候，它就变得停滞、不进步，再过些时就更是不可避免地要倒退了。

正由于这样，在知识上、在哲学上，在政治方面，在作战的技术和方法方面，在关于外界的知识和接触方面，在萎缩的经济方面，都全面地衰败了；一种地方意识、封建的小集团的感觉反倒成长起来，而牺牲了那比较大的作为一个整体的印度的观念，和牺牲了在萎缩中经济。然而，像以后的岁月所表明的一样，那种旧的组织还拥有它的生命力和惊人的顽强性，还有些灵活性和适应的能力。正由于这样，它能够设法生存，能够从新的接触中和思潮中得到益处，有时甚至得到些进步。然而那进步总是被旧日中过多的遗物束缚住而受到阻碍了。

第六章　新的问题

一 阿拉伯人和蒙古人

当戒日王在印度北部统治一个强大王国的时候，中国为参谒圣地而来的学者玄奘在那烂陀寺院读书，这时伊斯兰教也正在阿拉伯形成。伊斯兰教是作为一个宗教势力和一个政治势力来到印度的，并造成了许多新的问题，但我们应当知道它是经过长时期以后才在印度的局势中引起很大的影响的。它差不多费了六百年的时间才到达了印度的中心，伴随着政治上的征服，它已经多所改变而它的领导人们也不同了。热情奔放、精力充沛的阿拉伯人们发展了他们的势力，从西班牙起到蒙古的边疆为止，都是他们征服的地方，他们带来了一种灿烂的文化，但并未到达印度本土。当他们到达印度的西北边境时，就停留在那里了。阿拉伯的文明逐渐凋谢，而土耳其的各种部落却在中亚和西亚崛起了。就是这些土耳其人和从印度边地来的阿富汗人，把伊斯兰教当作一种政治力量带到了印度。

几个历史上的日期也许可以帮助了解这些事实。伊斯兰教可以说是跟“徒志”（Hijrat，意即离别、逃亡）一同开始的，那就是穆罕默德的在公元622年从麦加动身到麦地那的时候。穆罕默德十年后去世了。伊斯兰教用了一些时间巩固它在阿拉伯的地位，后来就发生一系列的惊人事件，使得高举伊斯兰教旗帜的阿拉伯人直接穿过东方的中亚细亚，并且直接横渡整个北非大陆到西方的法国和西班牙。在七世纪和八世纪的初期，他们满布在伊拉克、伊朗和中亚细亚。在公元712年他们到达了而且占据了印度西北部的信德，就在那里停止下来了。一个大沙漠把这个区域与印度的肥沃部分隔离开了。在西方，阿拉伯人渡过非洲、欧洲间狭窄的海峡（此后称为直布罗陀海峡），在公元711年进入西班牙。他们占领了西班牙全部，而且越过比利牛斯山脉进入法国。他们在732年中，被查理·马特在法国都尔地区所战败并被挡住了。

这一个以阿拉伯沙漠为故乡、而以前在历史上并不会占据显著地位的民族，竟能在军事上获得胜利的事迹是最为惊人的。他们伟大精力的来源一定是得力于他们教祖的强有力的、革命性的和他的人类博爱的启示。不过如果认为阿拉伯文明是陡然间无中生有，并且以为是伊斯兰教来临之后才形成的，那就错了。因为伊斯兰教的学者们惯于诋毁阿拉伯民族在伊斯兰教来临前的历史，把它指成为“贾希利亚提”（愚昧，Jahiliyat）的时期，这就说是一种愚昧无知和迷信的黑暗时代。阿拉伯文明和其他的文明一样，有一个漫长的过去，乃是与闪族、腓尼基人、克里特人、加尔特人、希伯来人的发展，有密切的关系。以色列人发展了更大的排外性，与胸襟比较宽大的加尔特人和其他的民族分离开了。他们和其他的闪族中间常有冲突。不过在整个闪族的区域内却有着往来和交换，而且在某种限度上是有共同背景的。在伊斯兰教以前的阿拉伯文明已经成长起来了，尤其是在也门。当伊斯兰教的教祖在世时，阿拉伯语已是一种高度发展的语文，夹杂着一些波斯语的词，甚至还有一些印度字。像腓尼基人一样，阿拉伯人远到海外，从事贸易。在伊斯兰教时代以前，在中国南部接近广州的地方有一个阿拉伯居留地。

不过，伊斯兰教的教祖的确曾赋予了他的民族以一种生命力，而且使他们充满了信心和热情。他们把自己看作一桩新事业的旗手，培养了热情和自信，这种热情和自信可以鼓动整个民族并且改变历史。他们的成功，毫无疑问也是由于西亚、中亚和北非各国的衰微所造成的。对立的基督教派系间，互相残杀的冲突往往引起为争夺统治权的流血战争，把北非洲弄得四分五裂。当时，当地所信奉的基督教是褊狭而不能容忍的，这种情形与宣传人类博爱的阿拉伯伊斯兰教徒的一般的宽容态度来对比，它们的区别是显著的。这样使厌倦于基督教徒内讧的许多民族整个加入了他们那一边去。

阿拉伯人传播到远方国家去的文化本质也是不断在变化和发展着的。它强烈地为伊斯兰教新思想所影响，不过称它为伊斯兰教文化，则可能混淆视听，而且也欠正确。以大马士革为首都，他们很快就放弃了他们俭朴的生活方式，发展了一种更为浮华的文化。那一个时期可以称为阿拉伯—叙利亚文明的时代。拜占庭的势力影响到了他们，尤其是当他们移动到巴格达的时候，古老伊朗的传统影响了他们，形成一种阿拉伯—波斯的文明，这种文明在他们所控制的辽阔地区内占着优势。

虽然阿拉伯人的征服面很广，而且看来似乎很容易，但无论在当时或以后，他们并不曾越过印度境内的信德很远。这是否由于印度还很强盛，能对侵略者作有效的抵抗呢？可能是这样的原因，否则就难于解释，为什么过了几百年之后才发生一次真正的侵略。也许一部分的原因是由于阿拉伯人的内部纠纷；因为信德曾脱离巴格达的中央政权，成为一个小型的独立的伊斯兰教徒的国家。不过虽然没有侵略，但是印度和阿拉伯世界的接触增加了，旅客们来来往往，交换了使节，印度书籍特别是讨论数学、天文学的书籍带到了巴格达，译成阿拉伯文字。很多印度医生到了巴格达。这些贸易的和文化的关系并不限于印度北部。印度南部的一些国家也发生这种关系，特别是印度西海岸的拉喜特拉库塔也参加了，为的是贸易。

这种频繁的交往不可避免地逐渐引起印度人对这种新宗教——伊斯兰教的认识。传教者们也来传播这种新的信仰，并受到欢迎。伊斯兰教清真寺建立起来了。国家和人民都不反对新来的宗教，也没有任何宗教上的冲突。印度对于一切宗教信仰、礼拜仪式传统地采取宽容态度。所以伊斯兰教先以一种宗教的形态来到印度，数世纪之后，方作为一种政治力量前来。

在倭马亚哈里发统治之下的新阿拉伯帝国首都的所在地是大马士革，在这里，一个辉煌的城市成长起来了。但是不久，大约在公元750年时，阿拔斯哈里发迁都到巴格达。内乱跟着发生了，西班牙脱离了中央帝国，但在长时期内一直是一个独立的伊斯兰教国家。巴格达帝国也渐次削弱不振，分裂成几个国家，塞尔柱土耳其人来自中亚细亚，在巴格达掌握政治上的大权，不过哈里发在迎合他们的意旨下仍然执行着职务。伽色尼的苏丹，麦哈慕德乃是一个崛起于阿富汗的土耳其人，他是伟大的战士，有才干的领袖，他不唯不理睬而且侮弄国王。不过巴格达还继续是伊斯兰世界的文化中心，甚至于遥远的西班牙也向着它，为的想获得一些启发。当时的欧洲在学术、科学与艺术上以及生活享受上是落后的。在整个欧洲的黑暗时代中，保持学术和知识上好奇心的明灯于不灭的乃是阿拉伯时期的西班牙，尤其是哥尔多巴大学的功劳。这样的一线光明照穿了欧洲的黑暗。

公元1095年开始的十字军战争继续到一百五十年以上。这些战争并不仅仅代表着两个带侵略性的宗教间的斗争——十字架（象征耶稣教）和新月（表示土耳其国旗）两者中间的冲突而已。负有盛名的历史家乔·麦·特里雅廉教授（Pro. G. M. Trevelyan）写道："这些十字军代表着欧洲复兴力量的一般要求向东方推进的军事和宗教的方向。十字军战争所带回欧洲的战利品并非耶稣圣陵所在地的永久解放，或者是基督教国家的可能团结，十字军的故事对基督教国家可能团结的问题可说是毫不相干。它所带回来的反而是各种更优秀的艺术和手工艺、奢侈品、科学和知识上的好奇心——这一切东西都会是隐士彼得[①]所最鄙视的。"

---

① 隐士彼得（Peter The Hermit）是亚眠（Amiens）的修道士，在公元1093年与十字军进攻耶路撒冷。——译者

当最后一批十字军并不光荣地消灭以前，在亚洲的心脏地区发生了旋风洪水似的大事。成吉思汗已经开始他那向西方的毁灭性的进军。他在公元1155年生于蒙古，当他在1219年开始把中亚细亚变为烟尘下的废墟的这次大进军的时候，他已经不是一个青年人了。布哈拉、撒马尔罕、黑拉特、巴尔赫，这几个各拥有一百万以上居民的大城市都化为灰烬了。成吉思汗继续进军到了俄国的基辅地方就回国了。巴格达居然幸免于难，因为它的位置并不在他的行军路线上。他死于1227年，享年72岁。他的后裔更深入到欧洲，在1258年旭烈兀[①]占领巴格达，就结束了那有名的艺术和学术中心的命运，虽然那里有五百年以上的时间集合着世界上各方面的而且逐渐积累下来的宝藏。这给予亚洲的很有特色的阿拉伯—波斯文明一个大大的打击，尽管这个文明就是在蒙古统治之下也还残存着。特别在北非洲的部分地区中，尤其是在西班牙它还继续存在着。成群结队的学者带着他们的书籍从巴格达逃到开罗和西班牙，一种艺术和学术的复兴在那里发生了。但是西班牙本身正在摆脱阿拉伯的羁绊，而科尔多瓦失守于公元1236年。在两个半世纪岁月中，格拉纳达王国继续为一个阿拉伯文化的灿烂的中心。在公元1492年，格拉纳达也沦陷于斐迪南和伊萨伯拉之手，而阿拉伯在西班牙的统治就结束了。此后开罗就成为阿拉伯的主要中心，虽然开罗处在土耳其的统治下。奥斯曼土耳其人于公元1453年攻取了君士坦丁堡，因此就解放了那些产生欧洲文艺复兴的势力了。

蒙古人在欧亚两洲的征服在战术上产生了一些新的东西。利德尔·哈特说道："就其规模、品质、出奇制胜、运用灵活、战略上的和战术上的迂回而论，他们（蒙古人）的行军为任何历史上的行军所不及。"无疑地，成吉思汗如果不是世界上最伟大的军事领袖，也是最伟大的领袖其中之一。欧亚两洲人的战斗力和勇敢在他及他的辉煌的继承者们的面前好像火柴梗一般，而中

① 旭烈兀，成吉思汗孙，波斯的第一个蒙古皇帝（1217—1265年）。——译者

欧和西欧的逃避了征服，纯粹出于偶然而已。欧洲从这些蒙古人手上学得了战略和战术上的新经验。欧洲通过这些蒙古人也从中国学习了火药的使用法。

蒙古人并未曾到达印度。他们进到印度河就停止下来转而去征服别处了。当他们的伟大帝国衰退的时候，一系列的小国家在亚洲勃兴起来了。后来到了公元1369年，一个名叫帖木儿的土耳其人宣称通过他的母亲的关系他是成吉思汗的后人，拼命想重演一次成吉思汗的丰功伟绩。他的首都撒马尔罕又成为帝国的重镇，不过为期不久而已。帖木儿死后，他的继承人们对偃武修文、对安静的生活比对军事侵略兴趣更大些。因此所谓帖木儿式的文艺复兴在中亚细亚产生了，一个帖木儿的后人巴卑尔就在这种环境中出生成长了。巴卑尔为印度莫卧儿王朝的奠基人；他是最初一个莫卧儿朝的大帝。他在公元1526年中攻取了德里。

成吉思汗并非一个伊斯兰教徒，只因为他的名字相似的缘故，所以就被看作是伊斯兰教徒了，其实不像某些人所猜想的那样。据说他是萨满教的信徒，萨满教是一种信天的宗教。这是什么宗教，我不知道，但这个名词不可避免地令人想起阿拉伯字对于佛教徒的名称——萨玛尼（Samani），而这个字又是从梵文“Shramana”演变来的。佛教的一些低劣形式那时正在包括蒙古在内的亚洲的各部分盛行一时，而可能成吉思汗是在这种影响之下长成的。历史上最伟大的军事征服者竟可能是某样的一种佛教徒，这也是不可想象的怪事①。

在中亚细亚，历史传达的有四个伟大征服者，甚而至于今天还被人们

① 萨满教依然残存于西伯利亚、蒙古及苏联的中亚细亚的唐努一图瓦（Tanna-Tuva）地方。这种宗教的根据似乎完全是一种对于鬼神的信仰，显然是与佛教并无任何关系的。但是也许在很久以前受到失去真缘的种种佛教的影响，它们逐渐浸入本地的原始迷信中去了。中国西藏是明显的佛教徒的地区，发展了它自己特有的一种称为喇嘛教的佛法。相信萨满教的蒙古也有活佛的传统。这样看来，在北部及中部亚洲似乎有各种流派的佛教沉没于原始信仰中去了。（原注）

记忆着——亚历山大王、苏丹麦哈慕德、成吉思汗与帖木儿。在这四人以外，现在还要加上第五个人，他是另一类型的人物，不是一位武士，而是一位在另外一种领域内的征服者，在他名字的周围，已经流传着一些故事——他就是列宁。

二 阿拉伯文化的繁盛及其与印度的接触

阿拉伯人很迅速地征服了亚非两洲的大部分和欧洲的一小部之后，就把他们的心力放在征服其他的领域上面去了。他们的帝国正在日趋巩固，许多新的国家进入他们的眼界之内了，他们急切要了解这世界和它的情况。在八、九世纪的阿拉伯人当中，智力方面的好奇心，理性主义的思索探讨以及科学研究的精神，都是很突出的。就正常情形而论，在根据呆板的概念和信仰而建立的宗教初期，信心居优势而标新立异是得不到赞同或鼓励的。那种信心已经对阿拉伯人大有造就，他们取得胜利的这件事实一定加深了那种信心。可是我们发现他们超越了教义信条的限制，他们涉猎过不可知论，他们的热情与精力转向知识方面的进取了。阿拉伯的旅行家们是可以与同样人物中间的最伟大者相提并论的，他们走到远方国家中发现了别的民族在做些什么，想些什么，研究和了解他们的哲学、科学与生活方式之后，于是就发展了他们自己的思想。许多学者和书籍从国外被带到巴格达去，同时哈里发曼苏尔（八世纪中叶）设立了一个研究翻译局，从希腊文、叙利亚文、森得文[1]、拉丁文和梵文中译出书籍。搜索叙利亚、小亚细亚和沿东地中海诸国老庙宇中的写本。古老的亚历山大城的学校曾被基督教的主教所关闭，他们的学者们也遭驱逐。这些逐客中有许多人漂流到了波斯和其他的地方。他们在巴格达受到欢迎而且寻获了安全避难之所。他们携来希腊的哲学、科学和数学——柏拉图与亚里士多德、托勒密与欧几里得的著作。有景教的信徒与犹太学者，印度医生、哲学家与数学家。当哈里发哈伦·赖世德（Harun-al-Rashid）与艾勒—玛蒙（al-Mamun）统治的时候,所有这些情形继续着而且发展着（八、九世纪），而巴格达遂成为文明世界的最伟大的知识中心。

在这期间，印度和外国有很多的接触，阿拉伯人从印度数学、天文学与医学里面学习了很多的东西。不过所有这些接触主要都是阿拉伯人采取主动，虽然阿拉伯人从印度学习甚多，而印度人从阿拉伯人学习的却是甚少。印度人依然保持着超然的态度，自命不凡，而且尽可能地退缩到它的蜗壳里面去。这是不幸的，因为当印度人丧失了他的创造力的时候，正是巴格达的知识沸腾发扬着和阿拉伯的文艺复兴运动展开的时候，因此应该会把印度的精神振奋起来的。较古老时代的印度人具有这种知识探索的精神，他们会发现他们在思想上是与阿拉伯人近似的。

在巴格达，对于印度学术和科学的研究大大地得到强有力的白尔麦克族的鼓励，这个家族是给哈里发赖世德培养了些元老的。这个家族可能曾经是佛教徒而后来改教的。当赖世德患病时，从印度请来一位名叫马那克的医生。马那克在巴格达定居下来了，并被委任为该地一个大医院的院长。除开马那克以外，阿拉伯的作家们还提到过当时住在巴格达的其他六位医生。在天文学上，阿拉伯人比较印度人及亚力山大城人有所提高，有两位出色的人大露头角：艾勒—花剌子米是九世纪的数学家与天文学家，我

① 森得文（Zend）是一种类似梵文的波斯古语。——译者

默·伽亚谟是十二世纪的诗人兼数学家。在医药上，在过去的亚洲和欧洲，阿拉伯的内外科医生都是有名的。他们中间最有名的是布哈拉的伊本·西那，即阿维森纳，他被称为医中之王。他死于公元1037年。艾卜·奈斯尔·法拉比是阿拉伯大思想家大哲学家之一。

在哲学上，印度的影响似乎并不显著。在哲学和科学上，阿拉伯仰望着希腊和古老的亚历山大城各学派。柏拉图，尤其是亚里士多德，对于阿拉伯人的智力赋予了强有力的影响；从那时起直到现在为止，它们成为伊斯兰教学校中标准的研究学科，而在阿拉伯文的注解中比较在希腊文原版中更其如此。起源于亚历山大城的新柏拉图主义也影响了阿拉伯的思想。希腊哲学的唯物主义学派传至阿拉伯人那里，并引导了理性主义和唯物主义的兴起。理性主义者竭力用理智的措辞来解释宗教的教义与训示，而唯物主义者却几乎将宗教完全否定了。值得注意的是，在巴格达，所有这些敌对而冲突的理论都被允许充分自由讨论。信仰与理智的争论及冲突，从巴格达传播到整个阿拉伯世界，而且到达西班牙。上帝的本质受到讨论，有人认为他不可能具有一般归属于他的任何品质。这些品质是属于人类的。有人说，如果称上帝是仁慈或公正的话，就等于说他有胡须，同样是异教和愚蠢的说法。

理性主义导致不可知论与怀疑论。逐渐地，随着巴格达的衰微及土耳其势力的勃兴，这种理性主义者探讨的精神降低了。但在阿拉伯的西班牙这种精神仍然继续着，在西班牙国内，最有名的阿拉伯哲学家之一走到反宗教的极限了。这就是伊本·鲁世德，即亚吠罗，他生于十二世纪。据说他曾经说过和他同时的各种宗教是为儿童们或愚人们而设的，再不然也是不能奉行的。他是否真正这样说过是个疑问，然而即便是这传说，也表明出了他是怎样一个人，他也曾因为他的意见而受到过痛苦。在许多方面他是很突出的。他在所著的文章中强烈地主张在公共活动上给予妇女一个发挥作用的机会，并且认为妇女们是充分地能够证明自己的能力的。他也曾主张对医治不好的病人以及类似的人物应该加以清除，因为他们是社会上的负担。西班牙在当时此较其他欧洲的学术中心远为进步。从哥尔多巴大学出来的阿拉伯和犹太学者们在巴黎及其他地方极受推崇。这些阿拉伯人显然对于其他的欧洲人估计不高。托利多的一位名叫赛义德的阿拉伯作家曾这样描写过生活在比利牛斯山脉以北的欧洲人们道："他们可是性情冷酷的，从来达不到成熟的境界。他们躯干魁梧，肤色白皙。但是缺乏锐敏的机智和智慧上的洞察力。"

阿拉伯文化和文明在西部亚洲与中央亚细亚的繁荣，它的原动力出自两个主要的泉源——阿拉伯的和伊朗。二者混合纠结在一起，难于分辨，这对于上层阶级产生了思想上的蓬勃有力和生活标准的提高。从阿拉伯人得到了毅力和探索精神；从伊朗人得到生活的优美、艺术和奢侈豪华。正当巴格达在土耳其控制之下日益衰弱的时候，理性主义和探索的精神也衰退了。成吉思汗和蒙古人更将这所有的一切都结束了。直至一百年后，中亚细亚才复苏过来，撒马尔罕与黑拉特成为了绘画和建筑的中心，一些阿拉伯—波斯文明的古老传统复活了。然而阿拉伯人的理性主义和他对于科学的兴趣并未恢复。伊斯兰教成为一种呆板僵硬的信仰，它只能在军事的征服上起些作用，而不适用于征服思想意识。它在亚洲的代表者不复是阿拉伯人而是土耳其人和蒙古人[①]（后来在印度称为莫卧儿人），在某种程度上还有阿富汗人。这些在亚洲西部的蒙古人成为伊斯兰教徒了；在远东及中间的区域内，许多蒙古人皈依了佛教。

---

① 我常用"土耳其人"或"突厥人"这个词。这也许会引起混乱，因为土耳其人（"Turk"）这个字现在是对土耳其人民而言的，他们是奥斯曼或奥托曼族土耳其人的后裔。不过还有其他种族的土耳其人——塞尔柱土耳其人等等。所有中央亚细亚及中国新疆的突兰族等等均可称为土耳其人或突厥人。（原注）

三　伽色尼的麦哈慕德和阿富汗人

在八世纪的初期公元712年的时候，阿拉伯人达到了信德并且将它占领了。他们就在那里停留下来。甚至信德在半世纪之内也脱离了阿拉伯帝国的控制，虽然它仍旧为一个小型的独立的伊斯兰教徒国家。在将近三百年间，阿拉伯人没有进一步侵略印度，或袭击到印度的内部。大约在公元一千年的时候，阿富汗的苏丹、伽色尼的麦哈慕德，一位在中亚细亚崛起的突厥人才开始侵入印度内部。类似的侵袭有很多次，都是血腥而残酷的，麦哈慕德每次都带走了大量的财宝。当时的学者、基瓦地方的艾勒·贝鲁尼曾描述那些袭击道："印度人被杀得七零八落，如同散沙一般，人人的口中都当作一桩故事来传述着。遍野的尸体，虽在死后还对于所有的伊斯兰教徒当然怀着不共戴天的仇恨。"这段富于诗意的描写给予了我们一些因麦哈慕德而造成的破坏情况的概念。不过，最好要记住麦哈慕德所接触和劫掠过的不过是印度北部的一部，主要是在他进军的路线上。整个印度中部、东部及南部完全幸免于他的蹂躏。

印度南部在当时和以后被强盗的注辇王国所统治，它控制了海道而将势力远扩至爪哇与苏门答腊的室利佛逝。印度当时在东海上的殖民地也是繁荣而强大的。它们与印度南部共掌了海上霸权。但这种情形并未曾拯救印度北部使其免于陆地上的侵略。

麦哈慕德侵吞了旁遮普与信德，把它们归并入自己的版图，每次侵袭之后就返回伽色尼。他未能够征服克什米尔。这个山国成功地阻挡了他而且将他击退。当他从加提雅瓦尔的索谟那特返国的时候，他在拉其普他拿沙漠区也遭了严重的失败[1]，这是他的最后一次的袭击，从此后他再也没来过了。

麦哈慕德与其称为具有信仰的人，无宁说是一个战士，可是他和其他的征服者一样，也总是假借和利用过宗教的名义以达到他的征服目的。在他看来印度只不过是一个可以而抢劫财宝和物资运回故乡的地方而已。他把在印度征募了一支军队托付于他麾下的一位名将名叫提拉克的去指挥。提拉克是一个印度人，而且是一个印度教徒。他使用这一支军队来向中亚细亚的与自己同教的人们作战。麦哈慕德切望将自己的伽色尼城建造成能与中亚细亚及西部亚洲的各大城市抗衡，他从印度掳走了大批的技工和有经验的营造师。他对建筑感兴趣，德里附近的摩偷罗，现在的麦特拉，给他印象很深。关于这个城市他曾经写道："此间有成千的大厦，共坚固可与虔诚信徒的信心相比拟；不花费几百万的金币也不可能达到现在的情形，而要建造一个同样的城市至少要两百年。"

在他的战争的间歇期间中，麦哈慕德对于提倡他的故乡的文化活动是很感兴趣的，他沿用了一批出类拔萃的人物。在这些人物中有著名的"沙纳麦"（Shahnamah，列王志）的作者波斯诗人费尔道西，但此人后来失宠了。一位学者兼旅行家的艾勒·贝鲁尼是同时代的，从他的书中我们可以瞥

① 关于他战败的事情在波斯文的古代编年史中有一段奇怪的文章，这本书名叫《棱拉特的历史》（Tarikh-i-Sorath），译者兰绰季·亚玛尔季，孟买1882年版，第112页："麦哈慕德王丧胆而逃，保全了生命。但是他的许多男女随从们被俘虏了……突厥、阿富汗与莫卧儿种的女俘虏，如其碰巧还是处女，就被印度军人纳为妻室……对其他的人们则用催吐剂与泻药来洗干净后再把她们嫁给品位相当的男人……低级的女人与低级的男子结婚。有身份的男子被强迫剃去胡须，到拉其普特族的锡卡伐特（Shekhavat）与瓦德尔（Wadhel）部落中去入伍当兵，而较低极的人则归入科利斯、汉达斯（Khantas）、巴布立阿斯及麦尔斯这些印度种姓。"我本人对于《梭拉特的历史》这书并不熟悉，也不知道真实性有多大。我引用的这一段是从克·门·孟希氏（K. M. Munshi）的《古国廓尔贾尔的光荣》（The Glory that was Gurjardesa）一书的第三部分第140页摘录而来。特别有兴趣的是所说的外国人同化于拉其普特族的方式，甚至于还通了婚姻。它所述及的清洗方法是新颖的。（原注）

见一些当时中央亚细亚的生活的其他情景。他生于基瓦的附近，但属于波斯种族，来到印度后作了多次的旅行。他对在南方注辇王国的伟大水利工程，有过叙述，虽然他是否亲自参观过或者到过印度南部还是疑问。他曾在克什米尔学习梵文，研究过印度的宗教、哲学、科学和艺术。他以前学过希腊文为的是要研究希腊哲学。他的书籍不仅是知识的宝库，而且告诉我们，在战争、抢掠、屠杀的后面，耐心的学术研究怎样在继续着；甚至于当情感和愤怒把各国的关系弄得痛苦难堪的时候，各国人民之间还在怎样地设法互相了解。那一种情感和愤怒无疑地模糊了双方的判断，每一个国家认为自己的民族要比别的民族为优越。关于印度人，艾勒·贝鲁尼说他们是“高傲的，自负得愚不可及的，孤僻的，并且是感觉迟钝的”。又说他们相信“没有一个国家、没有一个民族、没有一个皇帝、没有一种科学能够与他们相比”。这可能就是对于印度民族性情的一种相当正确的描写。

麦哈慕德的侵袭是印度历史上的一桩大事，虽然在政治上就印度整体说来并不曾大受到他们的影响，而印度的心脏地区依然无恙。但这证实了印度北部的脆弱与衰微。艾勒·贝鲁尼的记载更阐明了印度北部与西部政治上瓦解的情形。这些屡次来自西北方面的侵袭，给印度的狭隘保守的思想和经济带来了许多新的因素。最重要的，是它们首次带来了与那无情的军事征服形影不离的伊斯兰教。在这以前，在三百年以上的时期中，伊斯兰教是以和平方式作为一种宗教来到的，它在印度的各种宗教之中取得它的地位，并未引起过麻烦和冲突。这一次用新的方式进来，却在人民当中产生强烈的心理反应，使他们充满了仇恨。印度人民并不反对新的宗教，但他们对于用武力干涉并且推翻他们的生活方式的任何事物却有强烈的反抗。

必须记住，印度是一个多宗教的国家，虽然只有具备着各种形态的印度教才占优势。除开耆那教和佛教大部分已趋凋谢并且为印度教所吸收以外，还有基督教和犹太教。这两种教可能在公元的一世纪中才在印度获得了地位。在印度南部有大量的叙利亚的基督教徒和景教徒。他们之为印度的组成部分与任何其他的人们并无殊异。犹太教徒也是这样。在七世纪从伊朗来到印度的拜火教（袄教）的信徒们也形成了一个小小的团体。在印度西海岸及东北的许多伊斯兰教徒也是这样的。

麦哈慕德是以一个征服者的身份来到的，旁遮普只是他领土中的一个远离中央的省份。但是当他以一个统治者的地位在那里称尊的时候，曾经企图用缓和的手段以求在某种限度上获得该省人民的拥护，于是对于他们的生活方式就很少干涉了。印度人被委派到军队里和行政上担任崇高的职位。当麦哈慕德在世的时候，可以看得出这种措施的开始；至于发展则是以后的事了。

麦哈慕德死于1030年。在他死后一百六十多年中，印度没有遭受到其他的侵略，土耳其的统治也没有扩充到旁遮普以外。后来一个阿富汗人舍哈卜丁·谷利攻占了伽色尼，就把伽色尼的帝国推翻了。他进军到拉合尔，而月后来直达德里。但德里的国王普立特维拉其·绰汗把他彻底战败了。舍哈卜丁退回阿富汗，第二年率领了另外一支军队又来了。这次他得了胜，在1192年，他在德里登极。

普立特维拉其是一位人民爱戴的英雄，在歌曲和传说中仍然很享盛名，因为不顾危险的英雄总是为人民所爱戴的。他曾经带走他所心爱的姑娘，而这位姑娘自从在他父亲曲女城国王阇旃陀罗的宫中就爱上了他。她拒绝了一大群向她献殷勤的王子们。他得到新娘的期间是短促的，而他所付出的代价却是与一个强有力的统治者间的一场苦战以及双方最英勇的人们的生命。德里和印度中部的武士们陷于血战，大量的人相互屠杀着。就这样，一切为了一个女人的爱情就使普立特维拉其丧失了他的生命和王位，还有帝国重镇的德里也就落在一位外来侵略者的手里了。可是他的爱情故事仍然被歌颂着，他是一位英雄，而阇旃陀罗几乎被看作一个奸贼了。

德里的征服并不意味着印度的其余部分的归顺。注辇的人们在南部还很强盛，还有其他的独立国家。阿富汗人的统治费了一世纪又半的岁月才扩张到南部的大部分。但德里是重要的，而且是新秩序的象征。

四　印度—阿富汗人　印度南部 维查耶纳伽尔　巴卑尔　海权

英国的和某些印度的历史家通常将印度历史分为三个主要时期：古代的或印度教徒统治时期；伊斯兰教徒统治时期以及英国统治时期。这种划分的方法，既不合理，又欠正确；这样会使人误解而引起了错误的看法。这种划分只注意到上层表面上的变换，而对手印度民族的政治、经济、文化发展上的重要变革则不够重视。所谓古代是广大无边的，充满着变故、成长和凋谢，然后又是成长，被称为伊斯兰教徒的时代或中世纪的时代带来了另外一种的变化，而且是至关重要的变化，不过是多多少少局限于上层，对于印度生活本质上的继承性并没有严重的影响。从西北来到印度的侵略者们像更古代的那些侵略先辈一样，被印度同化而成为印度生活的一部分了。侵略者的朝代成为印度人的朝代，而且由于互连婚姻而有很多的种族上的融合。除了少数例外，他们审慎周详地尽量不去干涉人民的风俗习惯。他们把印度看作他们的故国，与其他国家并无联系。所以印度仍继续是一个独立的国家。

英国人的来临就使得情形大为不同了。旧的制度在多方面连根拔去了。他们从西方带来了一种完全不同的推动力。这种推动力是从文艺复兴、宗教改革以及英国的政治革命的时代起就在欧洲慢慢地发展出来，而在工业革命的初期才具体化的。美国革命和法国革命又使这推动力前进了一步。在印度的英国人仍旧是外来人，仍旧是异族人和不适合的人，他们也无意于改变作风。最重要的是，在印度的历史上这是第一次，印度的政治管理权完全由外人来操纵，而它的经济中心是在一个遥远的地方。他们把印度造成为现代的典型殖民地，使它在漫长的历史中第一次作一个附属国。

伽色尼的麦哈慕德对于印度的侵略当然是外国来的，土耳其人的侵略，其结果是短时期地把旁遮普从印度的其他部分分离了，在十二世纪末期来的阿富汗人就不同了。他们是与印度民族有亲密联系的印度雅利安族。的确，在很长一段的时间内，阿富汗真正是，而且注定是印度的一部分。他们的普什图语文基本上是由梵文演变而来的。在印度或国外只有很少的地方像阿富汗这样富于古代的文物和印度文化的遗迹，这些主要的是佛教时代遗留下来的。更正确地来说，阿富汗人应该称为印度—阿富汗人。他们在多方面与印度平原的人民不同，正如克什米尔山谷中的人民与下面较温暖较平坦的地区的居住者一样地有差别。不过尽管有这种差别存在，克什米尔在过去始终是，而且继续是印度学术和文化的重要地点。阿富汗人与文化较高、世故较深的阿拉伯人和波斯人也不相同。像他们国内的山砦一样，他们是倔强而猛烈的，他们的信仰是严格的，他们是战士，并不倾向于知识上的追求或心智上的探讨。他们最初是以征服者对待反抗的民族的姿态来采取行动，他们是残忍而粗暴的。

但不久他们就变为温和起来了。印度成为他们的家乡而德里是他们的首都，首都不再是伽色尼，如像在麦哈慕德时候那样了。他们来自阿富汗，可是，阿富汗只成为它这个王国中的边远区域了。这印度化的过程是迅速的，他们当中有许多人和印度妇女结婚。他们的伟大统治者之一阿拉乌丁（A1auddin Khilji）本人娶一位印度的上流妇女，他的儿子亦复如此。后来的几个统治者就种族上而论是土耳其人，如像顾特卜丁·艾伯克王后拉齐姨与伊杜米思等等；然而贵族和军队继续是以阿富汗人为主。作为帝国首都的德里繁盛起来了。一个来自摩洛哥的有名的阿拉伯旅行家伊本·白图泰他参观过许多国家，见过许多城市，从开罗和君士坦丁堡起直到中国为止，他在公元十四世纪曾将德里描写作“世界上最伟大城市之一”，这句话也许有些夸大。

德里苏丹的领土逐渐向南扩张。那时注辇王国正陷于衰弱的境地。一个新的海权国家已经成长起来代替它的位置了。这是潘地亚王国，它的都城设在马都拉，它的海港是东海岸的卡雅尔。它是一个小的王国，但是一个伟大的贸易中心。马可·波罗在1288年和1293年两次自中国启程的时候路过并游历了这个海港，将它描写作“一个伟大而美丽的城市，充满了由阿拉伯和中国来的船只”。他也提到在印度东海岸所制造的非常精巧的细纱，“看起来像一个蜘蛛网的薄纱一般”。马可·波罗也告诉我们一件有趣味的事实。大量的马匹从阿拉伯和波斯由海道输入到印度南部。印度南部的气候是不适宜于马匹的饲育的，而马匹除了其他的用处以外，还是军事上所必需的。马匹最优良的养育场所是中亚细亚和亚洲西部，在某些限度上这也许可以很好地解释，为什么中亚细亚的各民族在战术上有优越性。成吉思汗的蒙古人们是绝好的骑手，他们挚爱马匹，土耳其人也是优良的骑手，而阿拉伯人的爱马是很有名的。在印度北部和西部有一些良好的养马场，特别是在加提雅瓦尔，而拉其普特族是很喜欢马的。许多小战争是为了一匹有名的战马而起的。有一个故事说：德里某个苏丹羡慕拉其普特族酋长的一匹战马，就向他要那匹马，哈拉酋长答复罗地王道：“有三件东西你一定不要向一个拉其普特人要求：他的马、他的情妇或者他的剑。”说罢他疾驰而去。后来就发生了战乱。

在十四世纪的后期，帖木儿——这个土耳其人或土耳其—蒙古人，从北方下来把德里的以苏丹为首的国家打得粉碎。他在印度只有几个月；他来到德里不久就回去了。不过沿着他走过的整条道路上，他造成了一片荒凉，并用他所杀戮的人的头颅造成若干金字塔点缀其间；德里本身变成一个死人的城市。幸而他的军队未曾深入，只有旁遮普的若干部分和德里不得不遭受这种可怕的灾难。

德里过了许多年的时间才从这种死亡的睡眠中苏醒过来。就是在它苏醒的时候，它已经不复是一个伟大帝国的都城了。帖木儿的降临破坏了那个帝国，而从帝国的分裂中在南方兴起了许多国家。在此以前很久的时候，即在公元十四世纪初期兴起了两个大的国家。一个是称为白海马尼王国①的加尔巴加，一个是印度教徒的维查耶纳伽尔王国。加尔巴加现在分裂成为五个国家，其中之一是亚马那加。在公元1490年，亚马那加的奠基人艾罕默德·尼采姆沙，是白海马尼王一个大臣尼赞—乌勒—穆儿克·拜利（Nizam-ul-Mulk Bhairi）的儿子。这位尼赞—乌勒—穆儿克是一位名叫拜鲁的婆罗门会计官的儿子（他的名字Bhairi就是从Bhairu而出），因此亚马那加王朝是发源于本国土著家系的，而亚马那加的女英雄钱德·比比（明月夫人）是一个混血种。所有在南方的伊斯兰教徒各国都是土著并且印度化了。

在帖木儿抢劫德里之后，印度北部仍然是微弱分裂的。印度南部情况较好，南方王国中最大的、最强盛的是维查耶纳伽尔。这个土邦和这个城市吸引了许多从北方来的印度教的避难者。从当代的记载看来，这个城市

① 印度南部的白海马尼王国的名称及缘起是有趣味的。这个王国的奠基人是一位阿富汗伊斯兰教徒，他在早年时代有一个保护者是印度教徒名为甘古·婆罗门（Gangu Brahmin）。为了对他表示感激起见，他甚至于承袭了他的姓名，而他的朝代也称为婆罗马尼（Brahmani，此字从Brahmin演变而来）朝代。（原注）

似乎是富庶而很美丽的。“这城市是这样的情形，在整个地球上与它相似的地方，是眼所未见而耳所未闻的。”——从中亚细亚来游历的阿卜杜—拉萨格这样说过。这里有着有拱廊的街道和壮丽的走廊作为市场之用，高出一切之上的是皇宫，“有许多大小河溪通过光滑的整齐的石造的水渠流着”。整个城市尽是花园，正由于如此，所以1420年中一位来自意大利的观光者尼可罗·昆蒂写道：城的周围达六十英里。后来一位游历者葡萄牙人帕亚斯（Pses），他在游历过文艺复兴时代的意大利各城市之后于1522年来游印度。他说维查耶纳伽尔城“是有罗马那样大，而且看起来很美观”。它有无数的湖沼、池塘、水道和果园，它充满了美景与奇观。它是“世界上设备最好的城市”，“一切都丰富”。皇宫内部的装饰到处用象牙，屋顶用象牙雕刻成玫瑰花和莲花的形状。“它是这样富丽美好，要在任何其他地方寻觅一件同样的东西几乎是不可能的。”关于统治者克利希那·德夫·雷雅（Krishna Deva Raya），帕亚斯写道：“他可能是最为人所敬畏的、最完善的国王了，天性愉快，欢喜作乐；他是尽力礼遇外宾的一个人，很温情地接待他们，不管他们的地位怎样，他总是关心他们的一切事情。”

当维查耶纳伽尔在南部强盛的时候，德里的小伊斯兰教王国不得不对付一个新的敌人。另外一个侵略者又从北方的高山降临了。在常常决定印度命运的靠近德里的有名的本尼巴战场上，他于1526年获得了德里的皇位。这就是巴卑尔——一位土耳其—蒙古的混合种，并且是中亚细亚帖木儿系的一位王子。印度的莫卧儿帝国就是他首创的。

巴卑尔的成功可能不仅由于德里伊斯兰教王国的削弱，而也由于他拥有一种在当时的印度还未曾使用过的新型的改良的大炮。从这个时代起，在发展战争科学上印度似乎落后了。若说在这种科学上整个亚洲停滞不前，而欧洲则在向前发展倒是更正确的说法。伟大的莫卧儿帝国虽然在印度强盛达二百年之久，可能从公元十七世纪开始就不能够与欧洲军队在同等条件下竞争了。但是欧洲的军队不可能来到印度，除非它控制了海路。在这些世纪中正在发生的较大的变化是欧洲海权的发达。在公元十三世纪中，印度南部的注辇王国灭亡，印度的海权就迅速衰退了。小邦潘地亚虽然与海有密切的关系而实力不够。但是印度的殖民地仍然继续控制着印度洋一直到十五世纪为止。到那时他们被阿拉伯人所逐走，而葡萄牙人很快又把阿拉伯人赶走了。

五　混合文化的合成及成长　闺阃制度　迦比尔　师尊那纳克　艾密尔·胡斯鲁

因此如果谈说伊斯兰教徒的侵略印度或说印度的伊斯兰教徒时期，这是错误而且会引起误解的说法，正如将英国人的来到印度认为是基督教的侵略或者称英国统治时期为基督教的时期一样的错误。伊斯兰教并未曾侵略印度，在早几个世纪以前它已经来到印度了。有过一次土耳其的侵略（麦哈慕德所领导的），有一次阿富汗的侵略，后来又有一次土耳其—蒙古人的或者莫卧儿的侵略；在这几次侵略中，后两次是重要的。阿富汗人们可以称为一个印度边境的人群，对印度而论几乎不能算作外国人的，他们在印度掌握政权的时期，应该称为印度—阿富汗时期。对于印度而论，莫卧儿是外来的人，陌生的人，但是他们以惊人的速度适应于印度的组织，而且开创了印度一莫卧儿的时期。

由于自愿的结果或由于环境使然、抑或两者兼而有之的缘故，阿富汗的统治者们和随同他们前来的人都融合于印度当中了。他们的朝代完全印度化了，他们在印度生根，把印度看作他们的祖国，而把世界上其余的地方看作外国。尽管存在着政治上的冲突，印度把他们一般地也看为自己人，甚至于许多拉其普特族的王公们也承认他们为霸主。也有其他拒绝降服的拉其普特族的首领们，而且也发生过激烈的冲突。德里的著名的苏丹之一的翡鲁兹·沙的母亲就是印度人；厄雅素丁·突格拉格也有一位印度的母亲。这样的阿富汗人、土耳其人和印度贵族的联姻并不常见，但的确有过。在南方加尔巴加的伊斯兰教统治者与一位维查耶纳伽尔的印度公主结婚，举行过盛大的典礼。

印度人在中亚细亚和亚洲西部的伊斯兰教国家中显然享过盛名。远在十一世纪的时候，那也就是说，在阿富汗征服以前，一位伊斯兰教徒的地理学家易德里西曾写道："印度人是天然倾向于正义的，在他们的行动中从不违背正义。他们的善意、正直和对于任务的忠诚是人所共知的。他们的这些品德是如此的出名，因而各方面的人都成群地投奔到他们这个国家来了。"①

一个有效率的政府成长起来了，交通尤其有所改进，主要的理由是为了军事。这时候政府更为中央集权了，但是却注意到避免干涉地方上的习俗。出现于早期莫卧儿时期的舍尔沙是阿富汗统治者中最富才干的人。他奠定了国家岁入制度的基础，后来阿克巴扩充了这个制度。拉查·托达尔·马尔是阿克巴的有名的税务大臣，首先为舍尔沙所任用。印度人的才能愈来愈为阿富汗的统治者们所使用了。

阿富汗的征服对于印度和印度教的影响是双重的，每一种发展都与另一种发展互有矛盾。直接的反应是人民向南部撤退，离开阿富汗统治的地

① 摘录自爱里奥特的《印度历史》(H. M. Elliot's "History of India")，第一卷，第88页。(原注)

区。那些留下来的人变得更加顽固，更加排外，退缩到他们的蜗壳里面去了。他们企图用使种姓制度硬化的方法来保护自己，以免受到外国生活方式的影响。在另一方面，对于这些外国思想和生活的方式又在逐渐地几乎不自觉的接近着。合成作用在本身上完成了；新的建筑兴起了，食物和服装改变了，许多其他方面上受到影响而斑斓杂陈了。在音乐上这种合成尤为显著，它遵循着印度古典的款式而在多方面有所发展。波斯语成为正式的宫廷用语，许多波斯字不知不觉地被大众采用了。同时各种民间语言也有了发展。

在印度发生的不幸事件中，有一件就是闺阃制度或妇女们隐闭习俗之成长。为什么会变成这样是不清楚的，但它终归由于新旧成分的相互作用而产生了。在先前的印度贵族当中，曾经有过某种程度的两性间的隔离，正如在许多国家中、最显著的是在古代希腊一样。这样的隔离在古代的伊朗也曾经有过，在某种限度上，整个亚洲西部也是这样的。然而没有一个地方对妇女有过任何严格的隐闭。可能这种制度起源于拜占庭的宫廷社会，他们用太监看守妇女们的住所。拜占庭的影响传到俄国，一直到彼得大帝的时代俄国对妇女的隐闭还相当严格。这种制度与鞑靼人无关，肯定的，他们不曾隔离过他们的妇女。阿拉伯—波斯的混合文明多方面受了拜占庭风俗文化的影响。上层阶级妇女的隔离可能发展到了相当程度。但是，即使这样，阿拉伯或亚洲西部的其他部分，或中亚细亚，对妇女都未曾有过严格的隐闭。攻占德里后涌进印度北部的阿富汗人没有严格的闺阃制度。土耳其、阿富汗的公主们和宫廷贵妇们常常出外骑马打猎，拜访亲友。当妇女们在穆罕默德纪念日到麦加朝圣的时候，必须将遮脸的面纱取下，这种伊斯兰旧俗还看得见。闺阃制度似乎是在莫卧儿时期在印度成长起来的，那时在印度教徒和伊斯兰教徒两者之间，这种制度成为了地位与身份的表征。这种隐闭妇女的风俗特别传播到伊斯兰教势力最显著的那些地区的上层阶级——在印度中部与东部那广大区域内包括德里、联合省、拉其普他拿、比哈尔与孟加拉。不过，闺阃制度在伊斯兰教徒占优势的旁遮普与边省并不很严格，却是很奇特的。印度的西部与南部没有这种隐闭妇女的情形，除非是在伊斯兰教徒间多少还有一些。

我毫不怀疑在近世纪以来印度衰弱的原因之中，闺阃制度、也就是妇女的隐闭，是一个重要原因。我甚至更相信在印度能够有一种进步性的社会生活以前，要紧的是完全结束这种野蛮风俗。它很明显的对妇女有害，而且有害于男人，它对于大部分时间都须和隐闭中的妇女在一起的那些在发育中的儿童的损害，和对于一般社会生活的损害，也是同样大的。幸而这种恶习在印度教徒中正在迅速消失，在伊斯兰教徒当中消灭得就较为缓慢。清算这种闺阃制度最强有力的因素是印度国民大会党的政治与社会运动，他们吸引了数以万计的中产阶级妇女参加某种性质的公共活动。甘地先生过去是、而现在仍然是闺阃制度的激烈反对者，他曾经称这种制度为“邪恶而野蛮的风俗”，因为它使妇女停留在落后的状态上而不得发展。“我想到男人死守着这种野蛮的风俗所施于印度的妇女的损害，这种风俗，不管初次采用的时候有什么用处，到现在已经完全无用了，而且对国家造成了不可估计的伤害。”甘地竭力主张妇女应该与男人有同样自由和自我发展的机会。“两性间的关系必须用善良的意识来处理。他们之间不应该有障碍存在。他们相互间的态度应该是自然的，自发的。”为了促进妇女平等自由，他曾经满怀热诚地写过文章，发表过言论，并且痛诋过她们在家庭中的奴隶身份。

我已经离开了本题而一跳就跳到现代了。我必须回到中世纪时代去。那时节，阿富汗人已经在德里站稳，在新旧方式之间已形成一种合成作用。大部分的改变发生于上层，在贵族和上等阶级之间，并未曾影响到民众——尤其是农村的大众。它们起源于宫廷之内而传布到城市和郊区。这样，就开始了在印度北部发展的一种混合文化的过程，它继续了几世纪之久。德里与现在称为联合省的地方成为了这种过程的中心，正如它们过去曾经是，而且现在还依然是古老的雅利安文化中心一般。但是这种雅利安文化大部分流播到南部去了，南部成为印度教正统派的堡垒了。

当德里的苏丹王国因帖木儿的侵入而变为削弱之后，一个伊斯兰教徒的小国在联合省内的遮普尔成长起来了。在整个十五世纪中，这个地方是艺术、文化和对宗教采取宽容态度的中心。正在成长中的大众语言——印地语，受到了提倡，甚至曾经有人企图将印度教和伊斯兰教的信仰综合起来。大约在这个时候，在北方遥远的克什米尔之内，一个独立的伊斯兰教徒国王宰奴拉不丁也因他对宗教的宽容以及对于梵文学术和古代文化的提倡而享盛名。

在整个的印度中，这种新的发酵作用正在进行着，新的观念扰动了人们的心绪。正如在古代一样，印度是下意识地在对新的情势起着反应，竭力想同化外国的成分而使其本身在这种过程中也有所改变。从这种酝酿中崛起了一些新型的改良家，他们故意宣传这种合成作用，并且常常谴责或者不理睬种姓制度。十五世纪在南部有一位印度教徒罗摩难陀，还有他的更为著名的弟子，贝拿勒斯的一位伊斯兰教徒的织工迦比尔。迦比尔的诗歌变得甚受欢迎，至今还是如此。在北方有位师尊那纳克，他被认为是锡克教的始祖。这些改良家的影响远超过了在他们的后世成长起来的特殊的宗教宗派之上。整个印度教感觉到这些新思想的冲击，而在印度的伊斯兰教也与其他地方的伊斯兰教稍有不同。伊斯兰这个激烈的一神教影响了印度教，而印度教徒的含混的泛神论的态度也影响了印度的伊斯兰教徒。大多数的这些印度伊斯兰教徒都是在古老传统中培养出来而且在被古老传统所包围的情况下改变了信仰的人；其中只有比较少数的人是外来的。伊斯兰教的神秘派和苏非派成长起来了，这些可能是发源自新柏拉图学派的。

印度对于外来分子的同化力日见增长的最重要的标志可能就是他们使用国内的民间语言，虽然波斯语仍继续为宫廷用语。早期的伊斯兰教徒们用印地语写作了许多的名著。这些作家中最享盛名的是艾密尔·胡斯鲁，他的家族是曾定居于联合省有两三代的土耳其人，他生长于十四世纪，正当几个阿富汗的苏丹统治的时候。他是一位用波斯文写作的第一流诗人，也懂梵文。他是一位大音乐家，在印度的音乐中介绍了许多革新的主张。印度流行的三弦琴据说也是他发明的。他对许多题目都写过文章，特别是赞美印度的文章，列举了许多印度超越优秀的事物。其中有宗教、哲学、逻辑、文字和文法（梵文）、音乐、数学，科学，还有芒果！

然而他在印度负有盛名，最主要的是由于他的用日常口语印地语所写的通俗歌曲。他很聪明地没有采用文言为媒介，那样做就只有少数人的小圈子才懂得了；他向村民学习的不仅是他们的语言，而且还有他们的风俗和生活方式。他歌唱各种季节，而每一个季节根据往昔的古风都有它的恰当的曲调和字句；他歌唱生活上的种种形象，歌唱新娘进门，歌唱爱人离别，歌唱使生命从干燥的大地上重新活跃起来的甘霖。那些歌曲仍在很广泛地被人们歌唱着，不管在北部和中部印度，在任何乡村或城市中都可以听到。特别是当雨季开始的时候，在每个乡村中，大秋千挂在芒果树或菩提树的树枝上，村中所有的男女儿童们都聚集拢来庆祝这个季节的时候。

艾密尔·胡斯鲁也是无数的谜语和闷葫芦的创作者，很受儿童和成年人的欢迎。甚至在他的长寿的生涯中，胡斯鲁的歌曲和谜语就已经使他享盛名了。他的声望日增。我真不知道是否在任何其他的地方还会有类似的例子——六百年前所写作的歌曲，一字不改，居然还能够保持人民对于它们的欢迎，保持它们对于群众的感动力！

六　印度的社会组织　　集团的重要性

差不多每一个对于印度略有所知的人都会听到过种姓制度；差不多每一个在印度的外国人和许多其他人民一般地对那个制度都加以谴责成批评。对种姓制度现在所有的一切支派和发展，一概表示赞成的人，甚至在印度可能一个也找不出；虽然毫无疑问地还有许多人承认种姓制度的基本理论，而且有很多的印度教徒在他们的生活中还谨守着这个制度。种姓这个名词的用法也引起了一些混乱，因为不同的人们对于这个名词赋予了不同的意义。普通的欧洲人或者在思想上和看法上与他类似的印度人把它想作是阶级的化石制度，一种保持某种阶级特权地位的巧妙方法，将上层阶级永远保持在顶层而将下层阶级永远保持在底层。这种看法是有理由的，这种制度的起源可能是将雅利安的征服者与被征服的各族隔离开来并且置于他们之上的一种策略。毫无疑问，在它的发展过程中，它曾那样地发挥过作用，虽然最初也许有很大的适应性存乎其间。但这只是理由的一部分，而并不会解释它的力量和团结力与它能维持到今天的道理。它不但经历过佛教的强力的冲击、阿富汗人和莫卧儿人许多世纪的统治以及伊斯兰教的传播，并且也曾遭遇过不计其数的大声疾呼的印度教改革者的强烈反抗而仍然持续下来。只在今天，它才受到严重的威胁，它本身的基础才受到攻击。那主要并非由于在印度社会中已经发生了一些要改革自己的强有力的要求，虽然这样的要求无疑是存在的；也非由于从西方传来的思想所致，虽然这样的思想一定是发挥过作用的。正在我们眼前发生的变化，主要由于那已经摇撼了印度社会的整个组织，而且可能把它完全推翻的经济上的根本变化。生活条件已经改变了，思想类型正在变化得这样厉害，种姓制度要持续下去似乎是不可能的了。至于起而代之的是什么，却不是我所讲得出的，因为有远比那种姓制度要重要得多的东西正处于存亡关头。这个冲突就是社会组织问题中两种看法之间的冲突，这两种看法彼此是正相反对的；印度人一向的观念是将集团看作组织的基本单位，而西方的过分的个人主义却强调个人高于集团。

那种冲突不仅仅是印度才有的；在西方和整个世界都有这种冲突，虽然所采取的形式不同。在民主的自由主义中形成的十九世纪的欧洲文明及其在经济和社会领域内的发展就代表了那种个人主义的高潮的标志。那种十九世纪的意识形态，与其社会和经济方面组织，更进一步发展而进入二十世纪了，但是它到现在似乎完全陈腐过时，并在危机和战争压力之下，正在发生裂痕了。集体和社团的重要性现在更被强调了，问题是在于如何调和个人与集体间的各自的要求。那个问题的解决也许在不同的国家内采取不同的方式，然而，将有一个日益加强的趋势，就是要找出一个可以适用于一切的根本解决办法。

种姓制度并不是单独存在的；它乃是一种大得多的社会组织方法的一部分，而且是重要的一部分。铲除种姓制度的显而易见的弊端，减少它的顽固性而任其存在也许是可能的，但那是非常难于办到的，因为那在发挥作用的社会的和经济的力量并不大关心这一上层建筑；而是对它的下层基础加以攻击，而且正在摧毁着撑持它的其他支柱。的确，那种支柱的大部分或已经消失了，或正在迅速消失之中，而种姓制度也就日益陷于进退维谷的境地了。现在已经不复是一个我们喜欢或不喜欢种姓制度的问题了。不管我们喜欢或不喜欢，变化正在发生着。不过我们当然有力量来左右那些变化而掌握它们。这样，我们就能够充分利用整个印度民族的特性和天才，这些特性和天才在他们所建立起来的社会组织的团体性和安定性中是显然可见的。

乔治·柏德伍德爵士在某处曾经说过：“在印度人们保持着种姓制度条

件之下，印度终归是印度；但是从他们与这个制度脱离关系的那一天起，印度就不复存在了。那个光荣的半岛就将要沦落成为盎格鲁撒克逊帝国的凄惨的‘伦敦东区’[①]了。”不管种姓制度是有是无，我们在英帝国中早就沦落到那个地位了；可是在任何情况下，不管我们将来的地位如何，我们总不会被约束于那个帝国范围之内的。但是乔治·柏德伍德爵士的话中也有一些真理，虽然他的看法也许不同。一个庞大而悠久的社会组织的崩溃很可能引起社会生活的完全瓦解，其结果会产生团结力的缺乏、大众的痛苦以及个人行为上大规模的不正常现象，除非有某种其他更适应于时代和民族天才的社会组织代之兴起。可能在过渡时代瓦解是不可避免的；在今天的整个世界上，这种瓦解情况是够多的了。也许只有通过那种与瓦解俱来的创伤和苦难，一个民族才能够成长，并且吸取生活上的教训，而使自己重新适应于变迁中的情况吧。

但是我们不能单是分裂，单是希望着情况好转，而对于我们所努力以赴的将来却没有某种幻想，尽管那幻想是怎样地模糊不清，我们不能仅仅造成一种真空现象，否则，那种真空就会把自己填满，而它所采取的手段也许是我们所不得不认为遗憾的。在我们可能布置的各种建设性的计划中，我们必须注意到不得不处理的人类的因素，注意到思想和要求的背景，注意到我们必须在当中发生作用的周围环境。把所有这些情况置之不顾，只是凭空制造一些理想主义的计划，或者只想模仿别人在其他的地方所已经做过的事情，都是愚不可及的。因此，检讨和了解这样强烈地影响我们民族的陈旧的印度社会组织就成为需要的了。

这种组织是以三个概念为根据的：自治的农村公社，种姓与大家庭制度。在所有这三者之中，只有集体算是重要；个人则占次要的地位。单独

① “伦敦东区”（East Ead）系伦敦贫民居住的区域。此处用作譬喻。——译者

来讲都没有什么很特殊的地方，在其他的国家中很容易寻出与三者中任何一个相类似的东西，特别是在中世纪时代。像古老的印度共和国一样，别的地方也有过原始的共和国家，也有过一种原始的共产主义。古代俄国的农村共产公社也许在若干方面是可与印度的农村公社相比的。种姓主要是职业性的，与欧洲中世纪的生意行会相类似。中国的家庭制度与印度的大家庭有极为相似之处。我对于这些问题都不够明白，不能来加以深入的比较，但不管怎样，对于我的目的而论，这是不重要的。总的来说，整个印度的组织实在是独特的，而且在发展的过程中，它变得愈来愈特殊了。

七　农村自治　　苏克拉的《政术精华》

一本在公元十世纪写作的古书给予了我们一些在土耳其和阿富汗侵略以前的人们关于印度政治所想到的概念。这就是苏克拉大师所著的《尼底沙罗》(Nitisāra，《政术精华》)，也就是《政治学》。书中论述到的是中央政府和市镇农村生活的组织；御前会议以及政府各部门的组织。农村的潘查雅特（Panchayat，五人会），即由选举产生的村会议，它拥有兼理行政和司法的庞大权限。这些会议的议员们受到皇家官吏们最大的崇敬。土地由这个会议来分配，它也从生产品中收取赋税，并代表村缴付政府所应得的那一份。在许多这些村会议之上有一个大的潘查雅特即会议，在必要时执行监督和干涉。

有些古籍的记载进一步地告诉我们村会议的议员是怎样选举出来，怎样取得资格和取消资格的。他们组织成各种委员会，每年选举一次，妇女们能够参加服务。如果一个议员品行不端，可以解除其职务。如果对于公款账目不清，他可能丧失议员的资格。书中提到过关于防止重用亲戚的一条有趣的规则，就是：议员们的近亲不得派充公职。

这些村会议非常珍爱他们的自由，曾经规定：军人不得皇家的准许证就不准进入村子。如果百姓控诉官吏，《政术精华》认为：国王“不应该袒护官吏而应该袒护子民”。如果有许多人控诉，那么被控的官吏就应该撤职，“因为谁能身为官吏饮虚荣心的酒而不陶醉呢？”国王应该根据人民大多数的意见采取行动。“舆论比国王更有势力，正如由许多纤维所制成的绳索其力量雄厚到可以拖住狮子一样。”“当录用一个官员的时候，必须重视他的工作、品格和特长，而不是重视他的种姓和家庭。”还有“能够产生名副其实的婆罗门精神的，既非本人的肤色，也非祖先”。

在较大的城市中有许多的技工、商人和手艺行会、商业协会以及银行团体都组织起来了。这些团体中的每个团体都各自管理着它自己内部的事务。

所有这些报道都是片段的、不完整的，但是从这个以及许多其他的消息来源中显示出来一个散在市镇和农村中极其广泛的自治体系，而且只要捐税限额缴付清楚，中央政府是很少加以干涉的。习惯法的力量是强大的，政治或军事的力量也很少干预根据习惯而取得的权利。最初土地制度是以合作的或集体的农村为其基础的。个人和家庭有某种权利和某种义务，两者均为习惯法所决定和保护。

在印度没有神权政治的君主制度。在印度的政治中，如果皇帝不公正或是暴虐，对他反抗的权利是被承认的。两千年前中国哲学家孟子所说的几句话：“君之视臣如草芥，则臣视君如寇仇。”也许可以应用到印度来。君主权力的整个概念是与欧洲封建主义的整个概念不相同的，在欧洲，君主对于在他所统辖的一切人和一切事物都具有权威。君主把这种权威委托给对他宣誓遵守臣属义务的公侯们，这样一来，一种权威的阶级组织就建立起来了。土地和与土地有关的人民均隶属于封建主，而且通过封建主隶属于君主。这是罗马对于土地绝对所有权概念的发展。在印度这类情形是没有的。君主有权从土地上征收一定的捐税，而这种征收赋税的权力是他能够委托于他人的全部权力了。印度的农人并非贵族的农奴。有不少可用的土地，霸占农人的土地并无好处。因此在印度并无像西方一样的地主制度，而个别的农人对于他所有的那一小块田地也并非完全的主人翁。这两种概念很久以后才由英国人带入印度，造成悲惨的后果。

外国人的征服带来了战争和毁灭，起义和对起义的无情镇压，而新的统治阶级主要是依赖武装力量。这个统治阶级常常能够不顾许许多多宪法上的拘束，而这些拘束在过去总是这个国家的习惯法的一部分。重要的后果随之而来，自治农村公社的权力降低了，土地税制度后来采取了各种改革。虽然如此，阿富汗和莫卧儿的统治者们特别注意到避免干预代远年湮的风俗习惯，没有采取根本上的改革，因此，印度生活中的经济和社会组织就像从前一样地继续保存下去了。

厄雅素丁·突格拉格对他的官吏们颁布过确切的指示，要他们保存习惯法，并且将国事和宗教截然划分开来，宗教是个别爱好的私人事情。然而正在变化中的时代和冲突，与政府中央集权化的继续加强，慢慢地可是有加无已地减少了对于习惯法的重视。不过农村自治公社仍然继续存在。它只是在英国人统治之下才开始崩溃。

八　种姓制度的理论与实际　　大家庭

哈斐尔说道："在印度，宗教几乎不是一种教条，而是对人类行为有效的一种假定，它适用于精神发展的不同阶段，也适用于不同的生活环境。"在印度—雅利安文化初步形成的远古时代，人们在文化程度上、在智力和精神的发展上相互间距离的悬殊，已达到了人类想象所能及的极限，宗教就是要来满足这些人的需要。其中有原始的森林居民，有信仰物神的人们，有图腾崇拜者以及相信其他各色各样的迷信的人们，也还有那些达到唯心论思想的最高峰境界的人们，在两端之间，还有那各种程度和等级的信仰与实践。最高类型的思想只为少数人所追求，却完全不是许多人所能企及的。当社会生活发展的时候，某种划一的信仰就传播开了；然而即使是这样，许多文化上和气质上的差别还依然存在着。印度—雅利安人的原则是避免用强力来抑制任何信仰，或破坏任何主张。每一个集团都有依照它的智力发展和理解力的程度来实现它理想的自由。虽曾尝试过同化工作，可是不会有过反对或禁止。

在社会组织中不得不面临一个类似的甚至更艰难的问题，就是怎样把这些根本不同的集团合并在一个社会组织里面，使每一个集团与整体合作却仍然保留独立生活和独立发展的自由。在某种意义上这个问题——虽然这比喻有点牵强——也许可和当今的许多少数民族问题相比，这些问题使如此众多的国家感受痛苦而仍然远未能解决。美利坚合众国解决它的少数民族的方法是或多或少地想把每一个公民造成一个百分之百的美国人。他们使每人都依从一定的类型。过去历史比较悠久比较复杂的其他国家的处境没有这样优越。甚至加拿大也有它的强烈的种族宗教和语言意识的法国血统的集团，在欧洲的壁垒就更高更深了。不过这一切都是适用于欧洲人或那些从欧洲散布出来的人的；这些人有某种共同背景和文化上相似之点。若谈到非欧洲人，这范畴就不适用了。在美利坚合众国的黑人虽然也许是百分之百的美国人，却仍是个别的与众隔离的种族，被剥夺了其他人们所当然享受的许许多多的机会和特权。在别的地方还有不计其数的更恶劣的例证。据说只有苏联创造了一种所谓多民族的国家，才解决了它的民族问题和少数民族问题。

我们今天虽然有了这一切知识和进步，这些困难问题还在纠缠着我们，那么，在古代印度—雅利安人在一个充满着各色各样类型的人类之土地上推进他们的文明和社会组织的时候，他们所遭遇的困难不知要更严重到什么程度了。在当时和稍晚一点的时代，处理这些问题的正规方法是将被征服的百姓消灭掉，或者把他们降为奴隶。印度没有采用这种办法，但却采取了各种预防措施以便上层集团的优越地位永久存在，那是显然可见的。那优越地位已经得到保证之后，一种由许多团体所组织的国家就建立起来了，在这个国家内，在某些限制之内，并且在必须遵守一般通则的条件之下，每一个集团根据它自己的风俗和愿望，有选择职业和享受它自己生活的自由。唯一真正的限制是它不得干涉另一个集团，或与另一个集团发生冲突。这是一种富有伸缩性和发展性的制度，因为新的集团总是可以由新来的人们或旧集团中意见不同的人们组织而成，但以他们有足够的人数为条件。在每个集团之内都是平等和民主的，并且由选举产生的领袖们来指导，无论何时如有重要问题发生，他们常常与整个集团磋商。

这些集团差不多总是以职业来划分的，各专于特殊的行业或手工业。因此，它们就成为某种工会或手工业行会。在每个集团之内都具有强烈的团结意识。它不但是保障团体，而且对于陷入困难或经济上遭受痛苦的个别成员给予庇护和帮助。每一个集团或种姓的职务是与其他集团或种姓的职务有关的，其用意所在是：如果每一个集团能够在它的自己体制之内发挥作用很成功，那么，整个社会就能够和谐地来进行工作了。对于把所有这些集团联合在一起而创造一种共同的全国性的结合，这问题曾经作过强有力而相当成功的尝试——用意是在创造一种共同文化，共同传统，共同的英雄与圣哲，以及人民可以到全国四方去瞻仰顶礼的共同国土。这种全国性的结合当然是与现代的民族主义很不相同的；它在政治上是软弱而在社会上和文化上却是强有力的。由于它在政治上缺乏团结力，它就助长了外国的征服；因为它在社会上有力量，它就使得恢复元气和同化新成分都容易实现。他们人数太多，因此不能把他们杀绝，他们经过了征服与灾难而仍然还活了下来。

这样看来，种姓是一种以服务和职业为根据的集团制度。它意味着一种包含一切在内的社会秩序，而没有任何共同信条，并允许每个集团有最充分的自由。在它的宽阔的范围之内，有一夫一妻制，一夫多妻制，还有独身生活；这一切都受到宽容，正如其他风俗、信仰和习惯都受到宽容一样。社会各阶层的生活都被维持着。少数没有服从多数的必要，因为他总可以组织一个单独的自治集团的，唯一的考验是它是否为一个与众有区别的集团，它是否大得足以发挥其作用？在两个集团之间，在种族、宗教、肤色、文化和智力发展各方面都可能有任何程度不同的变异。

个人只是被当作集团中的成员；在不干涉团体行动的条件之下，他可以为所欲为。他无权干涉团体行动，但是如果他的力量充分而能够集合相当数目的拥护者的话，他就可以组织另外一个集团。如果他对于任何集团都不能适应，那便意味着，就世界上的社会活动而论，他是脱节了。那么，他就变成了抛弃了种姓、抛弃了每个集团、抛弃了社会活动的托钵僧，他可以到处流浪而且为所欲为。

必须记住：虽然印度的社会倾向是将集团要求和社会要求置于个人之

上，而宗教思想和精神上的追求总是强调个人的。自我得救和认识究极其理的大门对于一切人，不管他所属的种姓高低，都是开着的。自救，也就是获得启悟，不可能是团体的事情；它是极端的个人方面的事情。寻求这种的自救并没有呆板不变的定则，所有的门都可以认为是通到自救的。

虽然集团制度在社会组织上占着优势，并由此产生了种姓，但在印度始终有一种个人主义的倾向。这二者之间看法的冲突往往是彰明昭著的。这个人主义至少一部分是那强调个人的宗教教义的产物。批评或谴责种姓制度的社会改革家通常是宗教改革家，他们的主要论据是种姓制度的划分妨碍了精神发展和宗教所揭示的那种强烈的个人主义。佛法脱离了集团种姓制度的理想，而朝向着某种个人主义与普渡主义。但是这个人主义变到与退出正常社会活动联系起来了。它未能提供出一个有效的社会组织来代替种姓制度，因此种姓制度在当时和后来还是继续存在下来了。

主要的种姓是什么呢？如果我们暂时丢开那些被认为是处于种姓制度范围外的那些不可接触者不计，有婆罗门，即祭司、教师、知识分子；还有刹帝利，即统治者，武士；还有吠舍，即商贾和银行家等等；以及首陀罗，他们是农业或其他行业的劳动者。可能只有婆罗门才是团结谨严而带有排外性的种姓。刹帝利常常从来自外国的分子以及其他在国内上升为有权势的人们中来增加它们的人数。吠舍则主要是商贾和银行家，也从事于一系列的其他职业。首陀罗的主要职业是耕种和家庭服役，由于新的职业发展以及由于其他的理由，总有着一种继续形成新种姓的历程，而旧的种姓总是竭力想在社会等级上往上爬。这些历程一直继续到今天。根据印度教的传统风俗，佩戴圣索[①]原认为是为上层的种姓保留的权利，而今一些属于低等种姓的人们却忽然也开始佩戴起来了。这一切情形实际上并没有多

---

① “圣索”（Sacred thread）是印度教上三等种姓的人（达到一定年龄举行一种典礼后）所套在上身的一根细绷或线的圈子，上起左肩下至右胁。——译者

大影响，因为每一个种姓继续在它自己的范围内发挥作用，从事它自己的业务或职业。它不过是一个面子问题而已。至于偶尔有隶属低等种姓的人们，单凭能力在国内也达到有权有势的地位，然而这是很例外的事情。

一般说来，社会的组织是彼此无所争执的，并非含有利欲的，这些把社会划分成为种姓的办法并未引起像在其他情形之下所可能引起的那样大的影响。居于社会顶上层的婆罗门，因为他自己的智力和学识而感到骄傲，并且受到其他人们的尊敬，至于富有世间财产的人在他们中间是很少的。生意兴隆而家产富有的商人，整个说来，在社会上并没有很崇高的地位。

居民中绝大多数是农民。当时印度没有地主制度，也没有自耕农。很难说在法律上谁是土地的主人；像现在的所有权学说一样的东西，从前是没有的。耕者有权耕种他自己的土地，而关于分配土地上产品的方法乃是唯一的真正问题所在。主要的一份归于耕者，君主或国家占有一份（普通是六分之一）；在乡村中，在任何方面对于人民服过务的每一个职业集团有它的一份——婆罗门僧侣和教师、商人、铁匠、木匠、皮匠、陶工、建筑师、理发匠、清道夫等等。这样看来，在某种意义上，从国家起到清道夫为止每一个集团都是农产品的股东。

谁是“贱民”和不可接触者呢？“贱民”是一个新的名称，颇为含混地应用于那些接近底层的阶级。没有一条严格的划分线将他们和其他的人们分开。不可接触者是比较划分得清楚的。在印度北部，只有很少数从事于清道及其他不清洁的工作的人们才被认为是不可接触者。法显告诉我们说，当他来的时候，只有搬移人类排泄物的人们才是不可接触者。在印度南部，他们的人数可就多得多了。至于他们是怎样起源的，怎样增长到这样大的数目却很难说。可能那些从事于被认为污秽的职业的人们就受到这样地看待；后来没有田地的农业劳动者也可能被加入到他们的行列中去了。

讲究仪式上的洁净的观念在印度人中间是非常强烈的。这产生了一种良好的以及许多不良好的后果。良好的后果是身体清洁。包括贱民中的大多数人在内的，每天沐浴始终是印度人生活上的主要特色。这习惯是从印度传播到英国和其他的地方去的。普通的印度人，甚至最贫困的农民都以他的擦得雪亮的锅盖而自豪。这种清洁的意识并非科学的，因为一位每天沐浴两次的人会毫不迟疑地去饮用不清洁而充满了细菌的水。它也不是全体性的清洁，至少现在是如此。一位将他自己的小屋保持得相当清洁的人，却把所有的垃圾抛到邻舍前面的街道上去。乡村通常是很脏而充满了垃圾堆。不是为清洁而清洁，而是为了宗教上要求所致，这点是值得注意的。当宗教仪式上的要求不存在的时候，清洁的标准就有了显著的退化。

这讲究仪式上的洁净的坏结果，是孤高自赏的排他性，不要碰我的主张，以及不与其他种姓的人们同饮共食的习惯的长成。这种情形发展到世界上任何其他地方所不知道的异想天开的程度。它也造成了某些阶级被认为是不可按触的阶级，因为他们不幸干了几桩被人认为不洁净的要紧工作。通常与自己同种姓的人们共食的这种陋习传播到所有一切的种姓了。它成为社会地位的一种象征，而低等种姓死守着这陋习，甚至比一些较高的种姓还要严格，在较高的种姓之间，这陋习现在正在破毁之中，但在包括贱民在内的低等种姓中，它还依然继续存在着。

如果种姓间的共同进餐是严加禁止的话，那么，不同种姓间的互通婚姻更是如此。不同的种姓通婚不免也曾有过，但就整个情形而论，每一种姓怎样地固守于它自己种姓之内，怎样繁殖它自己的种类，是一件惊人的事。通过漫长时期的血统纯洁的种族绵延乃是幻想，而印度的种姓制度尤其是在较高的种姓之间，在某种程度上已经没法将其有特色的类型保存下来了。

在阶级底层的若干集团有时被认为是处于种姓集团范围之外的。可是事实上，没有一个集团甚至于不可接触者是处于种姓制度之外的。下层人民和不可接触者形成了他们自己的种姓，有为了解决他们自己的事情而设立的种姓会议。但在这些阶级中间，有许多人遭受排斥而不得参加乡村共同生活，受着很深的痛苦。

这样，农村自治公社和种姓制度就是古时印度社会组织两种特征。第三种特征是大家庭制度。在大家庭里面，所有成员都是共同财产的共同享有者，遗产则由生存的人们继承。父亲或一位别的老者为家长，但他是经理式的家长而非古代罗马式的专制家长。在某种情况之下，财产的分割是被准许的，如果有关的各方面都愿意这样做的话。共同财产是被认作供应家庭中一切成员的需要的，不管他们是做事的还是坐食的。不可避免地这就意味着保证了所有成员的最低限度的生活费用，而不是对于某些人给以高酬。它是一种对于全体成员的保险制度，甚至包括那些低能的成员和在身体上或智力上有缺陷的人们在内。这样一来，虽然全体都有了保障，而对于所要求的服务标准和所支付的报酬就有一些降低的样子了。这并不强调个人的利益或野心，而是强调集体的，那就是说，家庭的利益。在大家庭生长并生活于其中的这事实大大地减少了儿童自私自利的态度，并帮助培养了一种社会化的精神。

所有这些与发生在西方尤其是在美国的高度个人主义的文明中的情形恰恰相反。在那里个人野心受到鼓励，私人利益几乎是普遍的目标，所有最好的东西都归聪明而奋发有为的人们所有，而懦弱的、胆怯的，或第二流的人们就只有碰壁了。印度的大家庭制度正在迅速崩溃之中，而个人主义的态度正在发展着，不唯在生活中的经济背景上导致影响远大的变革，而且也引起行为上若干新的问题。

这样，印度社会组织中所有的这三根支柱都是以集体为基础，而不是以个人为基础的。目标是社会上的安全，集体的安定与绵延，这就是说，社会的安定与绵延。进步并不是目标所在，而进步因此就受到损害了。在每一个集团的内部，无论这是农村公社或特殊的种姓，或大型的大家庭，总有一种大家享受的公共生活，一种平等的意识以及民主的方法。就是在现在，种姓的“潘查雅特”（会议）仍然在以民主的作风起着作用。有一个时候，当我目睹一些村民——有时是文盲——被选在为了政治或其他目的的各委员会服务的时候，他们的热烈情绪使我吃惊。他很快就将情况弄熟悉了，任何时候讨论有关他的生活的问题时候，他是一个有帮助的成员，而且还是一个不轻易驯服的成员。但小型集团易于分裂，而且在他们自己人当中喜欢争吵，这是一种不幸的趋势。

民主方式不仅是一个众所周知的方式，而且在社交生活中、在地方政府中、在同业行会中、在宗教集会中等等场合，都是一种发挥作用的普通方法。种姓制度虽然有它一切的坏处，但在每一个集团中保存了民主习惯。惯常有议事程序，选举和辩论的详细规则。则提兰德侯爵在其写述关于早期佛教徒的结集时曾提到了这些规则中的若干条。“当许多人知道了在两千多年前举行的佛教徒结集中可以寻出现代英国议会惯例的雏形的时候也许要大为惊奇。他们委派一位特别执行人员来维持会议的尊严——这就是下议院议长的胚胎。他们所派的第二位执行人员的职掌是在必要时设法获得法定人数——在我们自己的制度中他如议会中的党派领袖。参加会议的会员如要提出新事务，是从提出动议的方式着手，然后进行讨论。在某些情况之下，只需这样做一次，别的情况下须做三次，这样一来，现在议会里要求一个议案须经过三次宣读然后才能成为法律的惯例，印度早就有了。如果在讨论中发现有不同的意见存在，那么，这个问题付表决由大多数来决定，表决系用不记名投票制度”①。

由此可见，古代印度的社会组织是具有一些优点的，的确，如果没有优点也不能够维持到这样悠久的时期。在这社会组织里面蕴藏着的有印度

---

① 加勒特（G. T. Garratt）所著《印度的遗产》(The Legacy of India)，1937年版第11页引述了这段话。(原注)

文化的哲学概念——人的完善，注重真、美、善的获得而不注重贪得无厌的追求。印度文化曾经企图防止将荣誉、权势和财富连成一气而且集中起来。它所强调的是个人和集体的义务，而非强调他们的权利。那些《传承经》（Smritis，印度教的宗教经典）列举了不同种姓的“达磨”，即职掌和义务，但并无一部书中包括了权利的清单。自给自足是集团目标之所在，特别是以农村中为甚，而在一个不同的意义上，在种姓中也是如此。它是一种闭关主义式的制度，在它的外部组织之内容许有一定的适应性、改变和自由，但是不可避免地发展得愈来愈排外，愈来愈严峻了。它愈来愈丧失它的扩充的能力和开辟人才的新来源了。强有力的既得权利阻止了任何根本的改革，并且使教育不得推广到其他阶级中去。上层各阶级中的许多人明知古老的迷信是迷信，但它却被保存下来，而且还加上了新的迷信。不仅仅国民经济，而且思想本身变成静止状态的、传统式的、僵硬的、不开展的和不进步的了。

种姓的概念和实际具体表现了贵族的理想，这显然是与民主的概念背道而驰的。它显然有位高则任重的强烈意识，但它是以人们固守着他们传统的地位而并不向既成秩序挑战为条件的。印度的成功与成就，整个说来，是局限于上层各阶级的；那些地位低下的人们所有的希望是很少的，他们的机会确实是很有限的。这些上层阶级并不是一个微小有限的集团，而是数量庞大的，同时其力量、权威和势力是分散了的。因此他们能够很有成就地继续了很长一个时期。但是种姓制度和印度社会组织的根本弱点和缺点是他们使一大群人的品格降低，没有给予他们在教育上、文化上和经济上跳出那种环境的机会。那种品格的降低引起全面的沦落，甚至上层各阶级也包括到它的范围内了。它就造成了那种作为印度的经济上和生活上显著特征的硬化现象。在这种社会组织和过去别的地方有过的那些社会组织间的差别是并不大的，但是由于过去几个世代中全世界发生了一些变化，那些差别就变得更加显著了。在今天社会的组织中，种姓制度及共相关的许多东西是完全不调和的、反动的、拘束的，并且是进步的障碍。在它的体制之内是不可能有地位上和机会上的平等的，也不可能有政治上的民主，更不可能有经济上的民主了。在这两种概念之间冲突是原来就有的，而它们之中只有一种能够存留下来。

九 巴卑尔与阿克巴 印度化的过程

回过来再谈历史，阿富汗人在印度定居下来，而且印度化了。他们的统治者不得不首先缓和人民的敌意，然后赢得他们的欢心。因此之故，他们定下经过深思熟虑政策，放弃先前残忍的手段，而变得较为宽容，招揽被征服者合作，竭力地不以外来的征服者的身份，而以生育教养于本土的印度人的资格来发挥作用。因为随着时间的推移，印度的环境影响了这些来自西北的民族而且将他们同化，所以起初不过当作政策施行的，后来就逐渐成为不可避免的趋势了。当这过程正在上层进行着的时候，更为壮健有力的潮流同时自发地起于民间，企图将思想和生活方式综合起来。混合文化的萌芽开始出现了，为阿克巴后来的建设奠定了基础。

阿克巴是印度的莫卧儿王朝的第三代君主，但实际上帝国是由他而巩固起来的。他的祖父巴卑尔于1526年取得德里的皇位，不过对于印度，他是一个外国人，而且他不断地有这种感觉。他来自北方，正当帖木儿式的文艺复兴在他的中亚细亚的故乡盛极一时，同时伊朗艺术和文化的影响强大的时候。他总想念着他所习惯的友好、社交、愉快交谈和由巴格达与伊朗传来的赏心乐事。他想望北方高地的冰雪，想念大宛的鲜美肉食、名花与佳果。不过他虽然对所见到的一切感觉失望，他还是说印度斯坦是一个非常美好的国家。巴卑尔在来到印度四年光景就死去了。他将大部分时间消磨于战争和在亚格拉地方建设壮丽的首都，为了这件事他还从君士坦丁堡聘请来一位有名的建筑师。当时君士坦丁堡正是苏利曼大帝全盛的时期，那城中正建造着许多美丽的建筑。

巴卑尔所见到的印度地方是很少的，虽然他被敌对的人民围绕着，所没看到的还是很多的。可是他的记载告诉过我们，文化的贫乏情况曾经降临到北印度。一部分的原因是由于帖木儿的破坏，另一部分别由于许多有学问的人、艺术家和有名的手工业者的南迁所致。但是也由于印度民族创造天才的枯竭而使之然。巴卑尔认为技术工人和技师并不缺乏，只是没有机械发明上的精巧或熟练而已。而且就生活上的适意和奢华而论，印度似乎大大落后于伊朗；这是否由于印度人的心智对于生活上的这一方面天生地缺乏兴趣，或由于后来的发展才变成这样的呢，我不知道。若与伊朗人相比，也许当时的印度人在这些风雅和奢华上没有受过那样大的吸引。如果他们对这些美好高尚的事物有足够的爱好，他们很容易得之于伊朗，因为两国间来往是频繁的。不过更可能的，这是后来的发展，也就是印度文化上的僵化和衰退的另一象征。这从古典文学和绘画中可以看出，在更早的各时期中是足够风雅的。而且就那个时代而论，它具有一种崇高而复杂的生活水平。甚至当巴卑尔来到印度北部的时候，许多欧洲的旅行家谈到印度南部的维查耶纳伽尔，认为在艺术上和文化上，在风雅和奢华上，都代表着一种很高的水准。

然而在北部印度文化衰退是非常显而易见的。固执的信仰和僵硬的社会组织阻碍了社会的奋发前进。伊斯兰教的传人和相当多外来的人士带来了不同的生活方式和思想方式而影响了这些信仰和组织。异族征服虽然有它的一切坏处，但也有一种好处：它扩展了人们知识上的眼界，而迫使他们从闭关主义的蜗壳中向外瞻望。他们认识了这世界较他们所想象的世界要大得多，而且更是变化多端。因此阿富汗的征服影响了印度，并产生了许多变化。莫卧儿人由于文化和生活方式都远胜于阿富汗人，所引起的变化也就更多。特别是他们介绍了伊朗有名的那生活上的风雅，甚至于输入了那高度虚伪和严肃的朝仪，因而也影响了贵族们的生活方式。南部的白海马尼王国通过加利加特而与伊朗有直接的接触。

在印度有许多变化，新的刺激在艺术、建筑术以及其他的文化风格上带来了青春和生命力。而所有这一切都是两个旧世界的文化风格发生了接触的后果，二者都已经丧失了它们起初的活力与创造精神，变得固执不化了。印度的文化很陈旧，而且停滞不前了，缺乏生气而且倦怠。阿拉伯—波斯的文化则早已过了鼎盛时代，表现着阿拉伯人特色的那种由来已久的好奇心以及心智进取的意识已经不再看得见了。

巴卑尔是一位富有吸引力的人物，一位典型的文艺复兴时期的君主，勇敢而冒险，酷爱艺术、文学和美好的生活。他的孙子阿克巴甚至于更富有吸引力和具备更伟大的品德。大胆而轻率，他是一员良将，温文尔雅而富于同情心，他是理想家兼梦想家，又是一位实行家和群众的领袖，他能够激励起他部下的热诚拥戴，作为一位战士，他征服了印度的大部分土地，但他的眼光却放在另外一种更持久的征服上面，那就是要赢得人民的心悦诚服。正如他的宫廷中的葡萄牙籍的耶稣会教士告诉过我们的那样：“他那双炯炯逼人的眼睛，像照耀在日光中的海洋一样地震颤着。”在他的身上，那统一的印度这个旧梦又形成了，这不仅仅是在政治上并为一家，而且是要有机地融合为一个民族。从1556年起，在他那将近五十年的漫长统治时期中，他为这目的鞠躬尽瘁。许多位拉其普特民族的骄傲的首脑人物，本来是不肯臣服于任何人的，却被他感化到他那一方面去了。他与一个拉其普特的公主结婚。因此他的儿子和继承人杰罕吉尔是半为蒙古人半为拉其普特的印度人。他的孙子沙杰罕也是拉其普特母亲所生。这样一来，就种族而论，这土耳其—蒙古的王朝远较土耳其人或蒙古人更为印度化了。阿克巴是拉其普特族的倾慕者，自己觉得与他们性情相类似，用婚姻政策以及其他的政策来与拉其普特的统治阶级结成联盟而将他的帝国大大地加强了。继续存在于后来统治时代的这种莫卧儿—拉其普特的合作不仅仅影响了政府、行政和军队，而且也影响到艺术、文化和生活方式。莫卧儿的贵族阶级愈来愈印度化了，而拉其普特人和其他人们却受到了波斯文化的影响。

阿克巴使得许多人和他站在同一战线，并且留而不去，但是他未能够降服在拉其普他拿境界内缪尔（Mewer）地方的拉那·普拉他普的骄傲不屈的精神。他宁愿在热带森林中过着被人追捕的生活，对于一个他认为是外国征服者就是在形式上表示效忠也不愿意。

阿克巴集合了一批对他以及他的理想忠诚拥戴的聪明才智的人们于其左右。其中有很著名的弟兄两位，弗济与艾卜勒·法兹尔，还有柏波儿、拉查·曼·辛格与阿杜勒·拉欣·汗哈那。他的宫廷成为拥有各种信仰和一切有新思想以及新发明的人们的集会之地。他对于各种不同见解的容忍和他对于各种信仰与意见的鼓励到了这样的程度，以致激怒了一些比较更属于正统派的伊斯兰教徒。他甚至于试图发起一种综合性的信仰使其适合于每一个人，在他的统治时期中，印度北部的印度教徒的文化与伊斯兰教徒的文化融合向前迈进了一大步。阿克巴确实同样受到印度教徒和伊斯兰教徒的欢迎。莫卧儿王朝被认为是印度自己的王朝而稳固地建立起来了。

十 亚洲及欧洲在机械进步及创造能力上的对比

阿克巴充满了好奇心，老是企图发现精神上的及世俗上的一切事物的究竟。他对于机械设计及军事科学发生兴趣。他特别珍视战象，在他的军队中战象成为重要部分。他宫内的葡萄牙籍耶稣会的教士告诉我们说："他对于许多事物发生兴趣，渴望学习，他不仅对于政治上及军事上的事情有完全的知识，他对于许多机械方面的艺术也一样。在强烈的求知欲中，他竭力想一下子学会一切，像一个饿汉想一口吞下他的食物一样。"

不过他的好奇心何以停于某一点上，而并没有引导他向那摆在面前的某些显明的路上去勘探，却是很奇怪的。尽管他有莫卧儿大帝的伟大威望，尽管他在陆地上有巨大的力量，但是他在海上却没有势力。瓦斯科·达·伽马在1498年经过好望角到达了卡利卡特；阿布奎基在1511年占领了马六甲，在印度洋上面树立了葡萄牙的海权。印度西海岸上的果阿成为葡萄牙的领地。所有这一切情形并未使葡萄牙与阿克巴发生直接冲突。由海道到麦加的印度朝觐圣地的人，其中有时也有皇族或贵族的成员，常被葡萄牙人绑架勒赎。显然可见，阿克巴在陆地上无论如何强盛，而葡萄牙人乃是海洋上的主人翁。一个大陆强国不很重视海权是不难了解的，虽然，实际上过去印度的伟大及重要性部分地是由于它控制了海路。阿克巴有一个庞大的大陆等待他去征服，很少有剩余的时间来对付葡萄牙人。虽说葡萄牙人偶然刺痛他一下，他也认为无关重要。有一个时期，他确曾想到建造船舶，但是他并没有认真地发展海军，只不过是一时的高兴作为消遣而已。

其次，若讲到炮队，莫卧儿的陆军及同时在印度境内其他各邦的陆军主要地都是依靠外国的专家，他们通常是来自奥斯曼领土内的土耳其人。一个精通炮兵的专家以鲁密可汗（Rumi Khan）的头衔著称；Rumi这个字是东罗马的意思，也就是指的君士坦丁堡。这些外国专家训练本地人，但是为什么阿克巴或任何其他的人不派遣自己手下的人到外国去受训练，或用鼓励研究方法来提倡这种改进工作的兴趣呢?

还有一件非常有意义的事情：耶稣会教士把一本排印的《圣经》，或者还有一两本印刷出来的书籍赠送他。他对于这种在他的政府工作和他的远大事业上能有巨大裨益的印刷术何以不觉得新奇而予以注意呢?

还有钟表的问题。莫卧儿的贵族很喜欢时钟，先是葡萄牙人带来的，其后英国人又从欧洲运来。它们是被看作富人的奢侈品，普通的人有了日晷和用沙漏与水漏计时也就满足了。莫卧儿并没有企图去了解这些有弹簧的钟是怎样制造的，也不设法在印度试行仿造。印度有的是非常精巧的手艺人和技工，这种对于机械的缺乏爱好实在是极为特殊的。

当这时期中，这种创造能力及发明才力的瘫痪萎靡不单是在印度显然可见，整个西部亚洲及中央亚细亚因此所受的损害还要更甚。中国的情形我不知道，但是我想诸如此类的停滞现象也影响过它。必须记得，印度与中国在较早的时代中，在科学的不同部门之内都有很大的进步。造船事业和庞大的海上贸易甚而至于对机器的改进也经常地能够发挥刺激的作用。在这个时候，这两个国家中，或者在任何其他的国家之内，确实没有较重要的机械发展。从这种观点来看，十五世纪的世界与一千年前或两千年前的情形相比较，并无多少差别。

欧洲中世纪的黑暗时代，那些过去曾在某种限度上发展过早期开始的应用科学和在多方面的知识上有过进步的阿拉伯人变成不关重要而且落后了。据说有些最早的时钟是阿拉伯人在公元七世纪制造的。大马士革有一具著名的钟，哈伦·赖世德时代的巴格达也有一具。但是当着阿拉伯衰微的时候，此种制钟的技艺也从那些国家消失了，虽然，在某些欧洲国家中，它反而正在进步，而且时钟并不足为奇了。

远在卡克斯敦[①]以前，西班牙的摩尔阿拉伯人习惯于以木版用于印刷[②]。国家采用这种方法来复制命令文件。印刷似乎没有超过用木版的阶段；后来就是木版也渐渐消失了。久在欧洲及西部亚洲作为一个占优势的伊斯兰教徒强国的奥斯曼土耳其人们有许多世纪的长期间对于印刷完全不解，虽然就正在他们的门口上的欧洲正在大量地印刷书籍。这些书他们一定是知道的，但是利用这一伟大发明的动机却完全缺乏。一部分的理由是宗教意识反对印刷，认为印刷他们的神圣的书籍《古兰经》，是亵渎神明的。印刷出来的散页可能作不适当的使用，被人践踏，或抛入垃圾堆中。拿破仑首先输入印刷机到埃及，从那里逐渐地而且缓慢地传播到其他的阿拉伯国家。

当亚洲好像是由于过去的努力而精疲力竭、陷于静止不前的时候，在多方面落后的欧洲正要开始巨大的改变。新的精神、新的酝酿在起着作用，使欧洲的冒险家们远涉重洋，使欧洲的思想家们在新的方向上转动脑筋。文艺复兴对于科学的进步极少贡献；在某种程度上，它使人们离开了科学，它所介绍到各大学去的人文主义中保守性的教育甚至于阻止了著名的科学概念的传播。据说大多数受教育的英国人，迟到十八世纪的中叶，还不肯

① 卡克斯敦（William Caxton，1422—1491年），英国最初的印刷者。——译者

② 这类的印刷术怎样传到在西班牙的阿拉伯人我还不知道。可能这是它到达北欧西欧许久以前，从中国通过蒙古人传来的。阿拉伯世界从科尔多瓦至开罗。大马士革和巴格达，虽在蒙古人活跃之前，都已和中国常有接触。（原注）

相信地球的自转，地球围绕太阳的公转，尽管有哥白尼、伽利略、牛顿等的学说及良好望远镜的制造。他们受的是希腊、拉丁的古典教育，还固执地相信托勒密所主张以地球为中心的宇宙的学说。那位十九世纪的英国杰出政治家W. E. 格兰斯顿先生，尽管他有深奥的学识，不但不懂得科学，而且对科学不感觉兴趣。甚至在今天，大概还有许多政治家及公务人员（而且不仅是限于印度），也不知道科学或科学的方法，虽然他们所居的世界是受到科学的应用所统辖，而且他们本身还利用科学作大规模的屠杀及毁灭。

但是文艺复兴解放了欧洲的心智，使其脱离许多旧有的桎梏，摧毁了许多它素所珍惜的偶像。是否部分地和间接地由于文艺复兴抑或不关文艺复兴，人们已经感觉到有一种客观研究的新精神，这种新精神不仅向久经公认的权威挑战，而且也向抽象的概念和模糊的揣测挑战。法兰西斯·培根曾经写道："通到人类能力的道路及通到人类知识的道路是紧密靠近的，而且几乎是同一道路，但是因为人们有过分注重抽象概念的恶劣而顽固的习惯，比较妥善的方法是从那些与实践有关的基础上着手于科学之研究而把它提高起来，以实际行动的一部分作为骑缝印章，把计划中的另一部分作为联单，钤印在一起，使其发生决定性作用。"后来在公元十七世纪中，托马斯·勃朗爵士说道："但是对知识最大的死敌就是崇拜权威，这种作风最严重地伤害了真理，特别是将我们的信仰建立在古人的意旨上面。因为（正如人人都可看出）现代的大多数人如此迷信地崇拜过去的时代，于是过去的权威就超过了现在的理智。那些离开现世界已久的人们，他们的著作不像我们的一样会受到同代人或去今不远的后代人的批判，现在是已完全脱离妒忌的范围了，隔离现代愈久远就被认为愈接近真理的本身。我以为这简直是自己欺骗自己，离开真理的道路太远了。"

阿克巴的世纪是公元十六世纪，这一个世纪在欧洲看见动力学的产生，这在人类的生活上是一种革命性的进步。有了那个发现，欧洲就渐渐向前迈进，起初是缓慢的，但是力量和速度愈来愈见增加，一直到了十九世纪，它向前直冲建立了一个新的世界。正当欧洲在利用和开发大自然的力量时候，静止而处于冬眠状态的亚洲还是照古代传统的方式继续着依靠人力的辛苦劳作。

为什么有这种情形呢？亚洲是太辽阔，太复杂，不可能用一句话来做回答。每个国家，特别像中国及印度这样大的国家，必须个别地加以判断。在那个时代及随后的时期，中国的文化当然比任何欧洲国家来得较高些，中国人过的是一种更文明的生活。印度，从一切外表看来，所呈现的景象不唯有一个光辉灿烂的朝廷，而且有繁盛兴旺的商业、贸易、制造和手工艺。以当时印度观光者看来，欧洲各国有多方面一定好像是落后而且是颇为粗俗。但是欧洲那种正在日趋显著的动力特性在印度却是完全缺少的。

一种文明的衰朽，其原因由于内部的衰败者特多，而由于外来的侵害者较少。一种文明的衰落，可能是因为在某一种意义上它已经陷于枯竭，不能在变动中的世界上作更多的贡献，或者因为代表这种文明的人民品德堕落，不足以再来承担这种负担。或者社会文化的性质是如此，使它超过了某一点就成为进步的障碍。只有在那种障碍已经排除之后，或是那种文化中已经传入了某种主要的性质上的变动之后，进一步的发展才有可能。印度文明的衰朽甚至在土耳其人及阿富汗人侵略之前已经相当显著了。这些侵略者和他们的新思想对于古代印度的激荡是否产生了一种新社会的关系，从而解脱了智力的束缚，而解放出新鲜的活力呢？

在某种程度上这种情形发生过了，艺术、建筑术、绘画、音乐及生活方式都受到影响。但那些效果不够深入；它们或多或少是肤浅的，社会文化大致还是与以前相仿佛。在有些方面，它确是变得更加顽固。阿富汗人们没有带来新的因素；他们代表的是退化封建的及部落式的秩序。印度不是欧洲人所意识的那种封建性的国家，不过那印度防术中坚的拉其普特各氏族是以封建方式组织起来的。莫卧儿也是半封建的，不过有一个强大的中央君权。这种君主政体战胜了拉其普特那种模糊晦暗的封建制度。

如果阿克巴求知心切的智力转向社会改革的方向，来研究世界上的其他地方所发生的事情，他也许已经奠定这种改革的基础了。但是他太忙于巩固他的帝国，他面临着的大问题是如何使那劝人改变信仰的像伊斯兰教那样的宗教与本国的宗教和民间习俗获得调解，从而造成国家的统一。他企图用理性主义的精神来解释宗教，在当时他好像引起了印度情况的巨大转变。然而这种直接的手段并未成功，正如它在其他地方很少成功一样。

因此，甚至阿克巴这样的人也并未能在印度社会的前后关系上发生过根本的影响。在他死后，他所倡导的改革气氛和进取精神又消沉了，而印度重新恢复了那呆滞不变的生活①。

① 艾卜勒·法兹尔告诉我们说，阿克巴曾经听到过哥伦布的发现美洲。嗣任皇帝杰罕吉尔统治的时候，烟草由美洲经由欧洲到达印度。虽然杰罕吉尔曾极力禁止吸烟，而吸烟仍然立刻成为惊人的风尚了。整个莫卧儿时代中，印度与中央亚细亚有亲密的接触。这些接触扩展到了俄国。外交及贸易往来曾被提到。一个俄国朋友曾经引起我注意到俄国历史上的这种纪录。在公元1532年中巴卑尔派遣科查·胡沙英（Khoja Hasain）出使到达莫斯科签订友好条约。当沙皇斐都洛维奇统治的时候（1613—1645年），有印度的商人在伏尔加河流域定居。1625年阿斯达拉汗军事长官曾下令建造过印度队商客栈。印度的手工业者，特别是织工们被邀请到莫斯科。1695年俄国商务代理人谢敏·米伦基游历德里，曾被国王奥朗则布接见。1722年，彼得大帝游历过阿斯特拉汗，特许印度两人们朝见。1743年有一批被称为隐上的印度修道人（sadhus）到达阿斯特拉汗。这些修道人之中有两个人在俄国长久住下，成为帝俄的臣民。（原注）

十一　共同文化的发展

阿克巴建设得如此完善，尽管他的继承者缺乏能力，那座大厦仍又维持了一个世纪之久。差不多在每一个莫卧儿王统治之后，总有皇子们从事争夺皇位的战争，因而把中央势力削弱。但是朝廷仍然是声势显赫，莫卧儿大帝的威名远播于整个欧洲和亚洲各地。壮丽的建筑物兼有古代印度的理想及新的朴素和高雅的线条，在亚格拉及德里成长起来了。这种印度—莫卧儿的艺术与颓废派的、过分精巧的、装饰过繁的南北庙宇及其他的建筑物成为显著的对比。受到感召的设计人及建筑者们，用他们富有灵感的手在亚格拉地方建成了泰姬陵。

最后的所谓莫卧儿大帝奥朗则布企图拨转时钟使其倒退，在这种尝试中他把钟弄停，而且弄坏了。只有莫卧儿统治者和印度民族的天才打成一片、努力建设一个统一的民族并把国内各种成分团结起来的时候，这些统治者才会是强有力的。当奥朗则布开始违反这种作风或加以抑制，不以印度统治者的而是偏向于以一位伊斯兰教统治者的姿态来执行职权的时候，莫卧儿王朝就开始崩溃。阿克巴的工作，而且在某种限度上，他的继承者们的工作，都失效了，而阿克巴的政策所抑制住的各种力量都冲破藩篱而向这帝国挑战。各种新的运动产生了，他们的观点是狭隘的，但是代表一种复活的民族主义。虽然他们不够强大，不能够造成永久性的局面，而环境也在向他们作对，但是他们已能够摧毁莫卧儿的帝国了。

从西北来的侵略者的刺激及伊斯兰教对于印度的冲击是相当严重的。它指出而且揭露了已经深入印度社会中的弊病——如种姓制度的僵化，不可接触者的制度，以及发展到了不可思议的程度的排他主义。伊斯兰教的博爱主义及皈依者们相互间理论上的平等有极大的感动力，特别感动了那些连平等待遇的外表形式都得不到的印度教中的人们。以集各种宗教之大成为目标的运动从这种意识形态的冲击的基础上成长起来。许多改变信仰的事件发生了。但是其中大多数来自下等的种姓（特别是在孟加拉）。某些属于高等种姓的人也皈依了新的信仰，有的是由于真正改变了信仰，而更多的是由于政治上、经济上的理由。因为接受统治势力所信仰的宗教是显然有好处的。

不过尽管有这些广泛的信仰改变，而各种宗派的印度教仍然继续成为这个国土的占优势的宗教，它是根深蒂固、唯我独尊、自给自足的，并且是自信最深的。上层各种姓毫不怀疑他们在意识及思想领域上的优越性，认为伊斯兰教乃是一种对于哲学及形而上学的问题的比较浅薄的追求。他们甚而至于在他们自己的宗教（印度教）中寻出了伊斯兰教的一神论，及作为他们大部分哲学所根据的一元论。每一个人可从这些宗教宗派中任意选择，或者选择更为通俗而简单的礼拜仪式。他可以为一个印度教毗湿奴派信徒，相信有具人性的神而向他倾吐出自己的信念。或者他若是更倾心于哲学，他也可以漫游于形而上学及高深哲学的烦琐领域。虽然他们的社会结构是以集团为基准，在宗教问题上面，他们是高度个人主义者。他们不赞成改变自己的信仰，若遇别人改信另外一种宗教，他们也很少关怀。他们所反对的乃是干涉他们自己的社会结构及生活方式。如其另外一个集团想遵照自己的方式发挥作用，它有这样做的自由。值得注意的是，改信伊斯兰教一般的是集体行动，可见集团影响有如此之大。在高等种姓中，个别的人们也许改变他们的宗教，但若品等较低，一个地方的特殊种姓，或者几乎整个村落会改变他们的宗教信仰。这样一来，他们的集团生活及他们的职掌继续与先前相同，只有关于礼拜等等有些小的变异而已。因为这种情形，所以我们在今日会发觉特殊的职业及手工业完全成为伊斯兰教徒们的专利。因之，织工阶级多数为伊斯兰教徒，而在大城市中则完全是伊斯兰教徒。皮鞋商人及屠夫一向也是如此。裁缝几乎全是伊斯兰教徒。各种技工及手工业者是伊斯兰教徒。因为集团制度的瓦解，许多人转到其他的职业上，这样一来就湮灭去一些分开各职业集团的界限。手工业和农村工业的摧毁，本来是早期英国统治者所开始而后来又被新殖民经济的发展所酿成，于是迫使大量技工和手工业者，尤其是织工，失去了职业和生计。那些经过这场大灾难而仍然存活下来的人们，只能回到土地上面去，成为没有土地的佣工，或者与他们的亲戚们共同使用一小块土地。

在当时，无论是个人或集团，改信伊斯兰教时除非使用武力或采用某种强迫手段，大概都不致激起特别的反对。朋友亲戚或邻居也许不赞成，但印度教社会本身对于这种情形显然并不重视。与这种冷淡态度成为对照的是，改教在今日则会引起广泛的注意，并且引起人们的愤怒，不管是改信伊斯兰教，或者改信基督教，都是如此。这大半由于政治上的因素，而尤其是由于按照宗教划分的分别选举单位制所致。每一个改变信仰的人被认为是所属社会集团的胜利，因为这在最后可以导致更大的代表性和更大的政权。为了达到这种目的，竟然就有企图伪造户籍者。除了政治的理由之外，印度教中也发生了劝诱改教的情事，就是劝诱非印度教徒转而相信印度教。这是伊斯兰教对于印度教直接影响的一种。虽然在实际上它引起它与印度的伊斯兰教冲突。这种劝诱改宗的作为，正统派的印度教徒仍然是不赞成的。

在克什米尔地方，一个持久的改信伊斯兰教的过程的结果，使百分之九十五的人民成为伊斯兰教徒，虽然他们保留许多古老的印度教的风俗。在十九世纪中叶，印度教徒的统治者发觉这些人中大多数急于或愿意全体回到印度教。他派一个代表团到贝拿勒斯去问印度的神学者们，这种事情是否可行。学者们拒绝回答任何改变信仰的事，因而这问题就此作罢了。

从外边来到印度的伊斯兰教徒们不曾带来新的技术或政治经济上的组织。尽管伊斯兰教的宗教的信仰是博爱主义，然而由于阶级的束缚，他们在观点上还是封建的。在技术上、在生产及工业组织方法上，它们与印度当时所盛行的要比较落后。因此，它们对于印度经济生活及社会组织的影响是很少的。这种生活照旧继续着，所有的人们，印度教徒，伊斯兰教徒，或其他的人们，都能顺应适合。

妇女们的地位降低了。就遗产及她们在家庭中的地位而论，就是古代的法律对她们也是不公平的；然而尽管如此，它们比较十九世纪的英国法律还要公平。那些遗产法是从印度大家庭制度中产生的，并且是想保障共同财产而防止其转让别家的。女人结婚就改变了她的家庭。在某种经济的意义上，她是被认为是她父亲或丈夫或儿子的依赖者，但是她自己有权掌握财产，而且曾经掌握过财产。在多方面她受到各种尊崇及敬重，而且享有相当程度的自由，可以参加社交及文化活动。印度历史上充满了有名妇女的令名，包括思想家、哲学家、统治者及战士在内。这种自由愈来愈见减少。伊斯兰教有一种比较公正的遗产法，但是这并未影响到印度教徒的妇女。影响到许多印度妇女而使其陷于大不利的，却是那在更大的程度上影响伊斯兰教妇女的那种隔离妇女的习俗。这种情形广布于整个北部及孟加拉的各上层阶级。但是印度的南方及西方却避免了这补卑劣的习俗。就是在北方，也仅仅各上层阶级沉迷于这种恶俗，人民大众幸未沾染。那个时候的妇女比较少有受教育的机会，她们的活动大半限于家庭之内[①]。因为她们缺少许多其他可使自己出人头地的机会，又过着被幽闭的、受限制的生活，人们说她们至高无上的德行是贞操，而丧失贞操是最大的罪恶。这是男人制造出来的学说，但是男人并不把它来适用于自己本身。杜尔西达斯（Tulsidas）在杰罕吉尔时代所写的相当著名的诗印地文的《罗摩衍那》中，描写过对妇女极不公平的、有偏见的现象。

一部分由于印度大多数的伊斯兰教徒是从印度教改教的，一部分由于长期的接触，印度的印度教徒及伊斯兰教徒们就有了无数共同的特癖、习惯、生活方式及艺术鉴赏，印度北部在音乐、绘画、建筑、饮食、衣服及共同的传统上尤其是如此。他们和平共处在一起像一个民族一般，参加彼此的节日及祝典，说同一的语言，过的是差不多同样的生活，面临的是同一的经济问题。贵族、有田地的绅士阶级及他们无数的食客们学习宫廷的榜样。这些人不是地主或土地所有者。他们不收地租，但被允许在特殊区域内征收或留用国家的征税。这种特赐往往是终身的。他们之中发展出一种高度错综复杂而矫揉造作的共同文化。他们穿着同类的服装，吃同类的食物，有共同的艺术追求、军事游戏、狩猎、骑士精神以及种种竞赛。马球是大众喜欢的娱乐；斗象也流行着。

尽管有不相融洽的种姓制度的存在，所有这一切的交际及共同生活仍在发生。除开极少数的特例以外，没有相互间的婚姻事件，纵使有婚姻也不是种姓间的融合，通常不过是一个印度教徒的妇女转移到伊斯兰教徒的教团而已。种姓间共餐的事也是没有的，不过这一点并不十分严格。妇女的隔离阻止社会生活的发展。这种情形甚至在伊斯兰教徒自己之中更多，

---

① 虽在这个时代和以后的时期中，也有过许多杰出妇女的范例，有女学者也有女统治者。在第十八世纪中拉克希美·德维（Lakshmi Devi）对于中古时代的著名法学书籍《密多娑罗》（Mitakshara）写过了一部伟大的法律评注。（原注）

因为在他们闺阃制度更为严格。虽然印度教徒及伊斯兰教徒的男人们彼此常常见面，两个集团中的妇女们却缺少这样的机会。那些贵族及各上层阶级的妇女因此彼此隔绝得更远，而且发展出特别更加显著的分立的阶级意识形态的集团，因此他们彼此都不相识。

在农村普通民众之中，也就是说人民中的绝大多数之中，生活有一种更团结的共同的基础。在农村的狭小范围之内，印度教徒与伊斯兰教徒之间有一种亲密的关系。种姓制度并不成为障碍，印度教徒把伊斯兰教徒看成是属于另一种种姓的。大多数的伊斯兰教徒们是改教者，他们依然充满了古老的传统。他们很熟习印度教徒的背景、神话和史诗的故事。他们做同样的工作，过着类似的生活，穿着同样的衣服，说着同一的语言。他们彼此参加节日，而且有些半宗教性的节日是两种教徒所共有的。他们有共同的民歌。他们之中大部分是农人、技工及手工业者。

在贵族与农民和技工之间的第三大集团是大商人和零售商的阶级。这一个集团是印度教徒占优势，它虽然没有政治的权势，但是经济组织大部分是在他们的掌握中。比之任何其他的阶级，在它上面的或在它下面的，这一个阶级与伊斯兰教徒们的亲密接触是较少的。从印度以外的地方来的伊斯兰教徒们在观点上是封建的，并不喜欢商业。伊斯兰教反对收取利息也阻碍了商业。他们自视为统治阶级、贵族、国家官吏、接受封赠土地人和军官。也有属于宫廷的或者主持神学或其他高等学校的许多学者。

当莫卧儿时代，大量的印度教徒用当时的宫廷语言波斯文著书。这些书籍中有一部分已经成了同类书中的经典著作。同时伊斯兰教徒的学者也翻译梵文书籍为波斯文，并且用印地文著书。最享盛名的印地诗人之中有两位是：马利克·穆罕默德·查西，他写了《帕马瓦提》；阿杜勒·拉欣·汗哈那，他是阿克巴宫廷中最前列的贵族之一，而且是阿克巴的监护人的儿子。汗哈那是一位深通阿拉伯文、波斯文及梵文的学者，而他用印地文所作的诗品格很高。有一个时期，他是帝国陆军的统帅，而他却写作了赞美及倾慕绍尔地方的拉那·普拉他普的文章。拉那·普拉他普是不断地对阿克巴作战，决不向他投降的人。汗哈那爱慕而赞扬他这战场敌人的爱国热忱、崇高的荣誉感和骑士风度。

阿克巴正是以这种侠义而友谊的手段为他政策的基础，而他的许多顾问及大臣们向他学习这种手段。他特别爱慕这些拉其普特人，他所爱慕的是他们也有他自己本人所具备的品德——不顾一切的勇气，光荣感及侠义感和信誓的遵守；他把拉其普特人争取过来了；但是这些拉其普特人虽然有可倾慕的品德，而所代表的乃是正当新势力方兴的时候那种已经过时的中古类型的社会。阿克巴未曾意识到这些新兴的势力，因为他本人就是他自己的社会遗产的俘虏。

阿克巴的成就是惊人的，因为他在印度北部及中部的错综分歧的分子中造成了协和一致的意识。那时有主要地来自外国的统治者阶级的障碍，有宗教及种姓的障碍，有反对呆滞而带有高度顽强性的制度的已经改变信仰的宗教。这些障碍尽管未曾消灭，而统一的意识还是增长了。这不仅仅是对他本人的爱慕，也是对他所建立的组织的爱慕。他的儿子及他的孙儿杰罕吉尔及沙杰罕接受了那个组织，在它的制度之内发挥作用。他们不是才能出众的人物，但他们的统治时代是成功的，因为他们继续执行了阿克巴那样坚定地规划出来的方针。再下一代的继承人奥朗则布是较为能干而气质不同的人物。他逸出常轨，离开了驾轻就熟的道路，而把阿克巴的成就败坏了。虽然如此，但是还未完全失败。所可惊的是，何以尽管出了他这样的人和他的软弱而可怜的继承者，而人们崇敬那种组织的情感仍然继续存在。不过这种情感大都局限于北部和中部，并没有伸张到南部和西部。因此，终于向这组织挑战的也就是来自西部。

十二　奥朗则布开倒车
印度民族主义的滋长　　西瓦吉

沙杰罕是法国伟大国王路易十四的同时代入，当时三十年战争正破坏着中部欧洲。当凡尔赛宫完成的时候，亚格拉的泰姬陵与珍珠清真寺，德里的清真大寺以及皇宫中的勤政殿及枢密殿都建造起来了。这些似仙女一般美丽而可爱的建筑物代表着莫卧儿显赫的顶点。拥有孔雀宝座的德里宫廷比凡尔赛宫更壮丽，更豪奢，可是它和凡尔赛一样是建立在被贫穷打击着的、被剥削的人民身上的。古吉拉特和德干当时正流行着可怕的饥馑。

同时英国的海军力量正在上升、正在扩大。阿克巴所知道的唯一的欧洲人是葡萄牙人。当他的儿子杰罕吉尔当权的时代，英国海军在印度洋上战败了葡萄牙人，而英国皇帝詹姆斯一世的大使托马斯·洛爵士在1615年于宫廷觐见了杰罕吉尔。他获得许可开办工厂，于是工厂在苏拉特开办起来了，马德拉斯于1639年奠定了基础。有一百多年，印度国内并没有一个人重视过英国人。而英国人当时已经控制了海路，而且实际上已经赶走了葡萄牙人。这一事实在莫卧儿的统治者或其顾问们看来竟认为无关紧要。当奥朗则布在位、莫卧儿帝国显然在削弱的时候，英国人作了一次有组织的袭击，企图用战争来增加他们在印度的领土。这是在1685年的事。虽然变弱了而且被敌人包围着的奥朗则布竟把英国人战败了。甚至于在这事件以前，法国人已经在印度建立了自己的据点。当欧洲泛滥充溢的精力散布到印度和东方的时候，正是印度的政治经济情况迅速衰退的时候。

在法国，路易十四还继续着他的漫长的统治，播下了未来革命的种子。在英国，抬头的资产阶级曾经砍下过他们的国王的头颅，克伦威尔的短命共和国曾经盛极一时，查理二世起而复废，詹姆斯二世已经出走。大部分代表着新兴商人阶级的议会已经限制了王权而树立起它的权威。

当这个时期，在一次内战并且在幽禁他自己的父亲沙杰罕之后，奥朗则布继承了莫卧儿的皇位。只有一个阿克巴或者能够了解这个局势，而且能够控制这正在抬头的新势力，或者甚至他也不过只能延缓他的国家的崩溃，除非他的好奇心和求知欲使他了解方在兴起中的新技术的意义，以及正在发生的经济条件的转变。奥朗则布不唯不了解现在，甚至也不懂得方才过去的事情；他是一个开倒车的人物，他尽管很有能力，很认真，他试图废止先王的施政。他是一个执拗的人，一个严肃的清教徒，并非是艺术或文学的爱好者。他向印度教徒征收那一向受人憎恨的吉滋雅（Jeziya）即人头税，毁坏他们很多的庙宇而引起他的大多数人民的愤怒。曾为莫卧儿帝国台柱的骄傲的拉其普特人也被他得罪了。在北方，他刺激了锡克人——他们本来是代表印度教和伊斯兰教的某种综合理想的一个和平性质的宗派，因为受到镇压和迫害而改变成为军事团体。在接近印度西海岸的地方，他激怒了好战的马拉塔人，他们是古代拉喜特拉库塔的后裔，而且又是正当他们中间崛起一位领袖的时候。

在莫卧儿帝国整个辽阔的领域之上，正有着一种信仰复兴运动者的意识在酝酿着、在滋长着，这意识是一种宗教和民族主义的混合物。那民族主义当然不属于现代世俗的类型，一般地说来，它也不包括整个印度在它的范围之内。它为封建主义、地方意识和宗派感情的色彩所蒙罩上了。比其余的人更为封建的拉其普特人想到他们对于部落的忠贞不贰的情操；在旁遮普，一个比较小集团的锡克人则专心注意于他们自己的自卫，眼光几乎看不出旁遮普以外。然而宗教本身却有着强烈的国家背景，所有它的传统都是与印度有联系的。麦克唐纳尔教授写道："印度人是印度—欧罗巴族系中唯一的分支，它曾经创立了一个伟大的国教——婆罗门教和一个伟大的世界宗教——佛教；而其余的一切支派，自从已经信奉了一种外国宗教之后，在这方面就远不能表现出创造性了。"那宗教与民族主义之结合能够从两种成分中获得力量和团结力，而它的归根结底的弱点以及不合适的地方也是由那混合物而来的。因为它只能是排外而局部的民族主义，并不包括在宗教范围以外的印度的许多成分。印度的民族主义乃是从印度本土自然滋长出来的东西，但是不可避免地它妨碍了那种超越宗教或信条的广泛的民族主义的发展了。

的确，在这一段分裂期间，一个伟大帝国正在瓦解之中，许多冒险家——印度人和外国人——各欲分割一块地方作为他们的公国或侯国，用现代的意义解释的民族主义几乎是看不见的。每一个冒险家都在设法增加自己的权力；每一个集团都在各自为战。我们所有的一些历史只是告诉我们关于这些冒险家的事情，重视他们胜过重视潜伏在事件表面之下的更有意义的在发生着的事情。但就一鳞一爪中所表现出来的也并非全是冒险主义，虽然有许多冒险家在把持着局面。特别是马拉塔人有更远大的想法。当他们的权力增长的时候，这种想法也在增长。瓦伦·黑斯廷斯在1784年中写道："在印度斯坦和德干的一切民族中，只有马拉塔人具备着对国家依恋的情操，它强烈地打动了该民族中一切人的心弦，如果有任何巨大的危险威胁到国家全体的时候，可能就会把他们的首脑人物们联合起来，如像在一个共同的事业中一样。"可能他们的这种对国家的情操大部分限于说马拉塔语言的地区。不过马拉塔人在政治军事制度上和习惯上都是宽大的，在他们中间存在着一定的内部的民主。所有这一切赋予了他们以力量。西瓦吉虽然向奥朗则布作战，却无拘束地雇用了不少伊斯兰教徒。

在莫卧儿帝国的瓦解中，经济机构的破裂也是同样重要的因素。农民常常起义，有几次还是大规模的。从1669年起离首都不远的查特族农民一而再再而三地为反抗德里政府而起义。还有另外一次是萨提拿米斯贫民们的起义。一个莫卧儿的贵族曾描写他们为“一伙嗜血的可怜的叛徒，是些金饰匠、木匠、清道夫、硝皮匠和其他的微贱的人们”。过去的反叛只限于王公、贵族和其他地位高的人们，但现在完全是另外一种阶级正在尝试起义了。

当这帝国为倾轧和起义而陷于分裂的时候，新的马拉塔的权力正在成长着，而且在印度西部巩固着。生于1627年的西瓦吉是锻炼过的合乎山民理想的游击战领袖。他的马队驰骋纵横，无远弗届，劫掠了英国工厂所在地的苏拉特城，在莫卧儿统治的辽远区域内强迫征收“Chowth”税。西瓦吉乃是复活了的印度民族主义的象征，他从古老经典著作中汲取灵感，具有大无畏的精神和领袖的高尚品德。他把马拉塔人造成一个强有力而统一的战斗集团，赋予他们以一种民族主义者的背景，将他们建设为一个不可侮的力量，这力量把莫卧儿帝国打垮了。他死于1680年，但是马拉塔的势力不断成长，终至控制了印度。

十三　马拉塔人和英国人的争夺霸权
英国人的胜利

在1707年奥朗则布逝世后的一百年间，我们可以看到错综复杂的在多方面的夺取印度霸权的斗争。莫卧儿帝国迅速地分裂，帝国的总督和省长们开始以半独立统治者的资格在起着作用，虽然在德里的莫卧儿后裔的威信是这样强大，甚至于当他毫无权力且为他人所俘虏的时候在形式上还得向他效忠。这些军阀们没有真正的权力或重要性，除非在当他们帮助或妨碍争权主角的时候。海德拉巴的君主，靠着他本邦在南部的战略地位的关系，好像在初期有一定的重要性。但不久秘密就泄漏出来了，这重要性完全是虚假的，它是“败絮其中”而要依靠外力来“扶正”的。当其需要避免一切风险和危难的时候，他就表现出一种口是心非和幸灾乐祸损人利己的特殊能力。约翰·索尔爵士描述他为“堕落到不可救药，缺乏精力……结果是容易沉溺到附庸的境地”。马拉塔人将海德拉巴君主看作是向他们进贡的附属酋长中的一员。他曾经企图避免这情形而表现出独立，但遭受到了疾速的报复，马拉塔人将他那支怯弱的军队打得大败而逃。他在英国东印度公司的日益增长的权力之下找到庇护，而由于这效忠的关系又成为一个土邦了。的确，由于英国人战胜迈索尔的提普苏丹的结果，海德拉巴土邦毫不费力的就扩大了它的疆土。

瓦伦·黑斯廷斯于1784年提到海德拉巴的君主时说："他的领土范围不大，岁入又少，他的军事力量是最不足道的；他生平从来未曾表现过个人的勇敢和进取的精神。相反地，他的坚定和主要的宗旨似乎是在他的邻国之间煽动战争，利用别人的弱点与困难而避免本身参加任何一次的角斗。为了使他本人不遭受战争的冒险他宁可忍辱偷生。"①

在十八世纪当中，在印度内部有四个真正争雄的主角：两个是印度方面的，两个是外国方面的。印度方面的是马拉塔人与在南部的赫德尔·阿里和他的儿子提普苏丹；外国方面的是英国人和法国人。在这一世纪的前半期中，在这些主角当中，马拉塔人注定要称霸整个印度国土之上而为莫卧儿帝国的继承者，这似乎是不可避免的事。早在1737年他们的部队已临德里城下，而当时是没有人有充分的实力能够与他们为敌的。

正当其时（1739年），一个新的事件在印度西北爆发了，波斯纳迭尔沙扫荡到了德里，杀戮掳掠，运走了大量的珠宝，包括有名的孔雀宝座在内。对他说来这是一次轻而易举的袭击，因为德里的统治者们是衰弱无力而带着女人腔调的，对于战争完全不习惯，但纳迭尔沙并未与马拉塔人发生冲突。在某种意义上，他的袭击替马拉塔人开辟了道路，便利了他们在以后的岁月中扩张到旁遮普去。这样使马拉塔人在印度再度建立起霸权为期不远了。

纳迭尔沙的袭击产生了两种后果。他完全结束了德里莫卧儿统治者那自命为拥有政权和统治的虚言；从此以后他们就变成了模模糊糊的阴影，只能享有幽灵似的主权了，任何人只要有足够的实力就可以将他们当作傀儡来玩弄摆布。在很大程度上，甚至当纳迭尔沙来临以前，他们已经达到

① 引自爱德华·汤姆孙（Edward Thompson）所著《印度王公的形成》（The Making Of the Indian Princes），1943年版，第1页。（原注）

了那阶段；而他则完成了这个过程。不过传统和相沿承袭的习惯是具有如此强大的影响，以致英国东印度公司和其他的人们还继续对他们送至微薄的礼物作为进贡的象征，一直到普拉西战役的前夕为止；甚至在以后一段长时间内，东印度公司还自视为德里皇帝的代理人而起着代理人的作用。他们用德里皇帝的名义铸造货币直到1835年为止。

纳迭尔沙袭击的第二个后果是阿富汗脱离印度而独立。阿富汗在过去悠久的时间内是印度的一部分，现在则被分割成为纳迭尔沙领土的一部分。又过了相当时间以后，一次地方上起义的结果，纳迭尔沙为自己手下的一个官吏集团所谋杀，而阿富汗就成为了一个独立国家。

马拉塔人们并未被纳迭尔沙所削弱，他们继续在旁遮普扩张势力。但是在1761年他们在本尼巴地方为一个当时正统治着阿富汗的侵略者艾罕默德沙·杜尔拉尼所惨败。马拉塔军队的精华消灭于这次灾难之中，短时间内他们的帝国之梦就烟消云散了。他们又逐渐地恢复了元气，马拉塔的领土被分割成一系列的独立小邦，在浦那地方的帕许瓦领导之下组成为一个联邦。其中主要的邦是瓜略尔的信地亚，印多尔的荷尔卡和巴罗达的盖克瓦。这联邦在印度西部与中部仍然控制着广大的地区。但马拉塔人在本尼巴为艾罕默德沙所战败而受到削弱，其时正是英国东印度公司以一个在印度的重要地方势力的姿态而出现的时候。

在孟加拉，克莱武利用鼓励叛逆和伪造的手段，毫不费力地就于1757年在普拉西战役中取得胜利。这日子有时被人们认为是大英帝国在印度开始的标志。那是一个令人不快的开始。那种辛酸苦辣的味道至今犹存。不久英国人就掌握了整个的孟加拉与比哈尔。他们的统治的早期后果之一是一次可怕的在1757年猖獗地蔓及这两省的饥荒，使得这富庶、广大而人口稠密的地区的居民死亡了三分之一以上。

在印度南部，英法两国间的斗争是这两个民族的世界性斗争的一部分，结果是英国获得胜利，而法国却几乎从印度被排除出去了。

法国在印度的势力既遭排除，就只剩下三个争霸权的了，那就是马拉塔联邦、南部的赫德尔·阿里和英国人。尽管英国人在普拉西获得胜利，而且将他们的势力扩展到孟加拉与比哈尔，在印度即使有也只是极少数人才将英国看作注定要统治整个印度的支配力量，观察家仍然会将第一位给予那已将势力扩张到整个印度西部与中部直至德里为止的马拉塔人，他们的勇气和战斗品质是著名的。赫德尔·阿里与提普苏丹是不可轻视的敌手。他们给英国人以严重的打击，并且几乎摧毁了东印度公司的势力。但是他们局限于南部，并未曾直接影响整个印度的命运。赫德尔·阿里是一位杰出的人物，而且是印度历史上值得注意的人物之一。他拥有某种类型的国家观念，而且是一位具有远见的领袖。他虽然不断为一种痛苦的病症缠扰着，他的自我锻炼和苦干的能力却是惊人的。早在他人以前，他就认识到海权的重要性，以及英国人的日益增长的威胁就是以海军实力为基础的。他竭力想组成一个联合力量来将英国人驱逐出去；而且为了这目的，他派遣全权代表到马拉塔人、到海德拉巴的君王、到俄得的叔查耳一道来那儿去。可是没有得到什么结果。他开始建立他自己的海军，并且占领了马尔代夫群岛作为他的造船和海军活动的总部。当他率领着他的军队在行军的时候，他死在途中。他的儿子提普继续加强他的海军。提普并且寄信问候拿破仑与君士坦丁堡的苏丹。

在北部在兰杰·辛格领导下的一个锡克邦正在旁遮普成长起来，后来扩充到克什米尔和西北边省。但那也不过是边区的一个邦，并不影响到真正的霸权争夺战。那争夺战——在十八世纪末的时候已经看得很清楚了——只将在数得上的两大势力之间展开，那就是在马拉塔人和英国人之间。所有其他的王国与公国则皆隶属于这两个势力之下。

迈索尔的提普苏丹最后于1799年为英国人所战败，于是最后剩下来有资格参加决胜的就是马拉塔人和英国东印度公司了。在印度的最有才干的英国官吏之一查理·麦提卡夫于1806年写道："印度并不包括两个以上的大势力，那只有英国人和马拉塔人，其他的邦不是承受这一个就是承受那个大势力的影响。我们退出的每一寸土地都将要为他们所占领。"但是在马拉塔人各首领之间相互竞争，他们和英国人作战而被英国人各个击败了。他们曾获得几度显著的胜利，特别是于1804年在近亚格拉的地方曾使英国人蒙受了一次严重的打击。但在1818年马拉塔的势力最后被打垮了，在中部印度代表这种势力的伟大首脑人物们投降了，承认了东印度公司的霸权。英国人当时成为大部分印度的无与抗衡的统治者，他们直接统治某些地方，或是通过傀儡和所隶属的王公来治理。旁遮普以及较边远的地区则仍然非他们的控制所能及，但是在印度的大英帝国已经变成了一桩确定了的事实，后来与锡克人、廓尔喀人以及在缅甸进行的战争，仅仅是把地图上的印度全部勾销而已。

十四　印度的落后以及英国人在组织上和技术上的优势

回顾这一段时期，几乎好像英国人霸占印度的成功乃是由于接连发生的意外的情况和侥幸所造成。就所竞争的灿烂的目的物说来，只做了少得惊人的努力，英国人就赢得了一个伟大的帝国和大量的财富，使他们成为世界上的头等强国。假如在过去发生的事件中稍微有些转变，那就似乎很可能容易地粉碎他们的希望，而结束他们的野心。因为在许多的场合下，他们曾被打败过——赫德尔·阿里与提普、马拉塔人、锡克人及廓尔喀人均曾一度战胜过英国人。如果他们的好运气稍微差一点，他们也许已经丧失了在印度的立足地了，或者顶多撑持住他们的某些海边的地方而已。

不过一经仔细检讨就揭露出来，在当时的情况下，曾经发生的事件中有一定的不可避免性存在。当然有好的运气，不过也必须要具有从好运气中获得利益的能力。印度当时处于一种随着莫卧儿帝国的瓦解而形成的流动的无组织的状态之中；许多世纪以来，它从不曾这样削弱与孤立过。有组织的政权已经垮了，门户洞开，给冒险家们和新来的要求统治权利的人们以逐鹿中原的自由。在这些人当中有英国人，而当时只有英国人们才具备成功所必需的种种品质。他们最不利的条件乃是他们为来自远方的外国人。但就是那个不利条件也转变得对他们有利了，因为没有人把他们认真看待，也没有人认为他们是印度主权的可能逐鹿者。这种谬见如何能一直维持到普拉西事件发生后很久为止是件惊人的事，而他们在形式上作为德里傀儡皇帝的代理人也帮助加深了这种错误的印象。他们从孟加拉运走的掠夺物以及他们所采用的特殊贸易方式令人相信这些异邦人士乃是为的金钱财宝，并非为争取统治权而来的；印度人认为他们是一种暂时的、然而是痛苦的负累，颇像帖木儿或纳迭尔沙，在饱事掠夺之后又回到他们的故土去了。

最初东印度公司的设立是为了做生意，它的军事上的措施即是为了保障这种生意。逐渐地在几乎还未曾被他人觉察之际，它已经扩张了它所控制的土地，所用的方法主要是在地方性的争执中偏袒一方，帮助一面，反对一面。公司的军队受到较好的训练，对任何一方均系举足轻重的。为了这种帮助，公司索取大笔的款项，因此公司势力增加，它的军事设施亦获得扩充了。人们把这些军队当作可以雇佣的部队。当人们认识到英国人除了帮助自己以外并不帮助旁人，而且是为了政治上控制印度而来的时候，英国人已经在印度站稳了。

反抗外国的意识当然是有的，在其后的岁月中这种意识更继续增长。但是这与任何普遍而广泛的爱国情绪比较还相距甚远。当时的背景带着封建性，效忠的对象是地方上的首脑人物。由于灾难遍地，正如在中国军阀时代一样，强迫人民去参加任何一个军事领袖的部队，只要他能够定期支付薪饷或给予劫掠的机会。东印度公司的军队大部分由印度土著兵所组成。只有马拉塔人有一些民族感情，有一些比较对于领袖的忠诚要高得多的东西；但甚至这也是狭隘而有限度的。他们对于勇敢的拉其普特人处理不得当，反引起他们的恼怒。他们不但未能争取他们作同盟军，反而不得不当作敌手或者当作有怨言的不满意的藩臣来对待。尽管马拉塔人的首脑人物们在帕许瓦的领导之下结成一种模糊的联盟，他们之间有剧烈的对抗，偶然还有内战。他们在紧急关头未能互相支援，就被个别击破了。

但是马拉塔人们产生过许多非常能干的人物，政治家和军人，其中有那那・法那威斯，帕许瓦・巴吉・罗第一，瓜略尔的马哈达吉・信地亚和印多尔的雅斯王提・洛・合尔卡，还有那个杰出的女人，印多尔的公主阿哈里耶・贝。他们的士兵和队伍是良好的，很少放弃岗位，往往面临必然的死亡而坚定不移。但是在这种勇气的里面往往有冒险主义而缺乏正规的训练，在平时及战时都是这样，这是可惊的。他们对于世界情形的愚昧无知，令人惊骇，甚至他们对于印度地理的知识也有限得很。还有更糟的，就是他们不肯去为发现其他地方所发生的事情，以及敌人们在做些什么而烦心。有了这些限制是不可能有政治的远见或有效的战略的。他们的行军速度与灵活性往往使敌人惊奇而丧胆，但是在基本上战争只被看作比一系列的英勇奇袭稍胜一筹而已。他们是理想的游击战战士。后来他们根据更为正规的方式改组了军队，其结果是在武装上有所收获，而在速度与灵活性上面却有所损失了；而且他们不能够很容易地调整他们自己来适应这些新的环境。他们自作聪明，他们诚然是聪明的，但是，无论在平时或战时要超过他们并不困难。因为他们的思想被束缚于一种古老过时的体制之内，而不能够越出这范围的缘故。

外国人训练的军队在纪律上和技术上的优越性，当然在早期阶段上就为印度的统治者们觉察出来了。他们雇佣法国、英国的军官来训练他们自己的军队，这二者之间的对立帮助了印度军队的建立。赫德尔·阿里与提普对于海权的重要性也有一些概念，他们尝试过建立一支舰队，准备在海洋上向英国人挑战，不过没有成功，而且太迟了。马拉塔人在这方面也曾有过微弱的企图。印度当时是一个造船的国家，但是要在短时间内建立一支海军却非易事，何况还面临着经常的反对呢。法国势力一经排除，在印度各邦陆军中的法国军官就不得不离开了。留下来的外国军官们，主要是英国人，往往在危险关头抛弃了他们的雇主，而且在若干情况下，曾经出卖过他们，携带着他们的部队和财宝走到敌人（英国人）的方面去投降了。这种对于外国军官的依赖，不但表示着印度各邦军事组织的落后，而且因为他们靠不住的关系，这也是一种经常的危险根源。在印度统治者们的政府以及军队之内，英国人往往有强有力的第五纵队存在。

如果有着自己的单一集团而且有对自己集团的爱国主义的马拉塔人在内政与军事组织上是落后的，那么其他印度各邦更其如此。拉其普特人尽管勇敢，仍然运用着古代的封建方式，不务实际，完全无能，并且因为部落争执而自相分裂。他们中间的许多人由于一种封建式的忠于君主的意识，而一部分也是由于阿克巴王的过去政策的效果，所以还是站在正在消灭中的德里势力方面。然而德里太软弱了，不能从此中沾些光。拉其普特人们沦落了而变为他人的玩物，最后终于堕入了马拉塔人信地亚的圈子里。他们的若干领袖为了自保起见而玩弄着一种细心地维持均衡的手法。在印度北部与中部的各伊斯兰教统治者和首脑人物们的思想，其封建而落后与拉其普特人相同。除了增加人民大众的混乱和苦痛以外，他们也发生不了真正的影响。他们中间有些人承认了马拉塔人的宗主权。

尼泊尔的廓尔喀人是优秀而有训练的军人，如其不能胜过东印度公司所能训练出的任何部队，至少也与他们相等。虽然在组织上是完全封建的，他们对于祖国却怀有伟大的依恋之情，这种感情使得他们在国防任务中成为非常勇猛的战士。他们把英国人大吓一跳，但对于印度主要斗争的结局并无影响。

马拉塔人在印度北部与中部自己所扩张到的辽阔区域中，并未曾使自己巩固起来。他们来而复去，并未生根。或者正当其时，没有人能够生根吧，因为战争的运气是好坏交替的；的确，许多在英国人控制之下的领土，或者承认英国宗主权的领土还要处于更恶劣的境地，而英国人或者他们的政权，也并未在那里生根。

如果马拉塔人（其他印度的有势力者更是如此）在方法上是业余性质的和冒险主义的，那么在印度的英国人却是彻头彻尾职业化的。许多英国领袖们极爱冒险，但他们在政策上却并非冒险主义者，他们在各自的范围内均为此种政策而工作着。爱德华·汤姆孙写道："在土著印度宫廷内的东印度公司秘书处服务的人们是接连不断的一群才智之士，这样的一群人甚至于大英帝国也几乎从来未曾同时有过的。"在这些宫廷中英国驻扎官的主要职务之一就是贿赂和腐化阁员及其他的官吏。一位历史家说道，他们的侦察制度是完善的。他们有关于敌方的宫廷和军队的完全情报，而那些对方人们对于英国人正在做的和将要做的却茫无所知。英国人的第五纵队不断在发挥作用，在存亡关头和战争激烈的时候，会发生对英国有利的变节事件，从而引起很大的影响。在实际作战发生以前，他们已经赢得大多数的战役了。在普拉西的战役中就是这样，这种事情一再重演一直到锡克战争为止。现在举一件值得注意的背叛案的例子，一位在瓜略尔的信地亚服务的高级军官秘密与英国人商妥了条件，当作战的时候携带着他的全部军队投向他们那方面去了。后来为了报偿起见，英国人就封他为一个新的土邦的统治者，他的国土就从他所出卖的信地亚的疆域中分割出来。这土邦现在还存在着，但是这人的名字就成了谋反和变节的混名了，正如近年来葵士林[①]的名字一样。

这样，英国人代表了一个团结紧密、拥有极具才干的领导者的高级政治和军事的组织。他们掌握的情报远较他们的敌方所掌握者为完善，他们充分利用了印度具有权势方面的不团结和敌对。他们对于海洋的控制使他们有着安全的基地和增添他们物资的机会。甚至于当暂时遭受挫败的时候，他们还能够恢复元气再取攻势。在普拉西事件之后，他们的占有孟加拉给予他们大量财富和资源，以继续进行对马拉塔人与其他的战争。每一次新的征服都增加了这些资源。对于印度具有权势的方面而论，失败就总是意味着不可补救的灾难。

这一段战争、征服和掠夺的时期，把印度中部与拉其普他拿以及西南的若干部分变成了被放弃的区域，充满了暴力、不愉快和不幸的事情。部队行军经过这些地方，在他们的后面跟着来了拦路劫抢的贼徒，除了抢夺他们的金钱货物之外，没有人关怀生活在那些地方的可怜的人们。印度有些地方颇为类似正当三十年战争中的欧洲中部。几乎一切地方的情形都是糟的，但是最糟不过的地区就是在英国控制之下，或者承认英国宗主权的地方。爱德华·汤姆孙写道："……比马德拉斯或俄得和海德拉巴藩邦的情景表现得更离奇的是没有了一种灾难沸腾的发狂。比较起来，那那（法那

---

① 葵士林（Quisling）为1940年时挪威政府国防部长，与希特勒早有秘密勾结。1940年春，希特勒侵挪时，葵士林开关降敌。从此"葵士林"即变为卖国贼的通称了。——译者

威斯，马拉塔的政治家）所管理的区域是和平安定的绿洲。”

恰在这个时期以前，印度的大部分却是特别免于紊乱现象的，尽管莫卧儿帝国是分裂了。在孟加拉，当着半独立的莫卧儿总督亚拉瓦尔狄（Allawardi）漫长的统治时代，成立了一个平和而有秩序的政府，贸易和商业非常发达，增加了这一省的巨大财富。亚拉瓦尔狄死后不久，普拉西战役发生了（1757年），东印度公司自命为德里皇帝的代理人，虽然实际上他们是完全独立的，能够为所欲为。后来就替公司及其代理人和买卖经理人开始掠夺孟加拉。普拉西之后几年，中印度的印多尔的阿哈里耶·贝开始了统治并继续达三十年之久（自1765年至1795年）。这一时代几乎成为传奇性的时代了，当其时，建立了完善的秩序和良好的政府，人民也兴旺起来了。她是一位极富才干的统治者和组织者，当她在世的时候，深受敬重；死后，感恩的人们将她看作圣人。这样看来，正当孟加拉与比哈尔在东印度公司新的统治之下沦落下去，和由于有组织的劫夺与政治上经济上的混乱而造成可怕的饥荒的时候，印度中部和其他许多的部分却是在一种繁荣状态之中。

英国人有了政权和财富，却没有感到有维持良好政府或任何政府的责任。东印度公司的商人们对于红利和发财发生兴趣，对于改善或甚至于保护那些受到他们控制的人们却不感兴趣。尤其是在藩臣们的土邦中，政权与责任感完全脱离关系了。

当英国人解决了马拉塔人，从他们的征服之中巩固起来的时候，他们把心力转向民政上面，于是某种秩序发展起来了。然而在附属的土邦中改革极为缓慢，因为在那些所谓保护地区中，责任感与政权是永久脱离关系的。

有人惟恐我们忘记，就常常提醒我们说，英国人将印度从混乱和无政府状态中解救出来。就他们在这马拉塔人所称为“恐怖时代”的期间以后所设立的有秩序的政府而论，上面所说的话是实在的。然而那种混乱和无政府状态的原因至少有一部分是由东印度公司和它驻在印度的代表们所造成的。这也是可以想象的，那就是甚至于即使没有英国人这样殷勤地努力斡旋，在争夺统治权战斗结束之后，和平及有秩序的政府也许在印度已经建立起来了。我们知道，在印度五千年历史过程中，正像在其他国家中一样，类似的发展会经屡次发生过的。

十五　兰杰·辛格和杰·辛格

这似乎是很显然的，印度之所以变为外国征服中的牺牲者是由于它自己人民的缺陷和英国人所代表的是较高而进步的社会秩序。双方领导者之间的对比是显著的；印度人虽然也具有许多才干，他们只能在一个狭小而有限的思想和行动的范围内发挥作用，对于别处正在发生着的事情毫无所知，因此就不能够使自己去适应那变化中的环境。即使个人的好奇心是被鼓舞起来了，他们也未能冲破那拘束着他们和他们的人民的蜗壳。英国人相反地却具有更多的世故聪明，他们被自己国内和在法国与美国发生的大事所惊醒而不得不去思索一番了。两次伟大的革命已经发生了。法国革命军与拿破仑的战役改变了整个军事学。即使是最无知识的英国人来到印度，他在旅程中也曾看到世界的不同区域。在英国本身正出现了若干伟大的新发明，成为工业革命的先驱，虽然在当时或许很少有人认识到这些新发明的影响深远的意义。可是这变革的酵母正有力地在发酵，同时也正影响着人民。在这里面隐藏着的却是那扩张的精力，这精力将英国人送到了遥远的各地。

那些编写印度历史的人胸中那样地充满着战争和骚动，以及当日的政治和军事的领袖，以致他们很少告诉我们印度人的想法是怎样的，和社会与经济的变化是怎样地进行的。只有偶然或意外的一瞥从这些卑鄙的记录中显露了出来。似乎在这恐怖的时代当中，人民一般都被压倒而疲惫了，消极地屈服于恶毒的命运的决定，眩惑而缺乏好奇心。虽是如此，一定曾有过很多个别的人是好奇的而且力图了解这正在发生作用的力量，但是他们为时势所压倒，也不能对时势有所影响。

在这些个别人中有一位充满好奇心的就是马哈拉查·兰杰·辛格，一个查特族的锡克教徒，他曾在旁遮普建立起王国，后来又扩展到克什米尔和边省。他曾有过不少缺点和坏处；然而他还是个卓越的人物。一位法国人贾克孟称他为："极端地勇敢"和"差不多是我所遇见的第一个好问的印度人，但他的好奇心补偿了整个国民的冷淡无情"。"他的谈吐像是梦魇。"[①]应该记住，印度人一般讲来是一个缄默的民族，在他们当中的知识分子更是这样。这些人中很少愿意和当时在印度的外国军队领袖和冒险家们发生联系，后者中间许多人的行动使他们充满了恐怖。于是这些知识分子就设法尽可能地与异邦人士远相隔绝，借以维护自己的尊严，而当环境逼着他们要这样做的时候，只有在正式的场合之下才和外国人相接触。英国人和别的外国人经常遇见的印度人都是一些包围着他们的投机分子和带奴性的随从，或者是些印度宫廷中腐败而玩弄阴谋的大臣。

兰杰·辛格不只是在智力上好奇和好问，当印度和这世界沸腾于无情和残忍的时候，他当时却是非常的仁慈。他建立起一个王国和一支强有力

① 引自爱德华·汤姆孙所著《印度王公的形成》，1943年版，第158页。（原注）

的军队，然而他不嗜流血。浦林塞普说："从来没有一个犯了这样少的罪感的人能建立起这样大的一个王国的。"他废除了一切罪行的死刑判决，不管他可能有多么凶恶，而当时在英国甚至偷了些小东西的扒手都必须处死。会见过他的奥兹本（Thomas Osborne）写道："除在实际的交战场合之外，从来没有人知道过他曾经杀过人的，虽然他自己的生命曾不止一次被人想谋害过。而他的统治和文明得多的君主的统治相比较，还算最少有任何显著的凶残压迫行为的时代。"[①]

另外一位但是不同典型的印度政治家就是拉其普他拿的斋浦尔的萨卫·杰·辛格。他属于稍早的年代；他死于1743年。他生于奥朗则布王死后的分裂的年代里。他是个极聪明的人和机会主义者，从急速的相互接踵而至的许多冲突和变化中生存过来。他承认德里皇帝的宗主权。当他发觉前进的马拉塔人强大得难以抵御的时候，他就代表皇帝向他们妥协。但使我感兴趣的并非他的政治的或军事的生涯。他是一位勇敢的战士和有修养的外交家，然而他更有长于此者。他是一位数学家和天文学家，一位科学家和城市设计家，而且他对研究历史颇感兴趣。

杰·辛格在斋浦尔、德里、优禅尼、贝拿勒斯与摩偷罗建筑了巨大的天文台。为了通过葡萄牙的宣教师来学习葡萄牙的天文学的进展，他派遣了他自己的人随同一位宣教师去到葡萄牙国王伊曼努尔的宫廷。伊曼努尔遣派了他的使者哈维亚耳·达·息尔瓦携带着达·拉·伊尔（De La Hire）的计算表到杰·辛格那里。把这些和他自己的计算表比较后，杰·辛格就得出了结论：葡萄牙的计算表不够精确而且有种种错误。他将这些归咎于所用工具的"低劣的直径"。

杰·辛格当然充分熟悉印度的数学。他研究过古代希腊的论文，并

① 同上书，第157—158页。（原注）

且也了解最近欧洲数学上的发展。他使若干希腊书籍——欧几里德等人的——和欧洲人的关于平面与立体几何和作图以及对数之应用的著作翻译成梵文。他也使阿拉伯的天文学书籍有了译本。

他建立了斋浦尔城市。由于对城市设计感兴趣，他搜集起当时许多欧洲城市的设计图案，并草拟了他自己的图样。很多这些当时古老欧洲城市的图样保存于斋浦尔博物院。斋浦尔的城市设计得这样别具匠心，以致到现在仍然被认为是城市设计的典范。

杰·辛格在一个比较短促的生涯和不断的战争与宫廷阴谋中自己常被拖累，而终于做了上述这许多事，而且实际上做得比上述还要多。纳迭尔沙的侵略刚巧发生在杰·辛格去世的四年前。杰·辛格不管在任何地方和任何时代都曾是个非凡的人物。实际上，当分裂、战争和骚动笼罩着世间的时候，他在拉其普他拿的典型的封建环境和在印度历史上最黑暗时代之一当中崛起并且以科学家的身份发生了作用，这点是很富有意义的。这表明在印度科学探索的精神并未死去，而且有一些酵母正在发酵，只要给予它一个机会就也许会产生丰富的结果。杰·辛格在一个不友好的和不能了解的环境之下，并非时代错误的或孤寂的思想家。他是他的时代的产物，他并且邀集了不少的科学工作者和他一道工作。此外，他派了一些人到驻葡萄牙的大使馆工作，而社会的习俗或禁忌没有能够制止他使其不这样做。看起来在这国家里有着许多好的材料——理论的兼技术上的——供科学工作之用，只要给它一个机会来起作用就行了。那机会长久没有到来了。就是当患难和紊乱过去之后，那些当权者对于科学的工作并没有鼓励。

十六 印度的经济背景 两个英国

当所有这些影响远大的政治变化都正在发生着的时候，印度的经济背景是怎样呢？维·安斯特（V. Anster）曾写道：直到十八世纪“印度的生产方式和工业以及商业的组织可以与世界上任何部分流行的形式相比拟”。印度当时是将它的工业制成品运销欧洲和其他国家的一个工业高度发达的国家。它的银行制度效力最高，在全国范围内有完善的组织，商业或金融行号所发行的项地斯（Hundis）即汇票在印度全国和伊朗、喀布尔、黑拉特、塔什干以及其他在中亚细亚的地方都可承兑。商业资本出现了，并有一个代理人、股票经纪人、掮客和中间商人的精密营业网。造船工业正在发达，拿破仑战争中，英国海军总司令的旗舰之一就是由一个印度造船公司承造的。在工业革命以前，实际上印度在工商业和金融方面的前进程度不亚于任何其他国家。除非全国曾经有过长时期的安全和爱好和平的政府，同时公路上有运输和贸易的安全，这种发展是不可能实现的。

起初外国冒险家们来到印度是为了印度制成品的优良，在欧洲大有销路。英国东印度公司初期的主要业务是把印度的货物运销欧洲，那是非常有利的，曾经获致庞大的红利。印度的生产方式如此地有效率和有高度的组织，印度的技师和工匠如此地熟练精巧，所以它们甚至能和英国当时正在建立的较高生产技术成功地竞争。当大机器时代在英国开始的时候，印度货物继续涌进，不得不用很重的关税加以阻止，而在某些场合下，简直就禁止输入。

克莱武在1757年，就是普拉西战役发生的那一年，描写孟加拉境内的穆犀达巴德城称，这个城“像伦敦城一样宽大，人烟稠密、富庶，不同之处是在于前者有些个别富户，他们拥有的财产比后者的富户多得多”。东孟加拉的达卡城因出产细纱布而著名。这样重要的两座城市都接近印度斯坦的外围。在这广大区域到处都有较大的城市和很多大的制造与贸易中心，同时非常迅速而精巧的消息传达和市场价格的组织发展起来了。大的商业行号常常收到消息，甚至当时正在发生的战争消息也往往比送达东印度公司官方的消息还要早得多。印度的经济已经进展到在工业革命以前它所能达到的高级阶段了。在印度的经济里面是否有向前更进一步的萌芽，抑或是过分地被顽固的社会组织所束缚了，这是很难说的。但是，在正常状态之下，它会经过那种变化，开始以它自己的方式，使印度适应新的工业条件，那似乎是很可能的。虽然变化的时机已经成熟，然而变化的本身也需要在它的范围内有一次革命。或者必须有某些媒介才能引起那种变化。显然可见，无论它的工业前期的经济是怎样的高度组织，怎样的高度发达，它不能够与工业化国家产品持久战争。它不得不使自己工业化，否则就要屈服于外国经济的侵入，从而引起政治上的干涉。恰是如此，首先发生的是外国的政治统治，这就使得印度已经建立起来的经济遭到迅速破坏，而没有任何积极性或建设性的东西起而代之。东印度公司既代表英国的政权，又代表英国的特权利益和经济力量。这个公司是至高无上的，而它既是一个商人的团体，它就得专心致意于赚钱。正当它以惊人的速度和不可思议的数量在大赚其钱的时候，亚当·斯密关于这点在1776年所写的《国富论》上写道：“一个独占的商业公司来执行政府职权，这也许是任何国家所有的政府中最恶劣的了。”

虽然印度的商人和从事制造的阶层是富裕的，并且布满了全国，甚至控制了经济机构，但他们却没有政治力量。政府是专制的，而且大部分依然是封建的。事实上，它可能较印度历史某些前期阶段还要封建得多。因此没有实力足够雄厚的资产阶级来夺取政权，或者如同在某些西方国家内一样甚至有意识地想去这样做。一般的人民变得冷淡而驯服。因此在任何革命性的变动能够发生以前，有一个不得不填满的裂口。或者这裂口是由印度社会的停滞不前的性质所造成的，它在变化中的世界里拒绝改革，而任何一种文明凡是拒绝改革的必然就会衰落。那样构成的社会再也不能发挥创造性的作用。改革已经太晚了。

那个时代的英国人在政治方面要进步得多。他们已经有过自己的政治革命，建立了高于王权的议会权力。他们的资产阶级意识到自己的新的权力，就充满着扩张的冲动情绪。足以证明方在成长和进步中的社会的那种活动力和精神在英国确实极为明显。它们在许多方面表现了自己，最主要的是在作为工业革命先驱的那些创造和发现上。

然而当时英国的统治阶级怎样呢？著名的美国历史学家查理·俾耳德与玛丽·俾耳德告诉我们说，美国革命之成功怎样骤然地把英国的统治阶级从在美洲的皇家省份排斥出去了，“这个统治阶级惯于：野蛮的刑法，褊狭而顽固的大学制度，把政府当作许多职位和特权的大集团，鄙视在田地和工场劳动的男女，剥夺人民大众受教育的机会，强制反国教的人们和天主教徒们同样地去相信国教，以乡绅和牧师统治着乡镇，在海陆军中的无情的残酷，长子继承权的制度所支持的地主绅士统治，一群饥饿的官僚向国王阿谀献媚以求官爵、闲差和恩俸的丑态，还有惯于将它们骄傲和掠夺的重大负担加在民众头上的那种教会和国家的组织。美国的革命家们把英国皇家殖民地的臣民从这个大山重压之下解放出来了。在那次解放之后一二十年中，在法律和政治上所完成的改革工作，若在母国需要一百年或一百年以上的百折不挠的运动才能达到——而这些改革给了领导运动的政治家们在英国历史上不朽地位。”[①]

那作为在自由史上里程碑的《美国独立宣言》在1776年签署了，而六年以后这殖民地就脱离了英国，并且开始了他们在知识上、经济上和社会上的真正革命。在英国的影响下并且按照英国的方式而成长的土地制度完全改变了。很多特权被废弃了，大宗的地产被没收了，然后以小块分配出去。继之而来的就是一个觉醒的动荡时代和知识上、经济上的活跃气象。摆脱了封建残余和外国控制的自由美国踏着巨人的步伐向前迈进。

在法国，伟大的革命摧毁了作为旧秩序象征的巴士底监狱，并且扫除了国王和封建制度，向世界宣布了人权宣言。

当时在英国怎么样呢？由于在美国和在法国革命的变化所引起的恐慌，英国变得甚至更加反动了，它的凶暴而惨无人道的刑法变得更加野蛮了。当乔治三世于1760年在英国登极的时候，差不多有一百六十种罪名可以使男女老幼判处死刑。到1820年在他的长期统治结束的时候，将近一百种可以判处死刑的新罪名又加到这张可怕的罪名单上面去了。英国陆军中的普通兵士所受的待遇比牛马还不如，其残酷和无人道的情形令人毛骨悚然。死刑是很寻常的，而笞刑更为普通，行刑是当众举行，可以达到数百鞭之多，有时甚至于打死，或者那受难者奄奄一息血肉模糊的身躯到死亡的时刻还在声诉着他的痛苦。

在这类事情和在其他有关人道及尊重个人和团体的事情方面，印度是远为进步的，而且拥有较高度的文明。印度当时比英国或其他欧洲国家的识字人数为多，虽然它的教育是严格传统式的。大概公民们的享受也要多

① 《美国文明的兴起》(The Rise of American Civilization)，1928年版，第一册，第292页。(原注)

一些。欧洲人民大众一般情形是落后而悲惨的，与印度的情形作比较就相形见绌了。但是有这样一个重要差别：新生的力量与活泼的思潮正在西欧隐隐地发生作用，带来一连串的变化，而在印度方面的情况却是远为静止停滞。

英国来到印度了。当伊丽莎白女王在1600年把特许状授予东印度公司的时候，莎士比亚还在世，并正在写作。在1611年国定的英文《圣经》出版了；在1608年密尔顿诞生了。继之而来的是罕谟登（Hampden）和克伦威尔以及政治上的革命。为了积极推动科学事业的英国皇家学会于1660年成立了。一百年后，也就是在1760年，飞机发明了，很快地接踵而来的还有纺织机、蒸气引擎和机械织布机。

可是来到印度的究竟是这两个英国中哪一个呢？是以莎士比亚和密尔顿为代表的，有着高尚的语言与著作和勇敢事迹的，有着政治上的革新和为自由而斗争的，以及有着科学与技术进步的英国呢？抑或是以野蛮的刑法和兽性的行为为代表的，坚决维护封建制度和反动势力的英国呢？因为有两个英国，正如在每一个国家中都有它民族特性和文明中的两面一样。爱德华·汤姆孙写道："在英国，我们文明中最高级的和普通的水平之间的矛盾总是很大的。我怀疑在我们愿与它作此较的任何国家中是否有同样的情形，这个矛盾是减少得这样缓慢，就常常好像根本没有减少一样。"①

两个英国并肩存在，相互影响着，而且是分不开的，也不能够只有一个英国来到印度，而把另外一个英国完全忘却。然而在每一个主要的行动中，其中之一扮演着领导的角色而支配着另一个，不可避免地那个不好的英国势必在印度扮演着主角，而且要和印度接触并且在过程中鼓励着不好的那个印度。

① 引自《印度王公的形成》，1943年版，第264页。（原注）

美利坚合众国的独立差不多是与印度的丧失自由在同一时期发生的。一个印度人回顾过去一百五十年的往事，眼看着在此期间美国的伟大进步，不免引起了沉思和向往，他不禁把自己本国已经做过的和未曾做过的事情和美国互相比较。诚然美国人具有很多优点，而我们却有很多缺点，当美国提供了一块处女地好像一块洁净的石板可供自由书写的时候，而我们却正为古老的记忆和传统弄得困惑混乱。然而或者这也不是想象不到的，如果英国没有在印度承揽下这副重担，并长期地努力教导我们——如它所讲的——那种我们这样不了解的艰深的自治艺术，那么，印度也许不仅仅可能更为自由，更为繁荣，而且在科学上、在艺术上和在一切使生活更有价值的各方面都可能有更大得多的进步。